교과서가 쉬워지는
초등 신문

**교과서가 쉬워지는
초등 신문**

초판 1쇄 인쇄 2025년 12월 10일
초판 1쇄 발행 2025년 12월 17일

지은이 서미화

발행인 장상진
발행처 (주)경향비피
등록번호 제2012-000228호
등록일자 2012년 7월 2일

주소 서울시 영등포구 양평동 2가 37-1번지 동아프라임밸리 507-508호
전화 1644-5613 | 팩스 02) 304-5613

ⓒ 서미화

ISBN 978-89-6952-642-7 73700

·값은 표지에 있습니다.
·파본은 구입하신 서점에서 바꿔드립니다.

1. **제품명** : 교과서가 쉬워지는 초등 신문 **2. 제조자명** : 경향BP
3. **주소** : 서울시 영등포구 양평동 2가 37-1번지 동아프라임밸리 507호
4. **전화번호** : 1644-5613 **5. 제조국** : 대한민국
6. **사용연령** : 6세 이상 **7. 제조연월** : 2025년 12월
8. **취급상 주의사항**
   - 종이에 베이거나 긁히지 않도록 조심하세요.
   - 책 모서리가 날카로우니 던지거나 떨어뜨리지 마세요.

교과서가 쉬워지는 초등신문

국어, 수학, 사회, 도덕, 과학, 음악, 미술까지 100점 맞는 통합 학습북

서미화 지음

국어

도덕

사회

수학

과학

음악

미술

경향BP

머리말

요즘 많은 아이들이 아침부터 밤까지 다양한 미디어 속에서 살아갑니다. 스마트폰 알림으로 하루가 시작되고, 유튜브 동영상과 게임, 짧고 빠른 콘텐츠가 하루를 가득 채웁니다. 이렇게 눈앞에서 반짝이는 세상 속에서 자라는 아이들에게 이제 '신문'은 낯선 존재가 되어 버렸습니다.

신문은 무척 좋은 공부 도구입니다. 왜냐하면 신문은 아이들이 '보고 싶은 것'만 보여 주지 않기 때문입니다. 미디어는 알고리즘을 통해 아이들이 좋아할 만한 것만 골라서 보여 줍니다. 좋아하는 게임 영상, 웃긴 동영상, 관심 있는 주제만 계속 보게 되는 거지요.

반면에 신문은 아이들이 관심 없었던 이야기, 몰랐던 분야의 소식도 만나게 합니다. 신문을 읽다 보면 '아, 이런 일도 있었구나.' 하고 시야가 넓어지고 생각이 깊어집니다. 이게 신문이 가진 가장 큰 힘이라고 할 수 있습니다.

그런데 신문이 아무리 좋다고 해도 아이들이 스스로 읽는 것은 조금 어렵습니다. 어려운 단어, 낯선 개념, 복잡한 문장이 많기 때문이죠. 특히 초등학생들이 접하는 교과서의 개념은 재미가 없으면 금방 흥미를 잃습니다.

이 책은 초등학교 3학년과 4학년 국어, 수학, 사회, 과학, 도덕, 음악, 미술 교과서에서 다루는 핵심 개념을 이해하기 쉽도록 신문 형식으로 재구성했습니다. 아이들이 교과서에서 배운 내용을 실제 세상 속 이야기와 연결할 수 있도록 했습니다.

예를 들어, 과학 시간에 배우는 '태양과 행성'을 신문 기사로 읽는다면 어떨까요? 단순히 '태양계에는 8개의 행성이 있다.'는 사실을 외우는 것이 아니라 최근 우주 탐사 소식이나 태양계 행성들의 특징과 연결하여 읽게 됩니다. 그러면 지식은 머리에만 머무르지 않고 살아 있는 정보가 되어 아이의 생각 속에서 움직일 것입니다.

사회 시간에 배우는 '환경 문제'도 마찬가지입니다. 교과서 속 단락이 아니라 실제 환경 변화와 관련된 최신 이야기를 기사로 만나면 아이들은 '이게 내가 사는 세상과 연결된 이야기구나!' 하고 느낍니다.

공부는 '연결의 과정'입니다. 배운 것과 세상에서 일어나는 일이 연결될 때 아이들은 지식을 오래 기억하고 더 깊이 이해하게 됩니다. 그 연결의 첫걸음이 바로 '쉽게 읽을 수 있는 신문'입니다.

이 책은 단순히 교과 내용을 나열하지 않았습니다. 각 기사 속에는 아이들이 꼭 알아야 할 개념을 담았고, 그 개념을 쉽게 풀어 설명했습니다. 기사를 읽은 뒤에는 생각을 정리할 수 있는 간단한 활동이나 질문을 넣어, 아이들이 '읽기→이해→생각→표현'의 흐름을 자연스럽게 따라가도록 했습니다.

이 책을 읽은 아이들에게는 다음과 같은 변화가 일어날 것입니다.

첫째, 교과서가 더 이상 어렵고 딱딱한 책으로 여겨지지 않는다.

둘째, 세상 이야기를 만나는 일이 재미있고 흥미로운 경험이 된다.

셋째, 스스로 생각하고 질문하는 힘을 기르게 된다.

아이들이 이 책을 다 읽고 나면 교과서 속 문장들이 훨씬 친근하게 느껴질 것입니다. 낯선 단어가 더 이상 두렵지 않고, 교과서의 한 페이지 한 페이지가 '이미 만난 적 있는 이야기'처럼 다가올 것입니다. 이런 변화가 아이들에게 작은 자신감을 줄 것입니다. 그 자신감은 앞으로의 학습과 삶에 큰 힘이 될 것입니다.

아이들이 교과서 속 지식과 세상의 이야기를 연결하며 자랐으면 합니다. 그것이 이 책을 쓴 이유입니다. 이 책이 아이들에게 '세상 읽기의 첫걸음'이 되기를 진심으로 바랍니다.

서미화

머리말 _ 4
어린이 독자들에게 _ 11
이 책의 구성 및 활용 방법 _ 12

1교시 국어
재미있게 말하고, 똑똑하게 읽고 쓰기

01. 시가 뭐길래? 이렇게 어려워? _ 16
02. 보인다. 보여! 관찰한 대로 표현하기 _ 18
03. 말장난의 끝판왕! 우리말 속 개그 코드 _ 20
04. 빵 터지는 실수! 엉뚱한 맞춤법 대회 _ 22
05. 교과서 속 주인공이 우리 반에 전학 온다면? _ 24
06. 드라마보다 재미있는 사자성어 이야기 _ 26
07. 귀 쫑긋! 똑똑히 듣기 비법 대공개 _ 28
08. 마라탕도 척척! 설명 꿀잼왕 탄생 _ 30
09. 이야기를 이어 주는 다리 : 그리고, 그러나, 그래서 _ 32
10. 말이 옷을 갈아입어요! 동사와 형용사의 변신 쇼 _ 34
11. 만화 영화와 드라마를 재미있게 보는 꿀팁 _ 36
12. 초성 퀴즈의 달인! ㅎㄷㄷ 이게 무슨 단어야? _ 38
13. 선생님 몰래 하는 말장난 배틀 _ 40
14. '국밥'이 아니라 '국빱', 소리의 마법 _ 42
15. 'ㅋㅋㅋ'이모티콘을 국어사전에 넣어도 될까? _ 44
16. 돼지가 튼튼한 집을 지은 이유는? _ 46
17. 한글은 똑똑해 _ 48
18. 사이좋게 의견 나누기 _ 50
19. 물음표와 느낌표 쓰는 방법 _ 52
20. 모이면 짱! 흩어지면 꽝! _ 54

2교시 수학
수와 도형의 비밀을 찾아라

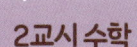

01. 덧셈, 뺄셈 마법사 되기 _ 58
02. 곱셈 나라의 비밀 코드 _ 60
03. 나눗셈 : 피자 나누기 작전 _ 62
04. 분수와 소수 : 케이크 나누기 _ 64
05. 평면도형 탐정단 출동 _ 66
06. 원은 왜 둥글까? _ 68
07. 들이와 무게 : 물컵과 저울 이야기 _ 70
08. 큰 수의 왕국을 정복하라 _ 72
09. 삼각형 속에 숨은 친구들 _ 74
10. 사각형 탐험대 : 네모의 비밀 _ 76
11. 다각형 마을에서 벌어진 사건 _ 78
12. 도형이 움직이면 뭐가 될까? _ 80
13. 꺾은선 그래프로 날씨 일기 쓰기 _ 82
14. 각도의 세계, 각도기 탐험대 _ 84

3교시 사회
우리 동네에서 세계까지, 사람과 세상 배우기

01. 여기는 뭐 하는 곳일까? _ 88
02. 조선통보, 상평통보가 뭐야? _ 90
03. 선사시대 사람들이 초콜릿을 먹었다면? _ 92
04. 오래된 물건이 들려주는 이야기 _ 94
05. 내가 100살이 되면 세상은 어떻게 변할까? _ 96
06. 달라서 재미있는 세계의 인사 _ 98
07. 우리 동네에 무슨 일이? 아기가 사라졌어요! _ 100

08. 초고속열차를 타고 하늘 위로 다녀요 _ 102
09. 옛날 사람들은 어떻게 놀았을까? _ 104
10. 불빛에서 와이파이까지, 통신수단의 대변신 _ 106
11. '내가 시장이라면?' 우리 마을 직접 만들기 _ 108
12. 외국인 친구에게 한글 가르치기 _ 110
13. 태조 왕건의 인스타그램 대공개 _ 112
14. 전통시장 vs 대형마트, 어디가 더 싸고 맛있을까? _ 114
15. 돈이 필요할 때마다 계속 찍어 내면 안 돼요? _ 116
16. 우리 반 회장은 누가 될까? _ 118
17. 동네 고민, 우리가 해결해요 _ 120
18. 도시의 두 얼굴 _ 122
19. 세상에서 가장 재미있는 박물관 여행 _ 124
20. 우리를 둘러싼 환경들 _ 126

4교시 도덕

나와 친구, 그리고 세상 함께 살아가기

01. 나도 아이돌이 될 테야! _ 130
02. 어른들은 왜 맨날 "밥 먹어라!"라고 할까? _ 132
03. 부모님은 나한테 왜 잔소리를 할까? _ 134
04. 친구와 다르면 틀린 걸까? _ 136
05. 동물이 사라진다면? _ 138
06. 나쁜 말을 하면 입에서 개구리가 튀어나온다고? _ 140
07. 선생님 몰래 하는 착한 행동 톱 3 _ 142
08. 거짓말이 꼭 나쁜 건 아닐 수도 있다고? _ 144
09. 작은 히어로들이 사는 교실 _ 146
10. 내 초콜릿이 사라졌어요 _ 148
11. 속상한 친구를 웃게 만드는 방법 _ 150
12. 놀이터에서 새 친구 사귀는 꿀팁 _ 152

13. 친구랑 싸웠을 때 이 말 한마디면 화해 성공 _ 154
14. 로봇이 학교에 오면 도덕 시간이 필요할까? _ 156
15. 통일, 우리 손으로 만드는 미래 이야기 _ 158

5교시 과학
궁금해서 더 재미있는 자연의 원리

01. 내 손 안의 슈퍼파워 : 힘은 어디에 숨어 있을까? _ 162
02. 저울과 무게의 비밀 : g과 kg 배우기 _ 164
03. 동물은 어떻게 살아갈까? _ 166
04. 식물도 움직일 수 있다고? _ 168
05. 배추흰나비는 어떻게 어른이 될까? _ 170
06. 물질마다 성질이 달라요 _ 172
07. 바다가 숨기고 있는 보물 _ 174
08. 지구는 어떤 옷을 입고 있을까? _ 176
09. 너의 목소리가 들려 _ 178
10. 비 오는 날에는 진짜 감기에 걸리기 쉬울까? _ 180
11. 내가 만들고 싶은 초능력 기계 _ 182
12. 물의 변신 _ 184
13. 지구의 뚜껑이 열렸다 _ 186
14. 자연이 움직이면 땅 모양이 달라져요 _ 188
15. 하늘에서 음식이 내린다면? _ 190
16. 태양계에는 어떤 행성들이 있을까? _ 192
17. 달, 달, 무슨 달? _ 194
18. 그냥 블랙 아니고 밴타블랙 _ 196
19. 누가 누구를 먹을까? _ 198
20. 기체도 무게가 있다고? _ 200
21. 지구가 점점 뜨거워져요 _ 202

6교시 음악·미술
음악으로 그리고, 그림으로 노래하기

01. 비 오는 날 최고의 배경음악은? _ 206
02. 세계에서 가장 이상한 악기들 _ 208
03. 음악을 들으면 초콜릿이 더 맛있다고? _ 210
04. 세상에서 가장 시끄러운 소리는? _ 212
05. 쿵쿵! 둥둥! 신기한 타악기 여행 _ 214
06. 내가 감독! 신나는 사물놀이 영상 만들기 _ 216
07. 색의 변신, 세상이 알록달록해져요 _ 218
08. 메타버스 미술관에서 과거의 예술 작품을 만난다면? _ 220
09. 유명 그림 속에 숨은 개그 찾기 _ 222
10. 거리 위의 미술관 _ 224

정답 _ 226
참고 교과서 & 참고 자료 _ 251

어린이 독자들에게

안녕, 어린이 친구들!

선생님은 우리 친구들이 학교에서 교과서를 더 재밌고, 즐겁게 배우기를 바라는 마음으로 이 책을 썼어요.

하루에 딱 2페이지만 읽으면 되니까 부담이 없겠죠?

공부하듯이 힘들게 읽지 않아도 괜찮아요.

재밌는 만화를 보듯이 편하게 읽어 보세요.

어디서부터 읽기를 시작할지는 여러분 마음이에요.

앞에서부터 차근차근 읽어도 좋고, 좋아하는 과목부터 펼쳐 봐도 좋아요.

중요한 건 읽으면서 "아! 이런 거였구나!" 하고 고개가 끄덕여지는 순간을 만나는 거예요. 그 순간이 쌓이면 교과서가 점점 더 쉬워지고, 공부가 훨씬 재미있어질 거예요.

준비되었나요?

오늘은 어떤 과목부터 시작할까요?

서미화 선생님으로부터

이 책의 구성 및 활용 방법

1단계 만만한 신문 읽기

재미있게 기사를 읽으면서 내용을 알아보는 단계예요. 먼저 키워드를 보고 오늘 기사가 어떤 이야기일지 상상해 보세요. 신문을 소리 내어 읽거나 궁금한 단어를 찾아보는 것도 좋아요. 모르는 단어가 나오면 동그라미를 치거나 공책에 적어 뜻을 찾아보고, 짧은 글을 지어 보세요. 그러면 글의 내용을 확실하게 이해할 수 있습니다.

돼지가 튼튼한 집을 지은 이유는 무엇일까요?
옛날 옛적에 아기 돼지 삼형제가 평화롭게 살고 있었어요. 하지만 늑대가 나타나 그들의 집을 부수려 했지요. 늑대가 언제든지 공격할 수 있다는 사실을 알게 된 돼지들은 두려움을 느꼈어요. 그래서 스스로를 지키기 위해 각자 집을 짓기로 했어요.
하지만 돼지마다 선택한 집의 재료가 달랐어요. 첫째 돼지는 빨리 놀고 싶어서 짚으로 집을 지었어요. 둘째 돼지는 나무로 집을 지었고, 셋째 돼지는 시간이 오래 걸려도 튼튼한 벽돌집을 지었답니다.
돼지들이 집을 짓기로 한 '원인'은 늑대가 그들의 안전을 위협했기 때문이에요.

돼지가 튼튼한 집을 지었을 때 어떤 결과가 나왔을까요?
첫째와 둘째 돼지가 지은 짚과 나무 집은 늑대의 바람에 쉽게 무너졌어요. 그래서 돼지들은 위험에 처했고, 도망쳐 셋째 돼지의 집으로 모였죠. 셋째 돼지가 벽돌로 지은 집은 매우 튼튼했어요. 늑대가 아무리 바람을 불어도 집은 흔들리지 않았고, 늑대는 결국 포기하고 떠나 버렸답니다. 이 때문에 돼지들은 안전하게 살 수 있었어요. 서로 도와 위험을 극복한 것이 좋은 결과를 낳은 거예요. 즉 셋째 돼지가 집을 튼튼하게 지은 행동이 늑대의 공격을 막아 내고 안전을 지킨 '결과'가 된 것이랍니다.

2단계 생각해 보세요

기사를 읽고 나서 궁금한 점이나 느낀 점을 이야기해 보는 단계예요. 신문에 나온 내용으로 재미있게 대화할 수 있는 질문이 준비되어 있어요. 친구, 가족과 번갈아 대답하면서 서로의 생각을 들어 보세요. 다른 사람의 의견을 들으면 내가 놓친 부분도 알 수 있고, 더 재미있게 배울 수 있습니다.

❶ 돼지들이 집을 지은 이유는 무엇일까요?
❷ 셋째 돼지 집은 왜 무너지지 않았을까요?
❸ 늑대가 떠난 뒤 돼지들은 어떻게 되었을까요?

3단계 만만한 신문 활동

신문에서 읽은 내용을 다시 떠올리며 복습하는 단계예요. 어렵지 않고 재미있게 할 수 있는 간단한 활동들이 준비되어 있어요. ○×퀴즈, 알맞은 단어 넣기처럼 말랑말랑한 활동으로 즐겁게 마무리해 보세요. 읽은 내용을 다시 정리하면 기억에 오래 남습니다.

 다음 문장이 맞으면 O, 틀리면 × 표시하세요.

1. 아기 돼지 삼형제는 늑대가 무서워서 집을 짓기로 했다. (   )
2. 셋째 돼지는 짚으로 집을 지었다. (   )
3. 늑대가 바람을 불자 벽돌집이 무너졌다. (   )
4. 셋째 돼지가 지은 집 덕분에 모두 안전하게 살 수 있었다. (   )

활동2 기사를 보고 내용으로 알맞은 것을 고르세요.

① 첫째 돼지는 놀고 싶어서 짚으로 집을 지었다.
② 셋째 돼지는 시간을 아끼려고 집을 대충 지었다.
③ 늑대는 돼지들을 도와주려고 했다.
④ 벽돌집이 쉽게 무너졌다.

| 교과 연계 | 3학년 1학기 1. 생생하게 표현해요. | 키워드 | 감각적인 표현, 연, 행

01 시가 뭐길래? 이렇게 어려워?

시에는 비밀이 숨어 있다

여러분, 시를 읽으면 마음이 두근두근 설레거나, 갑자기 하늘을 날아다니는 것 같은 기분이 들 때가 있죠? 이건 바로 시 속에 '감각적인 표현'이 들어 있기 때문이에요. 감각적인 표현은 눈으로 보거나, 손으로 만지거나, 귀로 듣는 것처럼 오감을 자극하는 말을 말해요. 예를 들어, "초록 풀잎이 부드럽게 내 손끝을 간질여요", "아침 햇살이 내 볼을 따뜻하게 안아 줘요" 같은 말이에요.

시인은 이렇게 평범한 것도 특별하게 바꿔요. 여러분도 일상 속에서 '감각'을 느껴 본 적이 있나요? 한 번 떠올려 보세요.

행과 연의 마법

시에는 신기한 약속이 숨어 있답니다. 시의 한 줄을 '행'이라고 부르는데, 노래 가사의 한 줄처럼 시도 한 줄씩 끊어 써요.
예를 들어,
달빛이 내 창문을 톡톡
별빛이 내 마음을 콕콕
이렇게 두 줄이 있으면 2행이라고 해요.
몇 개의 행이 모이면 작은 덩어리가 되는데, 이걸 '연'이라고 해요. 노래의 한 소절, 한 소절처럼 말이죠. 시인은 행과 연을 이용해서 리듬을 만들고, 읽는 사람의 마음을 움직여요. 여러분도 한 줄 한 줄 행을 만들고, 두세 줄씩 모아서 연을 만들어 보세요. 여러분의 일상도 특별한 시가 될 수 있답니다.

❶ 시를 읽으면 어떤 기분이 드나요?
❷ 손으로 만졌을 때 부드러운 건 뭐가 있을까요?
❸ "햇살이 내 볼을 안아 줘요"라는 말은 진짜 일까요 상상일까요?

 만만한 신문 활동

정답은 226쪽

활동1 다음 문장이 맞으면 ○, 틀리면 × 표시하세요.

1. 시에는 눈으로 보고, 손으로 만지는 감각적인 표현이 들어 있다. (　　)
2. 시의 한 줄을 '연'이라고 부른다. (　　)
3. "달빛이 내 창문을 톡톡"은 시의 한 행이 될 수 있다. (　　)
4. 감각적인 표현은 오감을 자극하는 말을 말한다. (　　)

 활동2 다음 낱말과 뜻이 알맞도록 이으세요.

비유 •　　　　• 어떤 사물이나 현상을 다른 것에 빗대어 표현하는 방법
행　 •　　　　• 시의 여러 줄이 모여 이루는 덩어리
연　 •　　　　• 시의 한 줄

 활동3 기사를 보고 빈칸에 들어갈 알맞은 낱말을 보기에서 찾아 쓰세요.

| 보기 : 행, 감각, 연 |

1. 시인은 (　　　)적인 표현으로 평범한 것도 특별하게 만든다.
2. 시의 한 줄을 (　　　)이라고 한다.
3. 여러 줄의 행이 모이면 (　　　)이 된다.

활동4 초성 힌트를 보고 다음 빈칸에 공통으로 들어갈 말을 기사에서 찾아 쓰세요.

1. 시인은 오감을 자극하는 말을 써서 (　　　)적인 표현을 한다.
2. "초록 풀잎이 부드럽게 내 손끝을 간질여요"는 (　　　)적인 표현이다.

| ㄱ | ㄱ |

17

| 교과 연계 | 3학년 1학기 1. 생생하게 표현해요. | 키워드 | 의성어, 의태어

02 보인다, 보여! 관찰한 대로 표현하기

쨍그랑! 주르륵! 소리가 보인다?

컵이 바닥에 떨어질 때 나는 '쨍그랑' 소리, 비가 창문을 타고 흐를 때 나는 '주르륵' 소리, 이런 소리들을 글자로 표현한 말을 의성어라고 해요. 의성어는 실제 나는 소리를 흉내 내는 말이에요. '멍멍', '꿀꿀', '따르릉'도 모두 의성어랍니다.

의성어를 쓰면 글이 훨씬 생생해져요. 예를 들어, "비가 내렸다"라고 쓰는 대신 "빗방울이 후드득 떨어졌다"라고 하면, 머릿속에 장면이 확 떠오르죠? 듣는 사람은 마치 그 소리를 실제로 듣는 것처럼 느낄 수 있어요. 그래서 이야기책, 시, 만화책에서도 빠질 수 없는 표현이랍니다.

살금살금, 방긋! 모양과 움직임도 말해요

소리뿐만 아니라 모양, 움직임, 상태를 흉내 내는 말도 있어요. 바로 의태어랍니다. 예를 들어, 고양이가 조용히 다가갈 때 '살금살금', 꽃이 피어날 때 '활짝', 아기가 웃을 때 '방긋' 같은 말이에요. 의태어를 쓰면 글 속 인물이나 사물이 살아 움직이는 것처럼 느껴져요. "토끼가 뛰었다"보다 "토끼가 깡충깡충 뛰었다"가 더 생생한 느낌을 주죠? 또 "바람이 불었다"보다 "바람이 솔솔 불었다"가 더 부드러운 느낌을 준답니다.

글을 쓸 때 의성어와 의태어를 적절히 넣으면 읽는 사람이 더 쉽게 상상할 수 있고, 장면이 눈앞에 그려져 소리와 모습이 글자로 살아나는 재미를 느낄 수 있을 거예요.

❶ 하루 종일 들은 소리 중 글자로 나타낼 수 있는 소리가 있을까요?
❷ 비 오는 날 창밖을 보면 어떤 의태어가 떠오르나요?
❸ 이름을 의성어나 의태어로 표현한다면 어떻게 쓸 수 있을까요?

 **만만한 신문 활동**

정답은 226쪽

활동 1 다음 문장이 맞으면 ○, 틀리면 × 표시하세요.

1. 컵이 떨어질 때 나는 '쨍그랑'은 의태어이다. (   )
2. '살금살금'은 고양이가 조용히 다가가는 모습을 나타내는 의태어이다. (   )
3. '멍멍'은 개가 짖는 소리를 흉내 낸 의성어이다. (   )
4. 의성어를 쓰면 글이 더 생생해진다. (   )

 활동 2 기사를 보고 다음 낱말과 뜻이 알맞도록 이으세요.

의성어   •   • 모양, 움직임, 상태를 흉내 내는 말
의태어   •   • 실제 나는 소리를 흉내 내는 말
활짝   •   • 가볍게 뛰는 모양
깡충깡충 •   • 꽃이 크게 피어나는 모양

활동 3 기사를 보고 빈칸에 들어갈 알맞은 낱말을 보기에서 찾아 쓰세요.

보기 : 의성어, 의태어, 후드득, 방긋

1. 컵이 바닥에 떨어질 때 나는 '쨍그랑'은 (   )이다.
2. 토끼가 귀엽게 뛰는 모양을 나타낸 '깡충깡충'은 (   )이다.
3. 빗방울이 (   ) 떨어졌다.
4. 아기가 웃는 모양을 나타낸 말은 (   )이다.

 활동 4 기사를 보고 주어진 낱말의 뜻을 참고하여 문장을 완성하세요.

1. '따르릉'은 전화벨이 울리는 소리를 나타내는 (   )이다.
뜻 : 실제 나는 소리를 흉내 내는 말

2. '솔솔'은 바람이 부드럽게 부는 모습을 나타내는 (   )이다.
뜻 : 모양, 움직임, 상태를 흉내 내는 말

| 교과 연계 | 3학년 1학기 2. 분명하고 유창하게　　| 키워드 | 말장난, 동음이의어, 우리말 놀이

03 말장난의 끝판왕! 우리말 속 개그 코드

말장난, 알고 보면 우리말 천재

말장난은 비슷한 소리나 여러 가지 뜻을 가진 단어를 가지고 재밌는 농담을 만드는 놀이예요. 자주 사용하는 단어로 이런 재미있는 말장난을 할 수 있답니다. 오늘은 '밤'과 '다리'라는 단어로 말장난을 해 볼까요?
먼저, '밤'은 두 가지 뜻이 있어요. 하나는 하늘이 어두워지는 '밤'이고, 다른 하나는 먹는 '밤'이에요. 그럼 여기서 퀴즈를 하나 내 볼게요.
"먹을 수 없는 밤은 무슨 밤일까요?"

정답은 바로 '어두운 밤'이에요. 먹을 수 있는 밤이 아니라 하늘이 까매지는 밤 말이에요.
이번엔 '다리'로 말장난을 해 볼까요? 다리는 사람 몸의 다리와, 강을 건널 때 쓰는 다리가 있죠? 다시 한 번 퀴즈를 내 볼게요.
"사람이 절대 건널 수 없는 다리는 무슨 다리일까요?"
바로 '사람의 다리'예요. 사람은 다리 위를 걸을 수 있지만, 사람의 다리 자체는 건널 수 없으니까요. 정말 재미있죠?

말장난이 좋은 이유는 뭘까요?

말장난은 같은 소리를 가진 단어의 뜻을 잘 알게 해 주고, 새로운 단어를 재미있게 기억할 수 있도록 도와줘요. 말장난을 통해 친구들과 친해질 수도 있답니다. 여러분도 쉬는 시간에 친구들과 재미있는 말장난 퀴즈를 해 보세요. 웃으면서 단어의 의미도 익히고, 우리말을 더 사랑하게 될 거예요.

❶ 건널 수 없는 '다리'는 어떤 '다리'인가요?
❷ 먹을 수 없는 '밤'은 어떤 '밤'인가요?
❸ '눈'이라는 단어로 어떤 말장난을 만들 수 있을까요?

정답은 226쪽

활동 1 다음 문장이 맞으면 ○, 틀리면 × 표시하세요.

1. 말장난은 여러 가지 뜻을 가진 단어로 재미있는 농담을 만드는 놀이이다. (   )
2. '밤'은 먹는 밤과 하늘이 어두워지는 밤, 두 가지 뜻이 있다. (   )
3. 말장난은 친구들과 친해지는 데 도움이 될 수 있다. (   )
4. 사람의 다리는 건널 수 있는 다리이다. (   )

활동 2 기사를 보고 내용으로 알맞은 것을 고르세요.

① 말장난은 친구를 놀릴 때만 쓰는 말이다.
② 말장난은 단어의 여러 가지 뜻을 이용하는 놀이이다.
③ 말장난은 어려운 단어만 사용해야 한다.
④ 말장난은 아무 뜻이 없다.

활동 3 기사를 보고 빈칸에 들어갈 알맞은 낱말을 보기에서 찾아 쓰세요.

보기 : 다리, 단어, 어두운

1. 말장난은 여러 가지 뜻을 가진 (   )로 하는 놀이예요.
2. 먹을 수 없는 밤은 (   ) 밤이에요.
3. 사람의 (   )는 건널 수 없어요.

활동 4 초성 힌트를 보고 다음 빈칸에 공통으로 들어갈 말을 기사에서 찾아 쓰세요.

1. 강을 건널 때 쓰는 (   )는 우리가 걸어 다닐 수 있는 곳이다.
2. 사람의 (   )는 몸의 한 부분이다.

| ㄷ | ㄹ |

21

| 교과 연계 | 3학년 1학기 2. 분명하고 유창하게 | 키워드 | 맞춤법, 귀띔, 칠흑같이

04 빵 터지는 실수! 엉뚱한 맞춤법 대회

 만만한 신문 읽기

엉뚱한 맞춤법 대회, 교실이 웃음바다

교실에서 '엉뚱한 맞춤법 대회'가 열렸어요. 친구들은 설레는 마음으로 대회에 참가했어요. 국어 시간에 배운 단어들이지만 막상 쓰려고 하니 헷갈리는 맞춤법이 많았어요.
첫 번째 문제는 "친구가 시험 문제를 살짝 귀띔해 줬어요."였어요. 그런데 한 친구가 '귀뜸'이라고 썼어요. 하지만 "귓속말로 살짝 알려 주는 건 '귀띔'이 맞아요. 뜸 들이는 '뜸'이 아니랍니다!"

두 번째 문제는 "어젯밤은 칠흑같이 어두웠어요."였어요. 여기서 '칠흑'을 '칠흙'이라고 쓴 친구가 있었어요. 선생님은 '칠흑'이 아주 새까만 어둠을 뜻한다며, '흑'이 '검을 흑'이라고 말씀해 주셨어요. 친구들은 일제히 "아~!" 하며 고개를 끄덕였답니다.

실수 속에서 빵빵 터지는 배움

또 다른 문제는 "나는 밥주걱으로 밥을 푸고, 장아찌를 먹었어요."였어요. 어떤 친구는 '밥주걱'을 '밥주거기'로, '장아찌'를 '장아치'로 써서 모두가 폭소를 터뜨렸어요. 선생님은 틀려도 괜찮다며, 이렇게 한 번 틀리면 다음에는 절대 잊지 않게 된다고 격려해 주셨답니다.
대회 내내 친구들의 엉뚱하고 귀여운 오답이 계속 나와서 교실은 웃음이 끊이지 않았어요. 여러분도 친구들과 엉뚱한 맞춤법 대회를 열어 보세요. 실수하면서 올바른 맞춤법을 배우고, 웃음도 나누는 최고의 시간이 될 거예요.

 생각해 보세요

❶ '칠흑같이'에서 '흑'의 뜻은 무엇인가요?
❷ 실수한 맞춤법이 더 오래 기억에 남는 이유는 무엇일까요?
❸ 맞춤법 대회에 내고 싶은 단어는 무엇인가요?

정답은 226쪽

활동 1 다음 문장이 맞으면 ○, 틀리면 × 표시하세요.

1. '귀띔'은 누군가에게 몰래 알려 주는 것을 뜻한다. (   )
2. '칠흑'은 아주 새까만 어둠을 말한다. (   )
3. '밥주거기'가 맞는 표현이다. (   )
4. '장아치'가 맞는 표현이다. (   )

활동 2 기사를 보고 내용으로 알맞은 것을 고르세요.

① 친구들은 '엉뚱한 맞춤법 대회'에서 헷갈리는 단어 때문에 웃었다.
② 맞춤법 대회에서 영어 단어를 외웠다.
③ 선생님은 오답을 내면 혼을 내셨다.
④ 친구들은 문제를 풀 때 하나도 틀리지 않았다.

활동 3 기사를 보고 빈칸에 들어갈 알맞은 낱말을 보기에서 찾아 쓰세요.

> **보기** : 귀띔, 칠흑, 밥주걱, 장아찌

1. 친구가 시험 문제를 (   )해 주었다.
2. 어젯밤은 (   )같이 어두웠다.
3. 나는 (   )으로 밥을 푸고, (   )를 먹었다.

활동 4 기사를 보고 주어진 낱말의 뜻을 참고하여 문장을 완성하세요.

1. 시험 보기 전에 친구가 정답을 (   )해 줬다.
뜻 : 몰래 살짝 알려 주는 것

2. 전기가 나가서 방 안이 (   )처럼 어두웠다.
뜻 : 아주 까만 어둠

3. 할머니는 (   )으로 맛있게 밥을 퍼 주셨다.
뜻 : 밥을 푸는 데 쓰는 도구

| 교과 연계 | 3학년 1학기 3. 짜임새 있는 글, 재미와 감동이 있는 글 | 키워드 | 중심 문장, 뒷받침 문장

05 교과서 속 주인공이 우리 반에 전학 온다면?

중심 문장은 생각의 줄기예요

"흥부가 우리 반에 전학 온다면, 우리 반은 더 친절하고 착한 반이 될 거예요."

이 문장을 글에서 가장 말하고 싶은 중심 문장이라고 해 볼게요. 중심 문장은 글의 줄기처럼 생각의 중심을 딱 잡아 주는 아주 중요한 문장이랍니다. 중심 문장을 먼저 정하면 글을 쓸 때 길을 잃지 않고 말하고 싶은 내용을 잘 정리할 수 있어요. 중심 문장이 없다면 마치 나침반 없이 숲속을 걷는 것처럼 어디로 가야 할지 헷갈릴 수 있어요. 그래서 글을 쓸 땐 '내가 이 글에서 꼭 하고 싶은 말은 뭘까?' 하고 먼저 생각하는 게 아주 중요하답니다.

뒷받침 문장은 생각을 도와주는 가지예요

중심 문장이 생각의 줄기라면, 뒷받침 문장은 그 줄기에서 뻗어 나오는 튼튼한 가지예요. 예를 들어, "흥부는 다친 제비를 정성껏 돌봐 줄 만큼 착한 사람이에요."라고 쓰면 중심 문장을 더 잘 이해할 수 있어요. 또 "우리 반 친구들도 흥부를 보며 서로를 더 도와주고 싶어질 거예요."라고 쓰면 글이 더 따뜻해지고 내용도 풍성해져요.

뒷받침 문장이 없으면 중심 문장은 외로워요. 가지 없는 나무처럼 휑해 보이거든요. 하지만 뒷받침 문장이 하나둘 생기면 나무에 잎이 자라는 것처럼 글이 살아난답니다. 뒷받침 문장은 중심 문장을 도와서 글의 내용을 더 알차게 만들어 주는 든든한 도우미예요.

❶ 글에서 가장 중요한 문장은 무엇인가요?
❷ 뒷받침 문장은 나무의 무엇이라고 했나요?
❸ 글을 쓰기 전에 제일 먼저 생각해야 하는 것은 무엇인가요?

 만만한 신문 활동

정답은 227쪽

활동 1 다음 문장이 맞으면 ○, 틀리면 × 표시하세요.

1. 중심 문장은 글에서 꼭 하고 싶은 말을 나타내는 아주 중요한 문장이다. (   )
2. 중심 문장이 없으면 글을 쓸 때 길을 잘 찾을 수 있다. (   )
3. 뒷받침 문장은 중심 문장을 도와주고 내용을 풍성하게 해 준다. (   )
4. 중심 문장과 뒷받침 문장은 나무의 줄기와 가지처럼 서로 연결되어 있다. (   )

활동 2 다음 낱말과 뜻이 알맞도록 이으세요.

중심 문장 •　　　　　• 글의 줄기처럼 꼭 하고 싶은 말을 나타내는 문장
뒷받침 문장 •　　　　　• 중심 문장을 도와서 내용을 풍성하게 만드는 문장

활동 3 기사를 보고 빈칸에 들어갈 알맞은 낱말을 보기에서 찾아 쓰세요.

> **보기** : 중심 문장, 뒷받침 문장, 가지, 줄기, 도우미

1. 글을 쓸 때 '이 글에서 꼭 하고 싶은 말'을 먼저 생각하는 것이 (　　　　　)을 정하는 것이다.
2. (　　　　　)이 없으면 중심 문장은 외로워진다.
3. 중심 문장은 생각의 (　　　　　), 뒷받침 문장은 생각을 도와주는 (　　　　　) 이다.
4. 뒷받침 문장은 중심 문장을 도와주는 (　　　　　)이다.

활동 4 초성 힌트를 보고 다음 빈칸에 공통으로 들어갈 말을 기사에서 찾아 쓰세요.

1. 글을 쓸 때 꼭 하고 싶은 말은 바로 (　　　　　)이다.
2. 글의 생각을 딱 잡아 주는 것은 (　　　　　)이다.
3. 나침반처럼 글의 방향을 알려 주는 것은 (　　　　　)이다.

ㅈ	ㅅ		ㅁ	ㅈ

| 교과 연계 | 3학년 1학기 4. 중요한 내용을 찾아요 | 키워드 | 사자성어

06 드라마보다 재미있는 사자성어 이야기

 만만한 신문 읽기

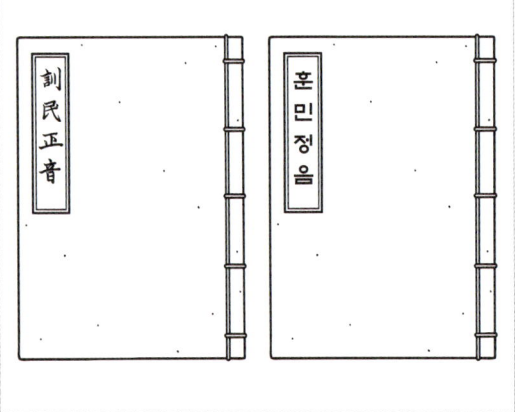

사자성어 속 놀라운 이야기들

'토사구팽'이라는 말 들어 본 적 있나요? 이 말은 "토끼를 잡고 나면 사냥개는 삶아 먹는다."는 뜻이에요. 옛날 중국의 왕이 사냥개처럼 충성을 다한 신하를 필요가 없어진 뒤에 버린 데서 유래했어요. 마치 드라마 속에서 주인공이 배신당하는 장면처럼 충격적이죠. 좀 무섭게 느껴지나요?

이외에도 재미있는 사자성어가 많아요. '배은망덕'은 은혜를 받고도 고마움을 모르는 사람을 꾸짖는 말이고, '형설지공'은 반딧불이와 눈빛으로 공부한 옛날 사람들의 끈기와 노력을 나타내요. 사자성어는 드라마보다 더 재미있고 우리 생활과도 깊게 연결되어 있답니다.

착한 일은 권하고, 나쁜 일은 벌한다

착한 마음과 바른 행동, 사자성어로도 멋지게 표현할 수 있어요. 예를 들어, '권선징악'은 착한 일을 권하고, 나쁜 일은 벌한다는 뜻이에요. 이 말은 마치 드라마 속 주인공이 끝까지 착하게 살다가 결국 웃게 되는 이야기와 닮았어요. 사람들은 결국 진심과 선함을 알아보게 되니까요. '관포지교'라는 사자성어도 있어요. 이 말은 마음을 깊이 이해해 주는 진짜 친구를 뜻해요. 어때요? 생각만 해도 마음이 따뜻해지죠.

이처럼 사자성어는 단순한 말이 아니라 사람의 마음과 삶의 지혜가 담긴 보물이랍니다.

 생각해 보세요

❶ '토사구팽'은 어떤 뜻인가요?
❷ '관포지교'는 내 마음을 잘 알아주는 친구예요. 그런 친구가 있나요?
❸ 알고 있는 사자성어를 말해 보세요.

 만만한 신문 활동

정답은 227쪽

활동 1 다음 문장이 맞으면 ○, 틀리면 × 표시하세요.

1. '토사구팽'은 착한 일을 많이 한 사람을 칭찬하는 말이다. (   )
2. '형설지공'은 옛날 사람들이 어려운 환경에서도 열심히 공부했다는 뜻이다. (   )
3. '배은망덕'은 은혜를 잊고 고마워하지 않는다는 뜻이다. (   )
4. '관포지교'는 마음을 깊이 이해해 주는 진짜 친구를 뜻한다. (   )

 활동 2 다음 낱말과 뜻이 알맞도록 이으세요.

토사구팽 •   • 어려운 환경에서도 열심히 공부한다.
형설지공 •   • 마음을 이해해 주는 진짜 친구
관포지교 •   • 착한 일을 권하고, 나쁜 일을 벌한다.
권선징악 •   • 필요할 때만 쓰고 버린다.

활동 3 기사를 보고 빈칸에 들어갈 알맞은 사자성어를 보기에서 찾아 쓰세요.

| **보기** : 권선징악, 토사구팽, 형설지공, 배은망덕 |

1. 필요할 때만 쓰고 필요 없으면 버리는 행동을 비유하는 사자성어는 (   )이다.
2. 은혜를 받고도 고마움을 모르는 사람을 꾸짖는 말은 (   )이다.
3. 착한 일을 권하고, 나쁜 일을 벌하는 뜻의 사자성어는 (   )이다.
4. 반딧불이와 눈빛으로 공부해 성공한 이야기를 담은 사자성어는 (   )이다.

 **활동 4** 초성 힌트를 보고 다음 빈칸에 공통으로 들어갈 말을 기사에서 찾아 쓰세요.

1. (   )에는 우리 생활과 연결된 이야기가 많다.
2. (   )는 단순한 말이 아니라, 사람의 마음과 삶의 지혜가 담긴 보물이다.

| ㅅ | ㅈ | ㅅ | ㅇ |

| 교과 연계 | 3학년 2학기 1. 경험과 관련지으며 이해해요.　　| 키워드 | 중요한 내용, 메모, 정리

07 귀 쫑긋! 똑똑히 듣기 비법 대공개

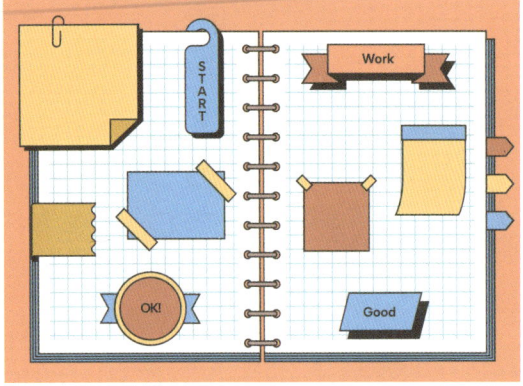

듣기는 귀로만 하는 게 아니다

여러분은 다른 사람의 이야기를 들을 때 어떻게 하나요? 중요한 내용을 똑똑하게 듣고 싶다면 '귀'만이 아니라 '머리'도 같이 써야 한답니다. 듣기 전에는 '왜 듣는지' 목적을 생각하고, '어떤 내용'이 나올지 예측하며, '바른 태도'를 준비해야 해요.

예를 들어, 선생님이 내일 활동할 '체험학습 준비물'에 대해 이야기할 때 준비물을 빠뜨리지 않으려면 귀를 쫑긋 세워야 하죠. 또 "오늘 점심시간에 반장 선거 안내를 한다."고 하면 '선거 방법', '일정'이 무엇일지 미리 생각해 보는 것도 좋아요. 이렇게 듣기 전에 주제를 예상하면 중요한 내용을 더 쉽게 찾을 수 있어요.

중요한 내용은 '메모'와 '정리'가 필수다

듣는 중에는 중요한 내용이 나오면 머릿속으로만 기억하지 말고, 종이에 짧게 메모해 보세요. 예를 들어, '준비물 : 물, 모자, 간식'처럼 몇 단어만 적어도 충분해요. 듣는 동안에는 너무 자세하게 쓰지 말고 중요한 단어만 골라서 적으면 돼요. 다 듣고 난 뒤에는 메모한 내용을 보며 '내가 들은 이야기 중에서 제일 중요한 게 뭐였지?'라고 한 번 더 생각해 보세요.

메모를 하고 정리를 해 두면, 나중에 다시 확인할 때도 헷갈리지 않아요. 오늘부터 친구나 선생님 말씀을 들을 때 '듣기 전-중-후' 단계를 기억해 보세요. 여러분도 어느새 '듣기 고수'가 되어 있을 거예요.

❶ 듣기 전에 무엇부터 생각하면 좋을까요?
❷ 메모를 하면 무엇이 좋을까요?
❸ 듣는 게 어려울까요? 말하는 게 어려울까요?

정답은 227쪽

활동 1 다음 문장이 맞으면 ○, 틀리면 × 표시하세요.

1. 듣기는 귀로만 하는 것이다. (   )
2. 듣기 전에 주제를 미리 생각하면 도움이 된다. (   )
3. 중요한 내용은 머릿속으로만 기억하면 된다. (   )
4. 메모와 정리를 하면 다시 확인할 때 도움이 된다. (   )

 다음 낱말과 뜻이 알맞도록 이으세요.

메모 •   • 들은 내용을 한 번 더 생각하고 정돈하는 것
정리 •   • 중요한 내용을 간단히 적는 것
주제 •   • 체험학습 등에 가져가야 할 것
준비물 •   • 이야기의 가장 중요한 내용

 기사를 보고 빈칸에 들어갈 알맞은 낱말을 보기에서 찾아 쓰세요.

보기 : 메모, 목적, 준비물, 고수

1. 듣기 전에 '내가 왜 이 이야기를 듣는 걸까?' 하는 (   )을 생각해 본다.
2. 선생님이 '내일 (   )'을 이야기하면 빠뜨리지 않도록 해야 한다.
3. 중요한 내용은 종이에 (   )해 둔다.
4. '듣기 (   )'가 되려면 듣기 전-중-후 단계를 기억해야 한다.

활동 4 다음 문장을 원고지에 따라 써 보세요.

듣기 전에는 주제를 생각하고, 듣는 중에는 메모하며, 듣기 후에는 정리해요.

	듣	기		전	에	는		주	제	를		생	각	하
고	,		듣	는		중	에	는		메	모	하	며	,	듣
기		후	에	는		정	리	해	요	.					

| 교과 연계 | 3학년 2학기 2. 유창하게 읽고 발표해요. | 키워드 | 글, 그림, 설명

08 마라탕도 척척! 설명 꿀잼왕 탄생

맛있는 그림, 쏙쏙 글 설명

마라탕을 궁금해하는 친구에게 어떻게 하면 잘 설명할 수 있을까요? 만약 마라탕을 '중국식 매운 국물 요리'라고만 한다면 친구가 어떤 재료가 들어가는지 궁금해할지도 몰라요. 이럴 때는 재료를 그림으로 그려서 "이건 어묵, 이건 청경채, 이건 면발!" 하고 보여 주면 훨씬 이해가 쉽답니다. '쏘~옥 들어가는 두부, 매콤한 빨간 국물, 긴 당면을 젓가락으로 낚아 채 먹는 모습'을 그려 준다면 더 좋겠죠?

농구나 자전거 타는 법을 설명할 때도 농구하는 모습이나 자전거 타는 법을 그림과 함께 설명하면, "아! 이렇게 하는 거구나!" 하고 쉽게 알 수 있답니다.

글과 그림이 만나면 꿀잼 설명 완성

그림은 재미를 더하고, 글은 자세한 설명을 도와줘요. 예를 들어, 게임 설명서에 '왼쪽 화살표를 누르세요.'라고만 쓰여 있으면 헷갈릴 수 있지만 손가락이 버튼을 누르는 그림이 있다면 바로 따라 할 수 있겠죠? 요리 레시피를 쓸 때 '달걀을 깨뜨려 그릇에 넣으세요.'라는 글과 달걀을 깨뜨리는 그림이 같이 있으면 훨씬 쉽고 재미있게 느껴져요. '교실을 깨끗하게 정리하는 방법'을 친구들에게 알려 줄 때도 정돈된 책상 그림을 곁들이면 모두가 따라 하고 싶어질 거예요.

글과 그림이 만나면 어려운 설명도 쉽게, 딱딱한 정보도 꿀잼으로 바뀐답니다.

❶ 친구에게 마라탕 만드는 법을 설명해 보세요.
❷ 글만 보면 어려운데 그림으로 보면 쉬워지는 게 있을까요?
❸ 그림과 글 중 어떤 게 편한가요?

정답은 227쪽

활동 1 다음 문장이 맞으면 O, 틀리면 × 표시하세요.

1. 마라탕을 친구에게 설명할 때 그림을 함께 보여 주면 이해하기 쉽다. (   )
2. 그림 없이 글로만 설명하면 친구가 잘 이해하지 못할 수도 있다. (   )
3. 글과 그림을 같이 사용하면 설명이 더 어렵다. (   )
4. 요리 레시피도 그림이 있으면 더 쉽고 재미있게 느껴질 수 있다. (   )

활동 2 기사를 보고 내용으로 알맞은 것을 고르세요.

① 마라탕 재료를 그림으로 보여 주면 이해하기 쉽다.
② 게임 설명서에 그림은 필요 없다.
③ 그림과 글을 같이 쓰면 설명이 어렵다.
④ 교실 정리 방법을 그림으로 보면 따라 하기 어렵다.

 활동 3 기사를 보고 빈칸에 들어갈 알맞은 낱말을 보기에서 찾아 쓰세요.

| 보기 : 그림, 글, 재료 |

1. 마라탕을 처음 먹는 친구에게 (   )과 (   )로 설명하면 이해하기 쉽다.
2. 요리 레시피를 쓸 때 (   )를 (   )으로 보여 주면 이해하기 쉽다.

 활동 4 뜻을 참고하여 알맞은 단어에 동그라미표를 하세요.

뜻 : 설명할 때 글과 함께 쓰면 이해가 쏙쏙 되는 것

| 마라탕   그림   색종이   게임 |

| 교과 연계 | 3학년 2학기 3. 정확하게 글을 써요.　　| 키워드 | 이어주는 말, 그리고, 그러나, 그래서

09 이야기를 이어 주는 다리 : 그리고, 그러나, 그래서

 만만한 신문 읽기

말을 이어 주는 말 친구들

여러분은 이야기를 쓸 때 '그런데, 갑자기…', '그래서, 결국…' 같은 말을 써 본 적 있나요? 이런 말들을 '이어주는 말'이라고 해요. 이어주는 말은 앞뒤 문장이나 생각을 부드럽게 해 준답니다.

예를 들어, "나는 오늘 학교에 갔다. 그리고 친구를 만났다." 이렇게 '그리고'를 넣으면 2가지 일이 자연스럽게 이어져요. "나는 아이스크림을 좋아해요. 그러나 엄마는 차가운 걸 못 먹세 해요."처럼 '그러나'는 앞과 반대되는 내용을 이어 줄 때 쓰죠. "비가 왔어요. 그래서 운동회를 하지 못했어요."처럼 '그래서'는 앞의 원인 때문에 결과가 나올 때 쓰는 말이에요.

'그리고, 그러나, 그래서'로 말놀이를 해 볼까?

'이어주는 말'은 말하기, 글쓰기 모두에서 꼭 필요해요. 만약 '이어주는 말'이 없으면 이야기가 뚝뚝 끊겨서 듣는 사람이 헷갈릴 수 있답니다.

친구랑 놀 때도 "나는 떡볶이를 좋아해. 그리고 어묵도 좋아해."라고 말하면 상대가 더 쉽게 이해할 수 있어요. '그러나'는 "나는 고양이를 좋아해. 그러나 고양이 알레르기가 있어."처럼 앞뒤가 반대일 때 쓰고, '그래서'는 "나는 배가 고팠어. 그래서 라면을 끓여 먹었어."처럼 원인과 결과를 연결할 때 사용해요. 이렇게 '이어주는 말'을 쓰면 생각을 더 쉽고 재미있게 전할 수 있답니다.

 생각해 보세요

❶ '그리고'를 넣어서 말을 만들어 보세요.
❷ '그래서'는 앞의 어떤 말을 이어 줄 때 쓸까요?
❸ "나는 떡볶이를 좋아해. 그리고 어묵도 좋아해."에서 '이어주는 말'은 무엇인가요?

 만만한 신문 활동

정답은 228쪽

활동 1 다음 문장이 맞으면 ○, 틀리면 × 표시하세요.

1. '이어주는 말'을 쓰면 문장과 생각을 자연스럽게 이어 줄 수 있다. (   )
2. '그러나'는 앞과 반대되는 내용을 이어 줄 때 쓴다. (   )
3. '이어주는 말'이 없으면 이야기가 더 길어진다. (   )
4. '그리고'는 반대되는 내용을 이어 줄 때 쓴다. (   )

활동 2 기사를 보고 다음 낱말과 뜻이 알맞도록 이으세요.

그리고 •　　　　　• 앞과 반대되는 내용을 이어 줄 때
그러나 •　　　　　• 2가지 일을 자연스럽게 이어 줄 때
그래서 •　　　　　• 앞의 원인으로 결과를 이어 줄 때

활동 3 기사를 보고 내용으로 알맞은 것을 고르세요.

① '나는 떡볶이를 좋아해. 그리고 어묵도 좋아해.'에서 '그리고'는 2가지 일을 이어 준다.
② '나는 배가 고팠어. 그래서 라면을 끓여 먹었어.'에서 '그래서'는 앞뒤가 반대될 때 쓴다.
③ '이어주는 말'을 쓰면 이야기가 끊겨서 이해하기 어렵다.
④ '그러나'는 원인과 결과를 이어 줄 때 쓴다.

활동 4 기사를 보고 빈칸에 들어갈 알맞은 낱말을 보기에서 찾아 쓰세요.

| **보기** : 그리고, 그러나, 그래서 |

1. 나는 학교에 갔다. (   ) 친구를 만났다.
2. 나는 아이스크림을 좋아한다. (   ) 엄마는 못 먹게 한다.
3. 비가 왔어요. (   ) 운동회를 하지 못했어요.

| 교과 연계 | 3학년 2학기 5. 사전으로 여는 세상 | 키워드 | 동사, 형용사

10 말이 옷을 갈아입어요! 동사와 형용사의 변신 쇼

 만만한 신문 읽기

움직임도 변신! 말도 변신!

우리말에는 움직임을 나타내는 말, 즉 '동사'가 많아요. 그런데 이 동사들은 혼자 있을 때와 문장 속에서 쓰일 때 모습이 달라진답니다. 예를 들어, '뛰다'라는 동사가 있어요. "나는 운동장에서 뛴다."라고 쓸 수도 있지만, 친구랑 대화를 하다 보면 "나는 어제 운동장에서 뛰었어.", "내일은 운동장에서 뛰려고 해."처럼 '뛰다'가 '뛰었어', '뛰려고' 등으로 변신해요. 또 친구가 "같이 뛰자!"라고 하면 '뛰자'로, "엄마가 뛰라고 하셨어."에서는 '뛰라고'로, "운동장에서 뛰니까 기분이 좋아."에서는 '뛰니까'처럼 뒤에 따라오는 말에 따라 끝이 달라집니다. 이렇게 동사는 상황에 따라 멋지게 변신할 수 있어요.

상태도 변신! 말의 꼬리가 달라져요

성질이나 상태를 나타내는 말, 즉 '형용사'도 상황에 따라 모습이 달라져요. '맛있다'라는 말을 생각해 볼까요? "이 피자는 맛있다.", "피자가 정말 맛있었어.", "내일도 맛있을까?"처럼 '맛있다'가 '맛있었어', '맛있을까'로 변신하죠. 또 "오늘 날씨가 맑다."에서 "날씨가 맑으니 소풍 가자.", "맑아서 기분이 좋아.", "맑으면 밖에 나가 놀 수 있어."처럼 '맑으니', '맑아서', '맑으면' 등으로 변신해요. 이처럼 형용사도 문장에 따라 꼬리가 붙거나 모양이 달라진답니다. 마치 다양한 옷을 입는 것 같죠?

 생각해 보세요

❶ '뛰다'가 '뛰었어', '뛰자', '뛰니까'로 바뀌면서 달라지지 않는 부분은 어디인가요?
❷ '맛있다'라는 말을 '맛있었어', '맛있을까'로 바꿔서 짧은 문장을 만들어 보세요.
❸ '맑다', '맛있다'처럼 일상에서 쓰이는 형용사를 찾아보세요.

활동 1 다음 문장이 맞으면 ○, 틀리면 × 표시하세요.

1. 동사는 문장에 따라 모습이 달라진다. (   )
2. '뛰다'는 항상 같은 모습으로만 쓸 수 있다. (   )
3. '맛있다'는 '맛있었어', '맛있을까'로 바뀔 수 없다. (   )
4. 동사와 형용사는 모두 상황에 따라 변신한다. (   )

활동 2 기사를 보고 다음 낱말과 뜻이 알맞도록 이으세요.

동사   •   • 움직임을 나타내는 말
형용사 •   • 음식의 맛이 좋을 때 쓰는 말
맛있다 •   • 성질이나 상태를 나타내는 말
맑다   •   • 하늘이나 날씨가 깨끗할 때 쓰는 말

활동 3 기사를 보고 빈칸에 들어갈 알맞은 낱말을 보기에서 찾아 쓰세요.

보기 : 맛있었어, 맑으면, 뛰었어, 맑아서

1. "오늘 먹은 피자는 정말 (   )."
2. "날씨가 (   ) 밖에 나가 놀 수 있어."
3. "나는 어제 운동장에서 (   )."
4. "날씨가 (   ) 기분이 좋아."

활동 4 기사를 보고 내용으로 알맞은 것을 고르세요.

① 동사는 문장에서 항상 같은 모습으로 쓰인다.
② 형용사는 상황에 따라 모양이 변할 수 있다.
③ '뛰다'는 절대로 다른 말로 변하지 않는다.
④ '맛있다'는 변하지 않는 성질을 나타내는 말이다.

| 교과 연계 | 3학년 2학기 6. 감상과 표현의 즐거움 | 키워드 | 만화 영화 감상하는 방법, 드라마 감상하는 방법

11 만화 영화와 드라마를 재미있게 보는 꿀팁

만만한 신문 읽기

표정 따라, 교훈 찾아! 만화 영화 감상법

만화 영화를 볼 때는 주인공의 표정과 말투에 주목해 보세요. 캐릭터들이 슬플 때는 입꼬리가 축 처지고, 기쁠 때는 환하게 웃지요. 만화에서는 이런 표정과 말투가 크게 나타나기 때문에 '지금 어떤 감정일까?' 상상해 보는 재미가 쏠쏠해요.

만화 영화는 단순히 재미만 주는 것이 아니라 그 속에 교훈도 담겨 있어요. 예를 들어, 친구와 사이좋게 지내는 이야기에서는 '우정의 소중함'이라는 교훈이 숨어 있답니다. 영화를 다 보고 나서는 '이 만화 영화는 무슨 이야기를 하고 싶었을까?', '나에게 어떤 교훈이 남았지?' 하며 스스로 떠올려 보는 습관도 가져 보세요.

말과 행동, 감동 속으로! 드라마 감상법

드라마를 볼 때는 인물들의 말과 행동에 주목해 보세요. 드라마 속 인물들은 다양한 표정, 말투 그리고 행동으로 이야기를 펼쳐 가요. '저 사람이 왜 저런 말을 했을까?', '어떤 마음으로 저렇게 행동했을까?' 하고 생각해 보면, 드라마가 훨씬 더 재미있게 느껴진답니다. 감동적인 장면이 나올 때는 내 마음이 어떻게 변하는지도 느껴 보세요.

드라마를 다 보고 나면 재미있거나 감동적인 장면에 대해 가족이나 친구에게 이야기해 보세요. 그러면 드라마 속 인물들의 마음을 더 깊이 이해하게 되고, 내 감정도 잘 표현할 수 있게 된답니다.

생각해 보세요

❶ 최근에 재미있게 본 만화 영화는 무엇인가요?
❷ 만화 영화를 보면 어떤 점이 좋나요?
❸ 드라마는 어떻게 감상해야 할까요?

정답은 228쪽

활동1 **다음 문장이 맞으면 ○, 틀리면 ✕ 표시하세요.**

1. 만화 영화에서는 표정과 말투에 주목하면 감정을 더 잘 알 수 있다. (   )
2. 드라마를 볼 때는 인물의 말과 행동에 주목하는 것이 좋다. (   )
3. 만화 영화는 교훈이나 주제와는 상관이 없다. (   )
4. 드라마를 본 뒤에는 장면에 대해 이야기해 보는 것이 도움이 된다. (   )

활동2 **기사를 보고 다음 낱말과 뜻이 알맞도록 이으세요.**

표정 •　　　　　• 말할 때의 소리나 태도
말투 •　　　　　• 얼굴에 드러나는 감정
교훈 •　　　　　• 보고 느끼는 중요한 가르침
감동 •　　　　　• 마음이 크게 움직이는 느낌

활동3 **기사를 보고 내용으로 알맞은 것을 고르세요.**

① 만화 영화에서는 캐릭터의 표정과 말투에 주목하면 감정을 더 쉽게 알 수 있다.
② 드라마를 볼 때는 화면 색깔만 신경 쓰면 된다.
③ 만화 영화는 아무 생각 없이 보면 된다.
④ 드라마에서는 인물의 옷차림이 가장 중요하다.

활동4 **기사를 보고 빈칸에 들어갈 알맞은 낱말을 보기에서 찾아 쓰세요.**

보기 : 표정, 교훈, 말과 행동, 주제

1. 만화 영화에서는 (　　　　　)과 말투를 살피고, 드라마에서는 인물의 (　　　　　) 에 주목하면 좋다.
2. 영화를 다 본 뒤에는 (　　　　　)이나 (　　　　　)에 대해 이야기해 보자.

| 교과 연계 | 4학년 1학기 3. 자세하게 살펴요 | 키워드 | 초성 퀴즈

12 초성 퀴즈의 달인! ㅎㄷㄷ 이게 무슨 단어야?

초성 퀴즈가 뭐예요?

여러분, 초성 퀴즈를 해 본 적이 있나요? 초성 퀴즈는 단어의 첫 자음만 보고 무슨 단어인지 맞히는 게임이에요. 예를 들어, 'ㅎㄷㄷ'은 '후덜덜'이라는 말도 있고, '후드득'이라는 말도 있어요. '후덜덜'은 무섭거나 깜짝 놀랄 때 몸이 덜덜 떨리는 모습을 재미있게 표현한 신조어이고, '후드득'은 굵은 빗방울 따위가 떨어지는 소리랍니다.

초성 퀴즈는 재미 있고, 집중력과 상상력을 쑥쑥 키워 주는 신나는 글자 놀이랍니다. 어떤 단어가 나올지 몰라서 두근두근하는 마음으로 초성 퀴즈의 달인이 되어 보세요.

'ㅇㅇ' 초성으로 시작하는 단어를 맞혀 봐요

'ㅇㅇ' 초성으로 시작하는 단어들을 찾아볼까요? 우리말에는 'ㅇㅇ'으로 시작하는 단어가 많이 있어요. 먼저, '오이', 여름에 먹으면 정말 시원하고, 초록색 껍질이 아삭아삭해서 샐러드에 자주 들어가는 채소죠. 그리고 '아이', 바로 우리 모두가 한때 '아이'였고, 지금도 학교에 다니는 친구들은 모두 '아이'랍니다. 또 '우유'도 있어요. 부드럽고 하얀 우유는 매일 마시면 뼈가 튼튼해진다고 해서 어른들이 꼭 챙겨 주는 음료예요.

이 외에도 'ㅇㅇ'으로 시작하는 단어는 정말 다양해요. 엉뚱한 답이 튀어나와도 좋아요. 오늘 한 번 도전해 보세요.

❶ 'ㅇㅇ' 초성으로 떠오르는 단어는 무엇이 있을까요?
❷ 'ㅎㄱ' 초성으로 시작하는 단어는 무엇이 있을까요?
❸ 초성 퀴즈를 한다면 어떤 초성으로 문제를 내 보고 싶나요?

정답은 228쪽

활동 1 **다음 문장이 맞으면 ○, 틀리면 × 표시하세요.**

1. 초성 퀴즈는 단어의 첫 자음만 보고 맞히는 게임이다. (   )
2. 'ㅎㄷㄷ'의 정답은 오이이다. (   )
3. 'ㅇㅇ'로 시작하는 단어에는 오이, 아이, 우유가 있다. (   )
4. 초성 퀴즈를 하면 집중력과 상상력이 좋아진다. (   )

활동 2 **기사를 보고 내용으로 알맞은 것을 고르세요.**

① '후덜덜'은 무섭거나 놀랄 때 쓰는 신조어이다.
② '오이'는 겨울에만 먹는 채소이다.
③ '아이'는 어른만 부르는 말이다.
④ 우유는 파란색 음료이다.

활동 3 **기사를 보고 괄호 안에 들어갈 알맞은 낱말을 보기에서 찾아 쓰세요.**

| 보기 : 자음, 우유, 오이 |

1. 초성 퀴즈는 (   )만 보고 단어를 맞히는 놀이이다.
2. 여름에 먹으면 정말 시원하고, 초록색 껍질이 아삭아삭한 채소는 (   )이다.
3. 부드럽고 하얀 (   )는 매일 마시면 뼈가 튼튼해진다.

활동 4 **기사를 보고 주어진 낱말의 뜻을 참고하여 문장을 완성하세요.**

1 'ㅇㅇ'는 '오이'의 (   )이다.
 : 단어에서 첫 번째로 오는 자음

2. 'ㅎ', 'ㄷ', 'ㅇ'은 모두 한글 (   )이다.
 : 한글에서 소리를 만드는 기본 글자

| 교과 연계 | 4학년 1학기 4. 뜻을 파악하며 읽어요. | 키워드 | 동형이의어, 다의어

13 선생님 몰래 하는 말장난 배틀

만만한 신문 읽기

같은 말, 전혀 다른 뜻 - 동형이의어 찾기

친구들과 말장난을 해 본 적이 있나요? 말장난의 진짜 고수들은 '동형이의어'로 빵 터뜨린답니다. 동형이의어는 소리와 글자가 똑같은데 뜻은 완전히 다른 단어를 말해요.
예를 들어, '밤이 깊었어요.'의 '밤'은 낮이 끝난 어두운 시간이고, '밤을 까먹었어요.'의 '밤'은 나무에서 나는 고소한 견과류죠. 또 '배가 아파요.'의 '배'는 사람의 몸에 있는 배이고, '배를 타고 여행을 가요.'의 '배'는 강이나 바다 위를 떠다니는 교통수단이며, '배와 사과를 먹었어요.'의 '배'는 과일이에요.
이렇게 '배'라는 단어 하나에 전혀 다른 뜻이 숨어 있어서 친구들과 쉬는 시간에 다음과 같은 말장난을 하면 정말 재미있겠죠?
"나는 오늘 배를 탔는데 배가 아파서 배도 못 먹었어!"

한 단어에 여러 뜻 - 다의어로 말장난하기

다의어는 한 단어가 여러 가지 서로 관련 있는 뜻을 가진 말이에요.
예를 들어, '머리'를 볼까요? '머리가 좋다.'는 생각이나 판단력이 뛰어나다는 뜻이고, '머리를 자르다.'는 머리카락을 자르는 것을 말해요.
'손'도 살펴볼게요. '손을 씻다.'에서는 우리가 물건을 잡는 신체의 손이고, '손이 크다.'는 음식을 넉넉하게 만든다는 뜻이에요.
이렇게 다의어는 뜻이 여러 개이지만 서로 연결되어 있답니다.

생각해 보세요

❶ '밤'에는 어떤 뜻이 있나요?
❷ 말장난을 해 본 적이 있나요? 어떤 말이었나요?
❸ '손이 크다.'는 진짜 손이 큰 걸까요?

정답은 229쪽

 활동 1 다음 문장이 맞으면 O, 틀리면 × 표시하세요.

1. 동형이의어는 소리와 글자가 같지만 뜻이 완전히 다른 단어이다. (   )
2. '배'라는 단어는 한 가지 뜻만 있다. (   )
3. '밤이 깊었어요.'의 '밤'과 '밤을 까먹었어요.'의 '밤'은 다른 뜻이다. (   )
4. '손이 크다.'는 손이 실제로 크다는 뜻만 있다. (   )

 활동 2 기사를 보고 다음 낱말과 뜻이 알맞도록 이으세요.

동형이의어 •   • 소리와 글자는 같지만 뜻이 전혀 다른 단어
다의어   •   • 몸의 한 부분 / 과일 / 교통수단
배   •   • 한 단어에 여러 가지 서로 관련된 뜻이 있는 말
손   •   • 물건을 잡는 신체 / 음식을 넉넉하게 만든다

 활동 3 기사를 보고 괄호 안에 들어갈 알맞은 낱말을 보기에서 찾아 쓰세요.

> **보기** : 동형이의어, 다의어

1. "나는 오늘 배를 탔는데, 배가 아파서 배도 못 먹었어!"는 (   )를 이용한 말장난이다.
2. '머리가 좋다.', '머리를 자르다.'처럼 여러 뜻이 있지만 서로 관련 있는 단어를 (   )라고 한다.

활동 4 기사를 보고 주어진 낱말의 뜻을 참고하여 문장을 완성하세요.

1. '배'는 몸, 과일, 탈것 등 뜻이 전혀 다른 (   )이다.
   뜻 : 소리와 글자가 같지만 뜻이 전혀 다른 단어

2. '손이 크다.', '손을 씻다.'처럼 뜻은 여러 개지만 서로 관련 있는 말은 (   )이다.
   뜻 : 2가지 이상의 뜻을 가진 단어

| 교과 연계 | 4학년 1학기 4. 뜻을 파악하며 읽어요. | 키워드 | 된소리(쌍자음)

14 '국밥'이 아니라 '국빱', 소리의 마법

 만만한 신문 읽기

소리가 달라지는 마법 같은 순간

"애들아, 우리 국밥 먹으러 가자!" 잘 들어보면 이상하지 않나요? '국밥'이라고 말했는데, 누가 들어도 '국빱'처럼 들리죠? 이건 말이 틀린 게 아니라 소리의 마법 때문이에요. 우리말에서는 앞글자의 받침이 'ㄱ', 'ㄷ', 'ㅂ'일 때 다음에 오는 글자가 'ㄱ', 'ㄷ', 'ㅂ', 'ㅅ', 'ㅈ'이면 그 소리가 더 강하게 바뀌어요. 그래서 '국밥'은 '국빱', '낙지'는 '낙찌', '밥상'은 '밥쌍'처럼 들리는 거죠. 진짜 신기하죠? 이런 현상을 '된소리'라고 해요. 하지만 여기서 주의! 소리 나는 대로 글씨를 쓰면 안 돼요. '국빱'은 소리일 뿐이고, 쓰기는 반드시 '국밥'이라고 써야 한답니다.

입이 기억하는 우리말 소리

이제 우리말 속 된소리 마법을 더 찾아볼까요? "밥도둑이 뭐야?"라는 말도 잘 들어 보면 '밥또둑'처럼 들려요. '국자 줘.'는 '국짜 줘.'로, '막지 마.'는 '막찌 마.'로, '엎서 썼어.'는 '엎써 썼어.' 이런 식으로 소리가 쌍자음으로 튀어나오는 거예요. 이건 우리말이 원래 그런 리듬을 가지고 있어서 말할수록 더 자연스럽게 소리가 바뀌는 거랍니다.

친구들끼리 말할 땐 이렇게 들려도 괜찮아요. 하지만 국어 시간에는 '낙찌'라고 말하고, '낙지'라고 써야 해요. 우리말은 듣는 것도, 쓰는 것도 모두 중요하니까요.

 생각해 보세요

❶ '국밥'이 왜 '국빱'처럼 들릴까요?
❷ 소리 나는 대로 쓰면 왜 안 될까요?
❸ 우리말은 왜 이렇게 소리가 바뀌는 걸까요?

정답은 229쪽

 활동 1 다음 문장이 맞으면 O, 틀리면 × 표시하세요.

1. '국밥'은 소리 나는 대로 '국빱'이라고 써야 한다. (   )
2. '밥도둑'은 말할 때 '밥또둑'처럼 들린다. (   )
3. 된소리는 받침이 'ㄱ', 'ㄷ', 'ㅂ'일 때 다음 글자가 'ㅅ'이면 소리가 강해진다. (   )
4. '낙지'는 '낙찌'라고 써야 한다. (   )

 활동 2 기사를 보고 내용으로 알맞은 것을 고르세요.

1. '국밥'이 '국빱'처럼 들리는 이유는 무엇인가요?
① 발음이 틀려서
② 우리말의 소리 마법, 된소리 현상 때문
③ 친구들이 잘못 배워서

2. '밥도둑'을 말할 때 어떻게 들리나요?
① 밥도둑   ② 밥또둑   ③ 밥또뚝

 활동 3 기사를 보고 빈칸에 들어갈 알맞은 낱말을 보기에서 찾아 쓰세요.

> **보기** : 된소리, 소리, 받침, 글씨

1. 우리말에서는 앞글자의 받침이 'ㄱ', 'ㄷ', 'ㅂ'일 때 다음 글자가 'ㄱ', 'ㄷ', 'ㅂ', 'ㅅ', 'ㅈ'이면
   (   ) 현상이 나타나요.
2. '국밥'은 말할 때 '국빱'처럼 들리지만 (   )는 '국밥'으로 써야 해요.
3. '밥도둑'이 '밥또둑'처럼 들리는 것은 우리말의 (   ) 때문이에요.

 **활동 4** 기사를 보고 주어진 낱말의 뜻을 참고하여 문장을 완성하세요.

'밥도둑'에서 '밥' 받침 'ㅂ' 때문에 다음 글자 'ㄷ'이 (   )가 나요.
뜻 : 소리가 쌍자음처럼 더 강하게 나는 소리

|교과 연계| 4학년 1학기 5. 말과 글로 전하는 세상 |키워드| ㅋㅋㅋ, 국어사전

15 'ㅋㅋㅋ' 이모티콘을 국어사전에 넣어도 될까?

만만한 신문 읽기

'ㅋㅋㅋ'도 국어사전에 들어갈 수 있을까요?

우리말에는 '하하', '히히'처럼 웃을 때 쓰는 말이 있어요. 이런 말들은 국어사전에도 올라가 있지요. 그런데 요즘 우리가 문자나 채팅에서 자주 쓰는 'ㅋㅋㅋ'는 아직 사전에 없어요. 그럼 'ㅋㅋㅋ'도 국어사전에 들어갈 수 있을까요?
'ㅋㅋㅋ'는 재미있거나 웃긴 일이 있을 때 쓰는 표현이에요. 친구와 문자할 때나 SNS, 유튜브 댓글에서도 자주 볼 수 있지요. 요즘은 뉴스 기사나 광고에도 등장할 만큼 널리 쓰이고 있어요. 이렇게 많은 사람이 자주 사용하고 의미도 분명하다면 언젠가는 사전에 들어갈 수 있을 거예요.

함께 만드는 우리말 사전, '우리말샘'

우리나라에는 '우리말샘'이라는 국어사전이 있어요. 이 사전은 국민이 참여해 함께 만드는 사전이에요. 사람들이 자주 쓰는 새 말을 제안하면 전문가들이 심사한 후 사전에 올릴지를 결정해요. 'ㅋㅋㅋ'처럼 인터넷에서 생겨난 표현도 이런 과정을 거쳐 사전에 올라갈 수 있어요.
하지만 어떤 말이 사전에 들어간다고 해서 모두가 꼭 써야 하는 건 아니에요. 말은 시대에 따라 자연스럽게 변하고, 사전도 그 흐름을 따라 계속 바뀌니까요. 어쩌면 우리가 자주 쓰는 말이 사전에 올라가는 건 당연하고 자연스러운 일이랍니다. 여러분은 'ㅋㅋㅋ'가 국어사전에 들어가는 것에 대해 어떻게 생각하나요?

생각해 보세요

❶ 'ㅋㅋㅋ'는 언제 처음 사용했나요? 여러분은 어떤 상황에서 가장 많이 사용하나요?
❷ 'ㅋㅋㅋ' 같은 인터넷 말이 국어사전에 들어가면 좋은 점과 걱정되는 점은 무엇일까요?
❸ 만약 여러분이 국어사전 편집자라면 'ㅋㅋㅋ'를 사전에 올릴까요? 그 이유는 무엇인가요?

 만만한 신문 활동

활동1 다음 문장이 맞으면 ○, 틀리면 × 표시하세요.

1. 'ㅋㅋㅋ'는 아직 국어사전에 올라와 있지 않다. (   )
2. '우리말샘'은 외국 사람이 만드는 국어사전이다. (   )
3. 'ㅋㅋㅋ'는 많은 사람이 자주 쓰는 웃음 표현이다. (   )
4. 사전에 들어간 단어는 모두 꼭 사용해야 한다. (   )

 활동2 기사를 보고 낱말과 뜻이 알맞도록 이으세요.

ㅋㅋㅋ •   • 국민이 참여해 만드는 사전
우리말샘 •   • 웃을 때 자주 쓰는 표현
국어사전 •   • 우리말을 모아 뜻을 정리한 책

활동3 기사를 보고 빈칸에 들어갈 알맞은 말을 순서대로 고르세요.

요즘은 친구끼리 문자할 때도 (   )를 많이 써요. 'ㅋㅋㅋ'는 (   )가 분명하고, (   )도 많이 쓰기 때문에 사전에 들어갈 수도 있어요.

① 'ㅋㅋㅋ', 의미, 사람들
② 'ㅋㅋㅋ', 사람들, 의미
③ 의미, 'ㅋㅋㅋ', 사람들
④ 의미, 사람들, 'ㅋㅋㅋ'

 활동4 기사를 보고 내용으로 알맞은 것을 고르세요.

① 'ㅋㅋㅋ'는 울 때 쓰는 표현이다.
② '우리말샘'은 영어 단어만 들어가는 사전이다.
③ 'ㅋㅋㅋ'는 많은 사람이 쓰고, 의미가 분명하다.
④ 사전에 들어간 단어는 반드시 사용해야 한다.

| 교과 연계 | 4학년 1학기 6. 경험을 표현해요. | 키워드 | 원인과 결과

16 돼지가 튼튼한 집을 지은 이유는?

만만한 신문 읽기

돼지가 튼튼한 집을 지은 이유는 무엇일까요?

옛날 옛적에 아기 돼지 삼형제가 평화롭게 살고 있었어요. 하지만 늑대가 나타나 그들의 집을 부수려 했지요. 늑대가 언제든지 공격할 수 있다는 사실을 알게 된 돼지들은 두려움을 느꼈어요. 그래서 스스로를 지키기 위해 각자 집을 짓기로 했어요.

하지만 돼지마다 선택한 집의 재료가 달랐어요. 첫째 돼지는 빨리 놀고 싶어서 짚으로 집을 지었어요. 둘째 돼지는 나무로 집을 지었고, 셋째 돼지는 시간이 오래 걸려도 튼튼한 벽돌집을 지었답니다.

돼지들이 집을 짓기로 한 '원인'은 늑대가 그들의 안전을 위협했기 때문이에요.

돼지가 튼튼한 집을 지었을 때 어떤 결과가 나왔을까요?

첫째와 둘째 돼지가 지은 짚과 나무 집은 늑대의 바람에 쉽게 무너졌어요. 그래서 돼지들은 위험에 처했고, 도망쳐 셋째 돼지의 집으로 모였죠. 셋째 돼지가 벽돌로 지은 집은 매우 튼튼했어요. 늑대가 아무리 바람을 불어도 집은 흔들리지 않았고, 늑대는 결국 포기하고 떠나 버렸답니다. 이 때문에 돼지들은 안전하게 살 수 있었어요. 서로 도와 위험을 극복한 것이 좋은 결과를 낳은 거예요. 즉 셋째 돼지가 집을 튼튼하게 지은 행동이 늑대의 공격을 막아내고 안전을 지킨 '결과'가 된 것이랍니다.

생각해 보세요

❶ 돼지들이 집을 지은 이유는 무엇일까요?
❷ 셋째 돼지 집은 왜 무너지지 않았을까요?
❸ 늑대가 떠난 뒤 돼지들은 어떻게 되었을까요?

정답은 229쪽

활동 1 다음 문장이 맞으면 ○, 틀리면 × 표시하세요.

1. 아기 돼지 삼형제는 늑대가 무서워서 집을 짓기로 했다. (   )
2. 셋째 돼지는 짚으로 집을 지었다. (   )
3. 늑대가 바람을 불자 벽돌집이 무너졌다. (   )
4. 셋째 돼지가 지은 집 덕분에 모두 안전하게 살 수 있었다. (   )

활동 2 기사를 보고 내용으로 알맞은 것을 고르세요.

① 첫째 돼지는 놀고 싶어서 짚으로 집을 지었다.
② 셋째 돼지는 시간을 아끼려고 집을 대충 지었다.
③ 늑대는 돼지들을 도와주려고 했다.
④ 벽돌집이 쉽게 무너졌다.

활동 3 기사를 보고 빈칸에 들어갈 알맞은 낱말을 보기에서 찾아 쓰세요.

> **보기** : 늑대, 벽돌, 짚, 나무, 원인

1. 돼지 삼형제가 집을 짓기로 한 (   )은 (   )가 나타나서 위험을 느꼈기 때문이다.
2. 첫째 돼지는 (   )으로 집을 지었고, 둘째 돼지는 (   )로 집을 지었다.
3. 셋째 돼지는 (   )로 집을 지었다.

활동 4 기사를 보고 주어진 낱말의 뜻을 참고하여 문장을 완성하세요.

1. 늑대가 나타난 것이 돼지들이 집을 짓게 된 (   )이었다.
   뜻 : 어떤 일이 일어나게 된 이유

2. 돼지들이 벽돌집에 모여서 안전하게 살게 된 것은 좋은 (   )이다.
   뜻 : 어떤 일의 끝에 나타난 일

| 교과 연계 | 4학년 2학기 2. 우리말 우리글 | 키워드 | 문자의 역할, 한글이 과학적인 이유

17 한글은 똑똑해

물음표와 느낌표가 춤추는 세상

"밥 먹었어?"라는 말을 친구에게 해 본 적이 있나요? 말로 하면 표정과 목소리로 느낌을 전할 수 있지만, 멀리 떨어져 있는 친구에게는 어떻게 마음을 전할 수 있을까요? 바로 '문자'가 그 역할을 해요.

문자는 우리가 생각하는 말, 기분, 소식, 심지어 웃긴 이야기까지도 멀리 있는 사람에게 전달해 주는 멋진 도구랍니다. 예를 들어, "사랑해!"라는 문자를 받으면 괜히 기분이 좋아지죠? 이렇게 문자는 마음을 전하는 다리이자 친구를 이어 주는 마법이에요.

한글, 규칙이 있는 과학 글자

우리 한글은 정말 놀라운 문자예요. 'ㄱ, ㄴ, ㅏ, ㅗ' 같은 글자는 '소리'와 '글자'가 규칙적으로 연결돼요. 예를 들어, 'ㄱ'과 'ㅏ'를 합치면 '가'가 되고, 'ㄱ'과 'ㅗ'를 합치면 '고'가 돼요. 이렇게 소리 나는 대로 글자를 만들 수 있어서 읽고 쓰기가 쉬워요.

게다가 한글은 기본 글자에서 점이나 선만 더해도 새로운 글자를 뚝딱 만들 수 있답니다. 'ㄱ'에 선을 하나 더하면 'ㅋ', 'ㅅ'에 선을 더하면 'ㅆ'처럼요. 자음은 발음기관의 모양을, 모음은 하늘(·), 땅(ㅡ), 사람(ㅣ)의 모양을 본떠 만들었대요.

한글은 '과학적으로 규칙이 있는 문자'로 세계에서도 인정받고 있어요. 한글이 있어 우리는 누구나 쉽게 책을 읽고, 이야기하며, 새로운 친구와도 금방 소통할 수 있답니다.

생각해 보세요

❶ 문자가 없으면 어떤 점이 불편할까요?
❷ 한글은 소리와 글자가 어떻게 연결되나요?
❸ 한글에서 어떤 점이 가장 신기하다고 생각하나요?

 다음 문장이 맞으면 ○, 틀리면 × 표시하세요.

1. 문자는 멀리 있는 친구에게도 내 마음을 전해 줄 수 있다. (   )
2. 한글은 소리와 글자가 규칙적으로 연결되어 있다. (   )
3. 자음과 모음은 모두 동물 모양을 본떠 만들었다. (   )
4. 한글은 읽고 쓰기가 어려운 문자이다. (   )

 기사를 보고 내용으로 알맞은 것을 고르세요.

① 한글은 소리 나는 대로 글자를 만들 수 있다.
② 한글은 규칙이 없이 아무렇게나 만든 글자이다.
③ 한글은 자음과 모음을 섞을 수 없다.
④ 한글은 점이나 선을 더해도 새로운 글자가 되지 않는다.

 기사를 보고 빈칸에 들어갈 알맞은 낱말을 보기에서 찾아 쓰세요.

| **보기** : 소리, 글자, 가, 고, 선 |

1. 'ㄱ'과 'ㅏ'를 합치면 (   )가 되고, 'ㄱ'과 'ㅗ'를 합치면 (   )가 된다.
2. 한글은 (   )와 (   )가 규칙적으로 연결되어 있다.
3. 기본 글자에 (   )을 더하면 새로운 글자가 될 수 있다.

활동 4 **한글의 모음은 무엇의 모양을 본떠서 만들어졌는지 알맞은 단어에 모두 동그라미표를 하세요.**

| 하늘   땅   사람   동물 |

| 교과 연계 | 4학년 2학기 3. 의견을 모아서 | 키워드 | 토의, 토의 절차

18 사이좋게 의견 나누기

토의, 어떻게 시작할까?

친구들과 어떤 문제를 해결해야 할 때 '토의'라는 방법을 쓸 수 있어요. 토의란 여러 사람이 모여서 서로 생각을 나누고, 좋은 방법을 찾아가는 과정이에요.

토의의 첫 번째 절차는 '토의 주제 정하기'예요. 예를 들어, "우리 반 소풍 장소를 어디로 할까?"와 같은 주제를 고르는 거죠. 주제가 정해지면 각자 자신의 생각을 정리해서 '의견 마련하기'를 해요. 토의할 때 "나는 동물원이 좋을 것 같아.", "나는 놀이공원이 더 재미있을 것 같아."처럼 이유와 함께 의견을 준비하면 더 쉽게 이야기할 수 있답니다.

함께 의견을 모으고 결정해요

의견이 준비되면 이제 '의견 모으기' 단계예요. 이때는 친구들의 의견을 하나씩 들어 보고 비슷한 점과 다른 점을 찾아보아요. 의견이 서로 다르더라도 상대방의 말을 집중해서 듣는 게 중요해요. "동물원에 가면 다양한 동물을 볼 수 있어.", "놀이 공원에는 재미있는 놀이기구가 많아."처럼 각자의 장점을 모아 보는 거예요.

마지막은 '의견 결정하기'예요. 여기서는 여러 의견 중에서 모두가 가장 좋다고 생각하는 것을 정해요. 투표를 하거나 더 좋은 방법이 있는지 다시 생각해 볼 수도 있어요. 이렇게 주제를 정하고, 의견을 마련하고, 의견을 모아 결정하는 과정이 바로 토의 절차랍니다. 토의를 통해 다양한 해결책을 찾아보세요.

❶ 토의할 때 주제를 정하는 이유는 무엇일까요?
❷ 내 의견을 미리 생각해 두면 어떤 점이 좋을까요?
❸ 친구와 의견이 다를 때는 어떻게 해야 할까요?

 만만한 신문 활동

정답은 230쪽

활동 1 다음 문장이 맞으면 ○, 틀리면 × 표시하세요.

1. 토의란 여러 사람이 모여 서로 생각을 나누고 좋은 방법을 찾아가는 과정이다. (　　)
2. 토의 주제는 꼭 선생님만 정해야 한다. (　　)
3. 친구의 의견을 들을 때 집중해서 듣는 것이 중요하다. (　　)
4. 토의에서 마지막 절차는 의견을 결정하는 것이다. (　　)

활동 2 기사를 보고 다음 낱말과 뜻이 알맞도록 이으세요.

토의　　　　　•　　　　　• 여러 사람이 모여 문제를 해결하는 과정
주제　　　　　•　　　　　• 다른 사람의 의견을 들어보고 모으는 것
의견 모으기　•　　　　　• 토의에서 이야기할 내용을 정하는 것
의견 결정하기 •　　　　　• 모두가 좋다고 생각하는 것을 정하는 것

 활동 3 기사를 보고 빈칸에 들어갈 알맞은 낱말을 보기에서 찾아 쓰세요.

보기 : 토의, 주제, 의견, 결정

1. 친구들과 문제를 해결할 때는 (　　　　) 방법을 쓸 수 있다.
2. 토의의 첫 절차는 (　　　　)를 정하는 것이다.
3. 토의할 때는 자신의 (　　　　)과 이유를 준비해야 한다.
4. 토의의 마지막은 의견을 (　　　　)하는 것이다.

 활동 4 기사를 보고 주어진 낱말의 뜻을 참고하여 문장을 완성하세요.

1. 토의의 첫 번째 절차는 (　　　　) 정하기이다.
뜻 : 어떤 글, 이야기, 그림, 연설, 토론 등에서 중심이 되는 생각이나 말하려는 내용

2. 의견을 모은 뒤에는 모두가 좋다고 생각하는 것을 (　　　　)한다.
뜻 : 여러 가지 가능성 중에서 하나를 골라서 확실히 정하는 것

| 교과 연계 | 4학년 2학기 4. 책 속의 길을 따라 | 키워드 | 설명하는 글, 의견을 제시하는 글

19 물음표와 느낌표 쓰는 방법

 만만한 신문 읽기

똑똑하게 알려 주는 글, 설명하는 글

설명하는 글은 새로운 지식이나 정보를 읽는 사람이 쉽게 이해할 수 있도록 알려 주는 글이에요. 예를 들어, '바람은 어떻게 만들어질까요?'라는 글을 쓸 때 바람이 생기는 원리와 관련된 정보를 차근차근 설명하면 돼요.

설명하는 글에서는 내 생각이나 느낌을 넣지 않고, 사실만을 객관적으로 전하는 것이 중요해요. 어려운 말을 쓰기보다는 누구나 알 수 있는 쉬운 낱말과 예시를 들어 쓰면 더 좋은 설명하는 글이 된답니다. 설명하는 글을 읽을 때는 '어떤 정보를 주고 있는지', '더 알아보고 싶은 내용은 무엇인지'를 생각하고 읽으면 이해가 더 쉬워져요.

내 생각이 반짝! 의견을 제시하는 글

의견을 제시하는 글은 어떤 문제나 상황에 대해 생각이나 주장을 밝히는 글이에요. 예를 들어, '우리 학교에 휴게 공간을 늘려야 한다고 생각해요.'라고 주장하며, 그 이유를 차근차근 설명하는 것이죠.

의견을 제시하는 글에는 '글쓴이가 글을 쓴 목적이 뭘까?', '글쓴이의 의견이 무엇일까?', '의견을 뒷받침하는 이유가 제대로 나와 있나?'를 살피는 게 중요해요. 여러 가지 이유를 객관적 사실이나 경험을 들어서 설명해야 설득력이 높아지니까요. 의견을 제시하는 글은 내 생각과 주장을 말하는 글임을 꼭 기억하세요.

 생각해 보세요

❶ 설명하는 글에는 내 생각이 들어가도 될까요?
❷ 의견을 제시하는 글을 쓸 때 꼭 들어가야 하는 것은 무엇인가요?
❸ '밤에는 왜 달 모양이 바뀔까?'는 설명하는 글일까요? 의견을 제시하는 글일까요?

활동 1 | 다음 문장이 맞으면 ○, 틀리면 × 표시하세요.

1. 설명하는 글은 내 생각이나 느낌을 많이 써야 한다. (   )
2. 설명하는 글을 읽을 때는 어떤 정보를 주는지 생각하며 읽으면 좋다. (   )
3. 의견을 제시하는 글은 내 생각이나 주장을 밝히는 글이다. (   )
4. 의견을 제시하는 글에는 이유가 제대로 나와 있어야 한다. (   )

활동 2 | 기사를 보고 다음 낱말과 뜻이 알맞도록 이으세요.

설명하는 글 •　　　　　　• 자신의 생각이나 주장을 밝히는 글
의견을 제시하는 글 •　　　• 내 생각을 넣지 않고 사실만을 전하는 것
객관적 •　　　　　　　　• 이유나 근거가 충분히 들어가 상대가 믿게 하는 힘
설득력 •　　　　　　　　• 지식이나 정보를 쉽게 알려 주는 글

활동 3 | 기사를 보고 빈칸에 들어갈 알맞은 낱말을 보기에서 찾아 쓰세요.

> 보기 : 이유, 목적, 사실, 정보

1. 설명하는 글은 새로운 (   )를 쉽게 알 수 있도록 알려 주는 글이에요.
2. 의견을 제시하는 글에는 내 생각과 (   )가 잘 드러나야 해요.
3. 의견을 제시하는 글을 읽을 때는 글쓴이의 (   )이 무엇인지 살피는 게 중요해요.
4. 설명하는 글에서는 (   )만을 객관적으로 전해야 해요.

활동 4 | 기사를 보고 주어진 뜻을 참고하여 문장을 완성하세요.

1. (   )은 바람이 어떻게 만들어지는지 차근차근 알려 줄 수 있어요.
뜻 : 새로운 지식이나 정보를 쉽게 알려 주는 글

2. (   )에서는 학교에 휴게 공간을 늘려야 한다는 내 생각을 이유와 함께 쓸 수 있어요.
뜻 : 어떤 문제나 상황에 대해 생각이나 주장을 밝히는 글

| 교과 연계 | 4학년 2학기 6. 상상의 날개 | 키워드 | 속담, 꾸준함, 친구, 변화

20 모이면 짱! 흩어지면 꽝!

작은 것도 모이면 커져요

'티끌 모아 태산'이라는 속담은 아주 작은 먼지(티끌)도 모이면 큰 산이 된다는 뜻이에요. 처음에는 작고 보잘것없는 것처럼 보이지만 시간이 지나면 큰 힘이 된다는 거죠. 돈, 시간, 노력 모두 마찬가지예요. 하루에 10분씩 책을 읽는 습관을 1년 동안 지키면 60시간 넘게 책을 읽게 된답니다. 그림을 조금씩 그리거나 매일 일기를 한 줄씩 쓰는 것도 꾸준히 하면 멋진 작품이나 두꺼운 책이 될 수 있어요.
그래서 이 속담은 '작은 것을 소중히 여기는 마음'과 '꾸준함의 힘'을 알려 줘요. 오늘 한 발짝은 작아 보여도 내일의 큰 도약이 될 수 있답니다.

힘을 합치면 더 쉬워요

'백지장도 맞들면 낫다'라는 속담도 있답니다. 아주 얇고 가벼운 종이도 혼자 드는 것보다 둘이 들면 더 쉽다는 뜻이에요. 힘든 일뿐 아니라 사소한 일도 함께 하면 더 빨리, 더 즐겁게 끝낼 수 있죠. 예를 들어, 교실 청소를 혼자 하면 시간이 오래 걸리지만 친구와 나누어 하면 금방 끝나요. 운동장에서 축구를 할 때도 혼자 골을 넣는 것보다 친구와 패스를 주고받으며 협력하는 게 훨씬 효과적이에요. 이 속담은 협동의 중요성을 알려 주는 지혜예요.
속담은 짧지만 우리가 어떻게 살아야 하는지를 알려 주는 '작은 선생님'이랍니다. 속담을 알고 실천하면 일상 속에서 더 현명하고 따뜻하게 살아갈 수 있어요.

❶ 작은 일을 꾸준히 해 본 적이 있나요? 그때 어떤 변화가 있었나요?
❷ 혼자 하는 것보다 친구랑 같이 해서 더 쉬웠던 일은 무엇이었나요?
❸ '백지장도 맞들면 낫다'라는 말이 운동 경기에도 통할까요?

 만만한 신문 활동

정답은 230쪽

활동 1 다음 문장이 맞으면 ○, 틀리면 × 표시하세요.

1. '티끌 모아 태산'은 한 번에 많은 것을 모아야 한다는 뜻이다. (   )
2. '백지장도 맞들면 낫다'는 속담은 협동의 중요성을 알려 준다. (   )
3. 작은 노력이라도 꾸준히 하면 큰 결과를 얻을 수 있다. (   )
4. 속담은 긴 문장으로 쓰여 있어 이해하기 어렵다. (   )

활동 2 기사를 보고 다음 낱말과 뜻이 알맞도록 이으세요.

티끌 모아 태산　　　•　　　• 작은 것도 모이면 큰 힘이 된다
백지장도 맞들면 낫다 •　　　• 포기하지 않고 계속하는 태도
꾸준함　　　　　　•　　　• 함께하면 일이 더 쉬워진다
협동　　　　　　　•　　　• 힘을 합쳐 함께 하는 것

활동 3 기사를 보고 내용으로 알맞은 것을 고르세요.

① 하루에 10분씩 책을 읽으면 1년 뒤 60시간 넘게 읽을 수 있다.
② 속담은 우리 생활과 아무 관련이 없다.
③ '백지장도 맞들면 낫다'는 속담은 혼자서 노력하라는 뜻이다.
④ 속담은 길고 어려운 글로만 이루어져 있다.

활동 4 기사를 보고 주어진 뜻을 참고하여 문장을 완성하세요.

1. (　　　　　　)은 짧지만 우리가 현명하게 살아가는 방법을 알려 준다.
뜻 : 옛날부터 전해 내려오는 짧은 말로 생활의 지혜나 교훈을 담고 있는 말

2. 운동회에서 반 친구들이 (　　　　　　)하여 줄다리기에서 이겼다.
뜻 : 여러 사람이 힘을 합쳐 함께 일하는 것

2교시 수학

수와 도형의
비밀을 찾아라

| 교과 연계 | 3학년 덧셈과 뺄셈 | 키워드 | 덧셈, 뺄셈

01 덧셈, 뺄셈 마법사 되기

만만한 신문 읽기

덧셈은 마법, 뺄셈은 모험

여러분은 숫자로 마법을 부릴 수 있다는 걸 알고 있나요? 바로 덧셈과 뺄셈을 잘하면 누구나 '수학 마법사'가 될 수 있답니다. 이 마법은 생각보다 쉽고 재미있어요. 한 번 배워 두면 학교는 물론 마트, 놀이 공원, 심지어 게임할 때도 요긴하게 쓸 수 있답니다.

예를 들어 볼까요? 마트에서 5,000원을 들고 과자를 2개 샀어요. 하나는 1,200원, 다른 하나는 1,500원이에요. '얼마가 남을까?' 하고 궁금할 때 수학 마법사가 되면 머릿속에서 척척 계산이 돼요. 과자는 1,200원 + 1,500원 = 2,700원, 그리고 5,000원 - 2,700원(과자 가격) = 2,300원이 남았네요. 어때요? 남은 돈으로 음료수도 살 수 있겠죠?

덧셈, 뺄셈 마법사로 변신

덧셈 한 번, 뺄셈 한 번이면 친구들 앞에서 똑똑한 마법사가 될 수 있어요. 덧셈은 숫자를 모으는 마법, 뺄셈은 남은 숫자를 찾는 마법이에요. 마치 퍼즐 조각을 맞추듯이 숫자들을 조합하면 정답이 반짝 나타나지요. 실수해도 괜찮아요. 마법사는 연습하면서 더 강해지니까요.

가족과 함께 숫자 카드나 주사위를 가지고 '덧셈, 뺄셈 대결'을 해 보세요. 가장 빠르게 정답을 맞히는 사람이 마법사의 모자를 쓰는 거예요. 자, 이제 여러분도 숫자 마법 지팡이를 들고 덧셈, 뺄셈 마법사로 변신해 보세요.

생각해 보세요

① 덧셈을 잘하면 어디에서 가장 도움이 될까요?
② 뺄셈은 우리 생활에서 언제 쓰일까요?
③ 덧셈과 뺄셈 중 어떤 셈이 더 좋나요?

활동 1 다음 문장이 맞으면 ○, 틀리면 × 표시하세요.

1. 덧셈과 뺄셈을 잘하면 수학 마법사가 될 수 있다. (   )
2. 마트에서 덧셈과 뺄셈은 쓸모가 없다. (   )
3. 뺄셈은 남은 숫자를 찾는 마법이다. (   )
4. 실수해도 마법사는 연습으로 더 강해질 수 있다. (   )

활동 2 기사를 보고 빈칸에 들어갈 알맞은 낱말을 보기에서 찾아 쓰세요.

> **보기** : 3,500원, 8,500원

1. 과자 2개의 가격이 1,500원과 2,000원이면 합은 (   )이다.
2. 마트에서 1,500원짜리 젤리를 사고 10,000원을 내면 거스름돈은 (   )이다.

활동 3 기사를 보고 내용으로 알맞은 것을 고르세요.

① 덧셈은 숫자를 모으는 마법이다.
② 뺄셈은 모은 숫자를 모두 나누는 것이다.
③ 수학 마법사가 되려면 퍼즐을 잘 맞춰야 한다.
④ 마법사의 모자는 아무나 쓸 수 있다.

활동 4 기사를 보고 주어진 낱말의 뜻을 참고하여 문장을 완성하세요.

1. (   )과 뺄셈을 잘하면 누구나 수학 마법사가 될 수 있다.
 : 어떤 수에다 어떤 수를 모으는 셈

2. 마트에서 물건을 사고 (   )으로 남은 돈을 알 수 있다.
 : 어떤 수에서 어떤 수를 덜어 내는 셈

| 교과 연계 | 3학년 곱셈 | 키워드 | 곱셈

02 곱셈 나라의 비밀 코드

 **만만한 신문 읽기**

곱셈 나라에 숨겨진 마법의 규칙

수학나라에는 신기한 곱셈 나라가 있어요. 어느 날 주인공 마루와 친구들이 곱셈 나라를 모험하게 되었어요. "곱셈은 그냥 더하기랑 뭐가 다르지?"라며 마루가 물었어요. 그러자 곱셈 나라의 안내자가 다가와 "곱셈은 같은 수를 여러 번 더하는 마법이에요."라고 말했어요.
예를 들어, 3을 4번 더하면 3+3+3+3, 이걸 곱셈으로 쓰면 3×4가 되는 거예요. 친구들은 5×2는 5+5랑 똑같다고 하며 눈을 반짝였어요. 안내자는 또 "곱셈에는 순서를 바꿔도 답이 똑같아지는 비밀 코드가 있어요."라고 알려 주었어요. 2×3이나 3×2 모두 6이라는 사실에 친구들은 깜짝 놀랐답니다.

비밀 코드로 문제를 척척 풀어요

마루와 친구들은 곱셈 나라 곳곳에 숨겨진 문제를 풀며 모험을 이어 갔어요. "도넛이 3줄 있는데 1줄에 4개씩 있으면 모두 몇 개일까요?"라는 질문에는 "3×4=12니까 도넛이 12개!"라며 곱셈 비밀 코드를 사용해 척척 풀었어요. "꽃밭에서 꽃이 6송이씩 담긴 꽃바구니가 5개라면 꽃은 모두 몇 송이일까요?"라는 질문에는 "6×5=30이니까 꽃이 30송이!"라며 곱셈이 더하기보다 훨씬 빠르고 멋진 방법이라는 걸 알게 되었답니다.
곱셈 나라의 비밀 코드를 익힌 마루와 친구들은 이제 어떤 문제도 두렵지 않아요. 여러분도 곱셈 비밀 코드를 연습해서 수학나라의 멋진 모험가가 되어 보세요.

 **생각해 보세요**

❶ 만약 도넛이 1줄에 5개씩 있는데, 그런 줄이 3줄 있다면 도넛은 모두 몇 개일까요?
❷ 곱셈을 '마법의 더하기'라고도 하는데 그렇게 부르는 이유가 뭘까요?
❸ 만약 곱셈을 몰랐다면 사탕을 여러 명에게 똑같이 나눠 주는 데 어떤 어려움이 생겼을까요?

정답은 231쪽

 다음 문장이 맞으면 ○, 틀리면 × 표시하세요.

1. 곱셈은 같은 수를 여러 번 더하는 방법이다. (   )
2. 곱셈은 순서를 바꾸면 답이 달라진다. (   )
3. 3×4는 3+4와 같다. (   )
4. 곱셈을 알면 더하기보다 문제를 더 빨리 풀 수 있다. (   )

 **기사를 보고 빈칸에 들어갈 알맞은 낱말을 보기에서 찾아 쓰세요.**

> **보기** : 더하기, 3×4, 30

1. 곱셈은 같은 수를 여러 번 (   )하는 방법이다.
2. 꽃이 6송이씩 담긴 꽃바구니가 5개라면, 꽃은 모두 (   )송이이다.
3. 4×3은 (   )와 같다.

 초성 힌트를 보고 다음 빈칸에 공통으로 들어갈 말을 기사에서 찾아 쓰세요.

1. 곱셈에서는 숫자의 (   )를 바꿔도 답이 같다.

예 : 2×3=6, 3×2=6

예 : 4×5=20, 5×4=20

2. 나눗셈에서는 숫자의 (   )를 바꾸면 답이 다르다.

예 : 8÷2=4, 2÷8=0.25

| ㅅ | ㅅ |

 다음 중 곱셈의 답이 같은 것을 모두 고르세요.

① 4×5   ② 2×10   ③ 7×2   ④ 7×7

| 교과 연계 | 3학년 나눗셈 | 키워드 | 나눗셈

03 나눗셈:
피자 나누기 작전

피자가 8조각! 모두에게 공평하게 나누려면?

오늘은 수학나라에서 특별한 파티가 열렸어요. 친구들이 모여서 커다란 피자를 맛있게 먹기로 했거든요. 그런데 문제가 발생했어요. 피자를 똑같이 나누려면 어떻게 해야 하는지 모두 궁금했거든요. 그때 똑똑이 수학 탐정이 나타나 나눗셈이 필요하다고 외쳤어요. 그러고는 "피자가 8조각이고 4명이 나누어 먹고 싶다면 8÷4=2야."라면서 2조각씩 먹을 수 있다고 말했어요.

친구들은 나눗셈 덕분에 싸우지 않고 맛있게 먹을 수 있다며 신나했어요. 공평하게 나누는 게 어렵게 느껴졌는데 나눗셈 덕분에 쉽다는 걸 알게 됐어요.

나눗셈 마법사가 되는 비법

피자뿐만이 아니에요. 사탕, 연필, 초콜릿도 모두 공평하게 나눌 수 있답니다. 만약 15개의 사탕을 5명에게 나누어 준다면? "15÷5=3, 1명당 3개씩!" 수학 탐정이 마법처럼 문제를 척척 해결했어요. "나눗셈은 나누고 싶은 것을 똑같이 나눠 주는 마법이야."

친구들은 이제 나눗셈이 어렵지 않다고 말했어요. 그리고 더 많은 사람이 나눌수록 한 사람당 받는 양은 점점 줄어드는 것도 알게 되었답니다. 여러분도 생활 속에서 나눗셈 마법사가 되어 보는 건 어때요? 피자 한 판만 있으면 수학이 더 맛있어질 거예요.

생각해 보세요

❶ 피자 8조각을 6명이 똑같이 나눠 먹으려면 1명당 몇 조각씩 먹을 수 있을까요?
❷ 피자 8조각을 4명의 친구가 똑같이 나누려면 1명당 몇 조각을 받으면 되나요?
❸ 피자 8조각을 나누다가 남은 조각이 1조각이라면 어떻게 해야 공평할까요?

정답은 231쪽

 활동 1 다음 문장이 맞으면 ○, 틀리면 × 표시하세요.

1. 피자를 똑같이 나누려면 나눗셈이 필요하다. (   )
2. 15개의 사탕을 5명에게 나누어 주면 1명당 5개씩 받는다. (   )
3. 나눗셈은 나누고 싶은 것을 똑같이 나눠 주는 방법이다. (   )

활동 2 기사를 보고 내용으로 알맞은 것을 고르세요.

① 나눗셈을 사용하면 피자를 모두가 공평하게 나눌 수 있다.
② 나눗셈은 피자를 혼자 다 먹을 때 쓰는 방법이다.
③ 사탕은 덧셈을 사용하면 한 사람만 가질 수 있다.
④ 나눗셈은 숫자를 더하는 계산이다.

 활동 3 기사를 보고 빈칸에 들어갈 알맞은 낱말을 보기에서 찾아 쓰세요.

보기 : 나눗셈, 2, 3

1. 피자가 8조각이고 친구가 4명이면 1명당 (   )조각씩 먹을 수 있다.
2. 15개의 사탕을 5명에게 나누어 주면 1명당 (   )개씩 받을 수 있다.
3. 공평하게 나누는 계산을 (   )이라고 한다.

 활동 4 뜻을 참고하여 알맞은 단어에 동그라미표를 하세요.

뜻 : 피자를 모두가 똑같이 나누고 싶을 때 사용하는 계산은?

| 덧셈 | 뺄셈 | 나눗셈 | 곱셈 |

63

| 교과 연계 | 3학년 분수와 소수 | 키워드 | 분수와 소수

04 분수와 소수 : 케이크 나누기

 만만한 신문 읽기

분수 탐정단, 케이크를 똑같이 나눠라

오늘은 반 친구들과 함께 케이크를 나눠 먹는 날이에요. "이걸 모든 친구가 똑같이 나눠 먹으려면 어떻게 해야 할까요?" 수학 선생님이 질문했어요. 4명이니까 똑같이 나누면 4조각이에요." 은지가 말했어요. 선생님이 조각을 자르며 "각각 몇 개씩 먹을 수 있을까요?" 물으셨어요. 1조각씩이요." 친구들이 대답했어요. 이걸 수학에서는 '4분의 1'이라고 해요. 분수는 이렇게 전체를 똑같은 크기로 나누어

한 부분을 나타낼 때 쓰여요. 친구들은 피자, 초코파이, 케이크를 예로 들어, '2분의 1', '3분의 1'처럼 여러 가지 분수 이야기를 나누었어요. 어때요? 분수는 맛있는 간식 나누기에 딱 좋은 방법이지요?

소수 요리사, 아주 작게 나누는 비법

케이크를 더 작게, 더 얇게 나누어야 하는 상황이 되었어요. "분수 대신 소수를 써 볼까요?" 선생님이 물으셨어요. "4분의 1은 소수로 0.25라고 써요. 케이크 1판을 10조각으로 자르면 한 조각은 0.1이에요." 소수는 1보다 작은 수를 나타낼 때 편리하게 쓰여요.
친구들은 소수점이 있는 숫자가 처음엔 낯설었지만 '0.5는 2분의 1과 같다.'는 걸 알게 되자 소수랑 분수가 연결되는 게 보인다며 신기해했어요. 케이크, 피자, 초콜릿을 나누며 분수와 소수를 모두 익힌 친구들은 이제 숫자 나누기 달인이 되겠죠?

 생각해 보세요

❶ 케이크를 여러 명이 똑같이 나누려면 어떻게 해야 할까요?
❷ '4분의 1'은 무엇을 뜻하는 말일까요?
❸ 일상생활에서 분수나 소수를 써 본 적이 있나요?

 만만한 신문 활동

 활동 1 다음 문장이 맞으면 ○, 틀리면 × 표시하세요.

1. 분수는 전체를 똑같은 크기로 나누어 한 부분을 나타낼 때 쓴다. (   )
2. 4분의 1은 소수로 0.25와 같다. (   )
3. 소수는 1보다 큰 수만 나타낼 수 있다. (   )
4. 0.5는 2분의 1과 같다. (   )

활동 2 기사를 보고 내용으로 알맞은 것을 고르세요.

① 분수는 전체를 똑같이 나눈 것 중 한 부분을 나타낼 때 쓴다.
② 분수는 무조건 큰 수만 나타낸다.
③ 소수는 분수와 아무 상관이 없다.
④ 분수와 소수는 숫자 나누기와 관련이 없다.

 활동 3 기사를 보고 빈칸에 들어갈 알맞은 낱말을 보기에서 찾아 쓰세요.

| **보기** : 소수, 0.1, 4분의 1 |

1. 케이크를 4조각으로 나누면 1조각은 (   )이다.
2. 케이크 1판을 10조각으로 자르면 1조각은 소수로 (   )이다.
3. 1보다 작은 수를 편하게 나타낼 때는 (   )를 쓴다.

 활동 4 기사를 보고 주어진 낱말의 뜻을 참고하여 문장을 완성하세요.

1. 피자를 8조각으로 나누면 1조각은 (   )로 8분의 1이다.
뜻 : 전체를 똑같이 나누어 한 부분을 나타내는 수

2. 0.5는 (   )로 분수 2분의 1과 같다.
뜻 : 1보다 작은 수를 소수점으로 나타내는 수

| 교과 연계 | 3학년 평면도형 | 키워드 | 평면도형, 사각형, 원, 삼각형

05 평면도형 탐정단 출동

평면도형 탐정단, 사건을 해결하라

수학나라 평면도형 마을에 아침이 밝았어요. 오늘도 명탐정 네모와 친구들이 사건을 해결하러 출동했어요. 네모는 4개의 변과 4개의 꼭짓점을 자랑하는 사각형이에요. 네모가 외쳤어요. "오늘의 미션! 각자 자기만의 특별한 모습을 소개해 줘!"

삼각형이 먼저 나왔어요. "나는 변이 3개, 꼭짓점도 3개야! 세 친구가 모이면 바로 나, 삼각형이 된단다." 원이 데굴데굴 굴러오며 말했어요. "나는 변도, 꼭짓점도 없어. 어디서 봐도 똑같은 둥근 모습이 내 자랑이지!"

정사각형, 직사각형 그리고 원까지 모두 자기의 특징을 자랑하자 명탐정 네모는 탐정수첩에 열심히 적었어요.

도형 마을의 숨바꼭질 대작전

도형 친구들이 숨바꼭질을 시작했어요. 평면도형 탐정단은 도형을 찾으러 출동했죠. "각이 3개인 친구는 누구일까?", "변이 4개인 친구를 찾아라!" 하며 마을 곳곳을 누볐어요. 둥근 테두리만 있는 원, 길쭉한 직사각형, 네 변이 모두 똑같은 정사각형, 변의 길이가 모두 다른 사다리꼴까지 등장했어요. 각 변과 꼭짓점의 개수만 알면 어떤 도형인지 쉽게 찾을 수 있겠죠? 평면도형 탐정단은 특징을 잘 살펴 모두를 찾아냈어요. 평면도형 마을에는 다시 웃음이 넘쳤답니다. 여러분도 도형의 모양과 특징을 관찰하며 우리 교실의 평면도형 탐정이 되어 보세요. 도형 친구들이 기다리고 있답니다.

❶ 우리 반에서 네모, 세모, 동그라미 모양을 어디에서 볼 수 있을까요?
❷ 도형 친구들이 숨바꼭질을 한다면 누가 제일 잘 숨을 수 있을까요?
❸ 만약 도형들에게 특별한 능력이 있다면 어떤 능력이 어울릴까요?

활동 1 다음 문장이 맞으면 ○, 틀리면 × 표시하세요.

1. 네모는 4개의 변과 4개의 꼭짓점을 가지고 있다. (   )
2. 삼각형은 변이 4개이고, 꼭짓점이 4개다. (   )
3. 원은 변도, 꼭짓점도 없다. (   )
4. 정사각형은 네 변의 길이가 모두 같다. (   )

활동 2 기사를 보고 다음 낱말과 뜻이 알맞도록 이으세요.

네모   •   • 변이 3개, 꼭짓점도 3개다.
삼각형   •   • 4개의 변과 4개의 꼭짓점이 있다.
원   •   • 변도, 꼭짓점도 없는 둥근 도형
정사각형   •   • 네 변의 길이와 네 각의 크기가 모두 같은 사각형

활동 3 기사를 보고 빈칸에 들어갈 알맞은 낱말을 보기에서 찾아 쓰세요.

보기 : 꼭짓점, 둥근, 3, 4

1. 삼각형은 변이 (   )개, 꼭짓점도 (   )개이다.
2. 정사각형은 (   )개의 변과 (   )개의 꼭짓점이 있다.
3. 원은 (   ) 테두리만 있고, 변도 꼭짓점도 없다.

활동 4 기사를 보고 주어진 낱말의 뜻을 참고하여 문장을 완성하세요.

1. 사각형은 4개의 (   )으로 이루어진다.
뜻 : 도형을 이루는 선

2. 삼각형에는 3개의 (   )이 있다.
뜻 : 변이 만나는 점

| 교과 연계 | 3학년 원 | 키워드 | 원, 중심, 반지름

06 원은 왜 둥글까?

 만만한 신문 읽기

원, 시작과 끝이 만나는 마법의 선

원을 그려 본 적이 있나요? 연필을 컴퍼스에 꽂고 쓱 돌리면 시작한 곳으로 다시 돌아오죠? 신기하게도 원은 처음과 끝이 딱 만나요. 그래서 원은 '시작도 끝도 없는 모양'이라고 불리기도 해요. 길게 뻗은 직선과 다르게 원은 어디를 가도 계속 둥글둥글 이어져요.
동전, 피자, 시계, 도넛! 우리 주변에는 이런 '시작과 끝이 만나는 마법의 선'이 무척 많아요.

원을 손으로 따라 그려 보면 모서리가 하나도 없다는 것을 알 수 있어요. 이게 바로 원이 가진 특별한 점이랍니다.

둥글둥글, 모두에게 똑같이 넓어요

원이 둥근 이유는 또 있어요. 바로 '가운데'에서부터 모든 점이 똑같이 떨어져 있다는 거예요. 컴퍼스를 사용해 원을 그릴 때는 바늘이 꽂힌 곳이 바로 '중심'이랍니다. 중심에서부터 원의 선까지 거리를 재면 어느 방향이나 다 똑같아요. 이걸 '반지름'이라고 불러요. 반지름이 같기 때문에 어느 한쪽이 튀어나오거나 찌그러지지 않고 어디서 봐도 항상 닮은 모양이랍니다.
덕분에 자동차 바퀴도, 시계도, 공도 원 모양이면 잘 굴러 가고, 모두가 공평하게 사용할 수 있어요. 원의 이런 비밀을 알게 되면 다음에 피자를 먹을 때도 누가 더 많이 먹었다고 다투지 않겠죠? 둥글둥글 원, 참 신기하고 멋진 모양이죠?

 생각해 보세요

❶ 우리 주변에서 원 모양을 가진 물건은 무엇이 있을까요?
❷ 원을 그릴 때 시작한 점으로 꼭 다시 돌아오는 이유는 뭘까요?
❸ 왜 피자나 도넛, 공 같은 물건은 둥근 원 모양일까요?

 만만한 신문 활동

정답은 232쪽

활동1 다음 문장이 맞으면 ○, 틀리면 × 표시하세요.

1. 원을 그릴 때 쓰는 도구는 컴퍼스다. (   )
2. 원은 모서리가 많아서 뾰족하다. (   )
3. 컴퍼스를 사용하면 쉽게 원을 그릴 수 있다. (   )
4. 원은 중심에서부터 반지름이 모두 다르다. (   )

활동2 기사를 보고 다음 낱말과 뜻이 알맞도록 이으세요.

원 •   • 원의 한가운데
중심 •   • 시작과 끝이 만나는 둥근 모양
반지름 •   • 원을 그릴 때 쓰는 도구
컴퍼스 •   • 원의 중심에서 원의 선까지의 거리

활동3 기사를 보고 괄호 안에 들어갈 낱말을 보기에서 찾아 쓰세요.

보기 : 중심, 반지름, 컴퍼스, 모서리

1. 원에는 (   )가 하나도 없다.
2. 원을 그릴 때는 (   )를 사용한다.
3. 원의 한가운데는 (   )이라고 부르고, 중심에서 원의 선까지의 거리를 (   ) 이라고 한다.

활동4 초성 힌트를 보고 다음 빈칸에 공통으로 들어갈 말을 기사에서 찾아 쓰세요.

(   )의 모든 점은 중심에서 같은 거리에 있다.
피자, 도넛, 공의 공통된 모양은 (   )이다.

ㅇ

| 교과 연계 | 3학년 들이와 무게　　| 키워드 | 들이, 무게, 저울

07 들이와 무게 : 물컵과 저울 이야기

 만만한 신문 읽기

물컵 속에 숨어 있는 들이의 마법

여러분 물컵에 물이 얼마나 들어가는지 궁금했던 적 있나요? 이럴 때 '들이'라는 마법이 등장해요. 들이는 물이나 우유, 주스처럼 '얼마나 많이 담을 수 있을까?'를 알려 주는 아주 특별한 단위예요. 예를 들어, 급식 시간에 선생님이 국자를 들고 "한 국자씩!" 하시잖아요? 이때 친구 모두가 똑같이 받으려면 들이 단위를 써야 해요.

우유 팩을 살펴보면 '200ml(밀리리터)'라고 쓰여 있는 걸 볼 수 있는데, 이게 바로 들이랍니다. 물컵, 페트병, 주전자마다 들이가 다르니까 집에서 여러 가지 컵에 물을 담아 보며 어느 컵이 더 많이 들어가는지 직접 비교해 보는 것도 재미있겠죠?

저울 위에 올라온 무게 괴물의 정체

이제 저울 이야기를 해 볼까요? 저울은 마치 무게 괴물을 찾아내는 탐정 도구 같아요. 엄마와 시장에 갔을 때 사과나 감자를 저울에 올려 "300그램이네요."라고 말하는 걸 본 적 있을 거예요. 바로 이때 '무게'가 등장해요. 무게는 물건이 얼마나 무거운지 알려 주는 단위예요. 우리가 자주 쓰는 단위에는 그램(g), 킬로그램(kg)이 있답니다.

집에 저울이 있다면 물컵에 물을 담고 저울 위에 올려 무게를 재 보세요. 똑같은 들이여도 내용물이 다르면 무게가 달라지는 신기한 경험을 할 수 있을 거예요. 저울과 물컵만 있으면 누구나 들이, 무게 박사가 될 수 있답니다.

 생각해 보세요

❶ 우유 팩 1개에는 몇 밀리리터가 들어 있을까요?
❷ 물컵에 물 대신 주스를 담으면 무게가 같을까요? 다를까요?
❸ 우리 집에서 제일 무거운 물건은 뭘까요?

 만만한 신문 활동

 활동 1 다음 문장이 맞으면 ○, 틀리면 × 표시하세요.

1. '들이'는 물이나 우유처럼 얼마나 많이 담을 수 있는지를 나타내는 단위이다. (   )
2. 무게는 물건이 얼마나 무거운지를 알려 준다. (   )
3. 우유 팩에 적힌 '200ml(밀리리터)'는 무게를 나타내는 단위이다. (   )
4. 같은 들이라도 내용물에 따라 무게가 달라질 수 있다. (   )

활동 2 기사를 보고 내용으로 알맞은 것을 고르세요.

① 들이는 물건의 길이를 재는 단위이다.
② 그램(g)과 킬로그램(kg)은 무게의 단위이다.
③ 들이는 모든 컵에서 항상 똑같다.
④ 저울은 물건의 색을 알려 주는 도구이다.

활동 3 기사를 보고 빈칸에 들어갈 알맞은 낱말을 보기에서 찾아 쓰세요.

보기 : 밀리리터, 무게, 저울

1. 우유 팩에는 '200ml(   )'라고 적혀 있다.
2. 사과를 (   )에 올려서 무게를 재었다.
3. (   )는 사물이 얼마나 무거운지 나타내는 말이다.

 활동 4 기사를 보고 주어진 낱말의 뜻을 참고하여 문장을 완성하세요.

1. 시장에 가서 사과의 무게를 재기 위해 (   ) 위에 올렸다.
뜻 : 물건의 무게를 재는 도구

2. (   )는 물이나 우유, 주스처럼 '얼마나 많이 담을 수 있을까?'를 알려 주는 아주 특별한 단위예요.
뜻 : 그릇이나 용기 안에 담을 수 있는 부피의 크기를 나타내는 말

| 교과 연계 | 4학년 큰 수 | 키워드 | 큰 수, 만, 억, 조

08 큰 수의 왕국을 정복하라

만만한 신문 읽기

숫자 괴물, 만과 억의 탄생 비밀

수학나라에는 다양한 숫자가 살고 있어요. 처음에는 1, 10, 100 같은 작은 숫자들이 수학나라의 주인공이었죠. 그런데 언젠가부터 숫자 모험가들은 더 큰 수를 발견하기 시작했어요. 바로 10,000! 이 숫자는 '만'이라고 불러요. 만 개의 젤리, 만 권의 책, 만 마리의 고양이! 어느새 만은 숫자 왕국에서 최고의 인기 스타가 되었답니다.

하지만 숫자 모험은 여기서 멈추지 않았어요. 만이 10,000번 모이면 '억'이라는 숫자 괴물이 탄생해요. 억은 100,000,000을 뜻하지요. 이보다 더 큰 수인 '조'도 있어요. 조는 1,000,000,000,000로 나타낸답니다. 여러분도 오늘부터 큰 수 왕국의 모험가가 되어 보세요.

큰 수, 이렇게 읽으면 나도 숫자왕

큰 수를 보면 숫자가 너무 길어서 읽기 어렵다고 느낀 적 있나요? 그럴 때는 '세 자리마다 쉼표'라는 마법을 써 보세요. 1,000(천), 10,000(만), 100,000(십만), 1,000,000(백만), 10,000,000(천만)처럼 숫자를 오른쪽에서부터 세 자리씩 끊어서 쉼표를 찍어 주면 보기도 쉽고 읽기도 쉬워진답니다. 예를 들어, 1,234,567,890을 세 자리씩 끊어 읽으면 '12억 3,456만 7,890'이 돼요.

999,999,999는 어떻게 읽으면 될까요? 친구들과 누가 더 빨리 읽는지 시합해 보세요.

생각해 보세요

❶ 1만 개의 젤리를 모두 한 번에 먹는다면 어떤 일이 벌어질까요?
❷ 우리 반 친구들이 1억만큼 많다면 체육 시간에 줄을 설 때 어떤 일이 생길까요?
❸ 만약 1조 마리의 개구리가 동시에 "개굴!" 한다면 어떨까요?

 활동 1 다음 문장이 맞으면 ○, 틀리면 × 표시하세요.

1. 만은 10,000을 뜻한다. (   )
2. 억은 만이 10,000번 모인 숫자이다. (   )
3. 세 자리마다 쉼표를 찍으면 큰 수를 읽기 쉽다. (   )
4. 1,000,000은 '억'이라고 부른다. (   )

활동 2 기사를 보고 내용으로 알맞은 것을 고르세요.

① 만은 10,000이고, 억은 100,000,000이다.
② 억은 10,000이고, 만은 1,000이다.
③ 만과 억은 같은 뜻이다.
④ 큰 수는 쉼표가 없으면 읽을 수 없다.

 활동 3 기사를 보고 빈칸에 들어갈 알맞은 낱말을 보기에서 찾아 쓰세요.

| **보기** : 만, 억, 쉼표 |

1. 10,000은 (   )이라고 읽는다.
2. 만이 10,000번 모이면 (   )이 된다.
3. 큰 수를 쉽게 읽으려면 (   )를 세 자리마다 찍는다.

 활동 4 기사를 보고 다음 낱말과 뜻이 알맞도록 이으세요.

만 •   • 10,000을 나타내는 수
억 •   • 100,000,000을 나타내는 수
조 •   • 1,000,000,000,000을 나타내는 수

| 교과 연계 | 4학년 삼각형 | 키워드 | 삼각형, 이등변삼각형, 정삼각형, 예각삼각형, 직각삼각형, 둔각삼각형

09 삼각형 속에 숨은 친구들

만만한 신문 읽기

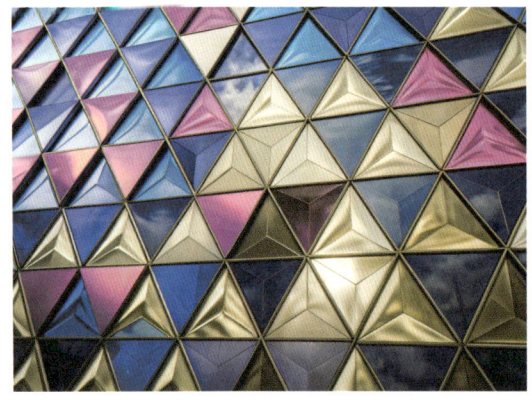

삼각형의 비밀을 밝혀라

종이에 3개의 점을 찍어 선으로 이으면 어떤 모양이 될까요? 삼각형이에요. 삼각형은 3개의 변과 3개의 각을 가진 도형으로, 도형 친구들 중에서도 첫 번째로 배우는 아주 중요한 친구죠.

삼각형 나라는 무척 신기한 곳이랍니다. 예를 들어, 모두 똑같은 길이의 변을 가진 정삼각형, 두 변의 길이가 같은 이등변삼각형, 그리고 세 변의 길이가 모두 다른 일반 삼각형도 있어요. 각도에 따라서도 친구들이 갈라져요. 모두 90도보다 작은 각을 가진 뾰족한 예각삼각형, 90도가 있는 직각삼각형, 그리고 한 각이 90도보다 큰 둔각삼각형이 있답니다.

삼각형 친구들을 찾아라

우리 주변에서 삼각형 친구들을 얼마나 쉽게 찾을 수 있는지 알아볼까요? 카메라 삼각대, 놀이터 미끄럼틀, 자전거 프레임 등 일상 곳곳에 삼각형이 없는 곳이 없어요. 삼각형은 튼튼해서 다리나 건축물에도 자주 쓰인답니다. 삼각형이 친구들끼리 모이면 모양이 변하지 않고 흔들리지 않아 건축물에서는 최고의 친구에요.

이제 여러분도 삼각형 탐정이 되어 집 안과 학교에서 삼각형 친구들을 찾아보세요. 정삼각형, 이등변삼각형, 직각삼각형 등 어떤 삼각형이 가장 많이 숨어 있는지 찾다 보면 삼각형만 보일지도 모른답니다.

생각해 보세요

❶ 세 변의 길이가 모두 같은 삼각형을 뭐라고 부를까요?
❷ 세상에서 가장 예쁜 삼각형은 무엇일까요?
❸ 삼각형이 왜 다리나 건물을 튼튼하게 만들까요?

정답은 233쪽

활동 1 다음 문장이 맞으면 ○, 틀리면 × 표시하세요.

1. 삼각형은 3개의 변과 3개의 각을 가진 도형이다. (   )
2. 모든 삼각형은 변의 길이가 똑같다. (   )
3. 삼각형은 일상에서 쉽게 찾을 수 있다. (   )
4. 삼각형은 건축물에 잘 쓰이지 않는다. (   )

활동 2 기사를 보고 내용으로 알맞은 것을 고르세요.

① 삼각형은 3개의 변과 3개의 각을 가진 도형이다.
② 삼각형에는 4개의 각이 있다.
③ 삼각형은 오직 정삼각형 한 가지만 있다.
④ 삼각형은 변의 길이가 모두 같아야 한다.

활동 3 기사를 보고 빈칸에 들어갈 알맞은 낱말을 보기에서 찾아 쓰세요.

보기 : 삼가형, 각, 벼, 정삼각형, 건축물

1. 3개의 점을 선으로 이으면 (   )이 된다.
2. 삼각형에는 3개의 (   )과 3개의 (   )이 있다.
3. 모든 변의 길이가 똑같은 삼각형은 (   )이라고 한다.
4. 삼각형은 (   )에도 많이 쓰인다.

활동 4 뜻을 참고하여 알맞은 단어에 동그라미표를 하세요.

뜻 : 한 각이 90도인 삼각형은?

정삼각형   둔각삼각형   직각삼각형

75

| 교과 연계 | 4학년 사각형 | 키워드 | 사각형, 정사각형, 직사각형, 평행사변형

10 사각형 탐험대: 네모의 비밀

만만한 신문 읽기

사각형 탐험대, 네모를 찾아라

사각형 탐험대가 학교에서 특별한 임무를 받았어요. 바로 교실 속에 숨겨진 사각형들을 찾는 거예요. 대장 민수는 탐험대 친구들에게 말했어요. "사각형은 변이 4개, 꼭짓점도 4개 있는 네모 모양을 말해! 이제 사각형 찾기를 시작해 보자."

친구들은 교실 곳곳을 탐험했어요. 칠판, 창문, 교실 문까지 모두 사각형이었어요. 책상 위 공책과 지우개도 사각형 모양이라는 걸 알게 되었죠. 평소에는 그냥 지나쳤던 물건들이 사실은 모두 사각형이라는 걸 새롭게 발견한 순간이었답니다.

네 모서리에 숨은 특별한 비밀

탐험대가 모은 사각형을 자세히 보니 놀라운 사실이 있었어요. 모든 사각형은 변이 4개, 꼭 짓점도 4개였지만 조금씩 달라 보였어요. 지후가 말했어요. "정사각형은 네 변이 모두 똑같아." 그러자 민수는 직사각형을 보며 말했죠. "그런데 직사각형은 마주 보는 두 변만 길이가 같아." 친구들은 다양한 사각형 가족을 알게 되었어요. 네 변의 길이가 모두 같은 정사각형, 마주 보는 두 변의 길이가 같은 직사각형, 비스듬히 누운 평행사변형까지!

마지막으로 탐험대는 놀라운 비밀을 발견했어요. 바로 모든 사각형은 네 각의 크기를 합하면 360도가 된다는 사실이에요. 사각형은 정말 신기한 도형이죠? 여러분도 오늘부터 사각형 탐험대가 되어 네모의 비밀을 찾아보세요.

생각해 보세요

❶ 교실에서 제일 큰 사각형은 무엇인가요?
❷ 사각형과 비슷하게 생긴 다른 모양을 찾아보세요.
❸ 세상에 사각형이 없으면 어떤 일이 생길까요?

활동 1 다음 문장이 맞으면 ○, 틀리면 × 표시하세요.

1. 사각형은 변이 4개, 꼭짓점도 4개인 도형이다. (   )
2. 정사각형은 네 변의 길이가 다르다. (   )
3. 직사각형은 마주 보는 두 변의 길이가 같다. (   )
4. 모든 사각형은 네 각의 크기를 합하면 360도가 된다. (   )

 기사를 보고 내용으로 알맞은 것을 고르세요.

① 사각형은 네 변과 네 꼭짓점이 있다.
② 사각형은 세 변으로 이루어진 도형이다.
③ 사각형에는 모서리가 없다.
④ 사각형은 모두 같은 모양만 있다.

 기사를 보고 빈칸에 들어갈 알맞은 낱말을 보기에서 찾아 쓰세요.

보기 : 사각형, 정사각형, 360도

1. 칠판, 창문, 공책은 모두 (   ) 모양이에요.
2. 네 변의 길이와 네 각의 크기가 모두 같은 것은 (   )이다.
3. 모든 사각형은 네 각의 크기를 합하면 (   )가 된다.

활동 4 뜻을 참고하여 알맞은 단어에 동그라미표를 하세요.

뜻 : 네 변이 모두 같고, 네 각의 크기가 모두 같은 도형은?

| 정사각형 | 삼각형 | 평행사변형 | 원 |

| 교과 연계 | 4학년 다각형 | 키워드 | 다각형, 삼각형, 사각형, 오각형, 육각형

11 다각형 마을에서 벌어진 사건

 만만한 신문 읽기

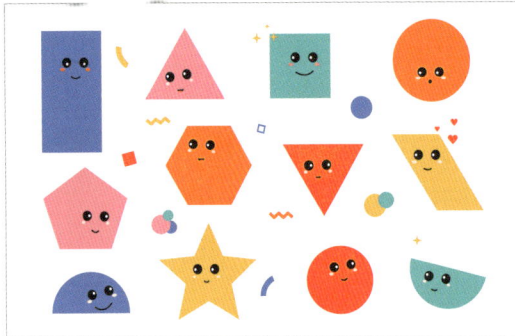

다각형의 비밀을 밝혀라

다각형 마을은 모든 것이 변이 3개 이상으로 이루어진 신비한 모양을 하고 있어요. 3개의 변과 3개의 꼭짓점으로 이루어진 삼각형 지붕, 4개의 변과 4개의 꼭짓점으로 이루어진 사각형 창문, 5개의 변과 5개의 꼭짓점으로 이루어진 오각형 문까지 정말 신기한 곳이죠.
그런데 중요한 비밀이 하나 있어요. 변이 많아질수록 다각형의 모양이 점점 동그랗게 보인다는 사실이에요. 정말 신기하죠? 우리 친구들도 주변에서 다양한 다각형을 찾아보고, 어떤 비밀이 있는지 찾아보세요.

사건 발생! 육각형의 보석을 찾아라

다각형 마을에서 육각형 할머니의 보석이 사라지는 사건이 발생했어요. 다각형 탐정단은 먼저 육각형의 특징을 알아보았어요. 육각형은 변과 꼭짓점이 6개씩 있는 다각형이에요. 탐정 친구들은 육각형 보석을 찾기 위해 마을의 육각형 모양을 하나씩 조사하기 시작했어요. 육각형 창문 뒤와 육각형 시계 아래, 심지어 육각형 모양의 상자까지 찾아보았지만 보석이 보이지 않았어요. 그때 탐정단의 눈에 육각형 무늬가 새겨진 화단이 들어왔어요. 꽃밭의 육각형 돌을 들어 올리자 드디어 사라졌던 보석이 나타났어요.
육각형 할머니는 너무 기뻐서 탐정단에게 육각형 모양의 달콤한 쿠키를 선물했답니다. 다음에는 또 어떤 다각형 사건이 기다리고 있을까요?

 생각해 보세요

❶ 삼각형, 사각형, 오각형의 변의 개수는 각각 몇 개일까요?
❷ 주변에서 육각형 모양의 물건을 찾아보세요.
❸ 변이 많아질수록 다각형은 어떤 모양처럼 보이나요?

활동 1 다음 문장이 맞으면 ○, 틀리면 × 표시하세요.

1. 다각형은 변이 3개 이상인 도형이다. (   )
2. 변이 많아질수록 다각형의 모양이 더 뾰족해진다. (   )
3. 육각형은 변과 꼭짓점이 6개이다. (   )

활동 2 기사를 보고 다음 낱말과 뜻이 알맞도록 이으세요.

삼각형 •　　　　　• 변과 꼭짓점이 6개인 다각형
사각형 •　　　　　• 변과 꼭짓점이 4개인 다각형
오각형 •　　　　　• 변과 꼭짓점이 5개인 다각형
육각형 •　　　　　• 변과 꼭짓점이 3개인 다각형

활동 3 기사를 보고 빈칸에 들어갈 알맞은 낱말을 보기에서 찾아 쓰세요.

보기 : 변, 꼭짓점, 동그랗게, 육각형, 화단

1. 다각형은 (　　　　)과 (　　　　)이 3개 이상인 도형이에요.
2. 변이 많아질수록 다각형의 모양이 점점 (　　　　) 보여요.
3. 육각형 할머니의 보석은 (　　　　) 무늬가 있는 (　　　　)에서 찾았어요.

활동 4 다음 문장을 원고지에 따라 써 보세요.

다각형은 변이 많아질수록 점점 동그랗게 보여요.

| | 다 | 각 | 형 | 은 | | 변 | 이 | | 많 | 아 | 질 | 수 | 록 |
| 점 | 점 | | 동 | 그 | 랗 | 게 | | 보 | 여 | 요 | . | | |

| 교과 연계 | 4학년 평면도형의 이동 | 키워드 | 평행이동, 회전, 대칭

12 도형이 움직이면 뭐가 될까?

만만한 신문 읽기

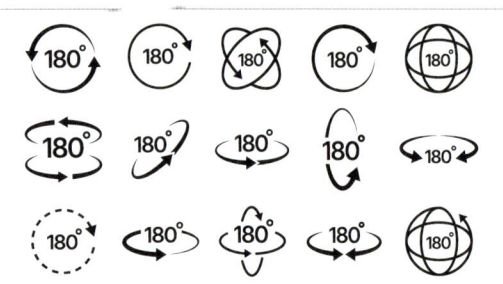

도형이 뚜벅뚜벅, 평면 위를 걷다

종이에 그린 삼각형이나 사각형이 갑자기 살아 움직인다면 어떨까요? 사실 수학에서는 도형이 움직일 수 있답니다. 우리가 그림을 오려서 이리저리 옮기듯, 도형도 '평면 위에서 이동'할 수 있어요. 이걸 '평행이동'이라고 부르는데, 도형이 방향을 바꾸지 않고 그대로 쓱 미끄러져 옮겨 가는 거예요. 예를 들어, 종이에 그려진 별을 왼쪽으로 쭉 옮기거나 위로 올리는 것이 평행이동이에요. 이때 별의 모양이나 크기는 변하지 않아요.

여러분이 스티커를 한 칸 옮기는 것처럼 도형도 자리를 바꾸면서 놀 수 있답니다. 평행이동을 잘 알면 그림을 여러 군데에 똑같이 그릴 수 있어요.

빙글빙글, 도형의 회전과 대칭 마법

도형이 빙글빙글 도는 '회전'을 만나볼까요? 삼각형, 사각형, 하트 모양 등 다양한 도형을 중심점을 기준으로 돌려 보세요. 꼭 놀이기구처럼 돌다가 제자리로 올 수도 있어요. 도형 모양은 그대로이지만 방향이 달라지는 게 신기해요. '대칭'이라는 마법도 있어요. 거울을 보듯 도형을 한쪽으로 접으면 반대쪽이 딱 맞는 모습을 볼 수 있어요.

종이접기에서 자주 만나는 대칭은 수학에서도 아주 중요해요. 도형을 움직이면 평행이동, 회전, 대칭처럼 새로운 모습이 나타난답니다. 여러분도 연습장에 도형을 그리고, 손으로 옮겨 보거나 돌려 보세요. 수학이 훨씬 재미있어질 거예요.

생각해 보세요

❶ 여러분이 가장 좋아하는 도형은 무엇인가요?
❷ 종이에 별을 그린 다음 위로 올려 보세요. 별의 모양이 달라졌나요? 아니면 똑같나요?
❸ 도형의 가운데를 접어서 대칭을 만들어 보세요.

활동 1) 다음 문장이 맞으면 ○, 틀리면 × 표시하세요.

1. 평행이동은 도형이 모양이나 크기가 변하면서 이동하는 것을 말한다. (   )
2. 회전은 도형이 중심점을 기준으로 빙글빙글 도는 것이다. (   )
3. 대칭은 거울에 비친 것처럼 반대쪽 모양이 똑같은 것이다. (   )
4. 평행이동을 하면 도형의 방향이 바뀐다. (   )

활동 2) 기사를 보고 다음 낱말과 뜻이 알맞도록 이으세요.

평행이동 •　　　　• 모양과 크기를 바꾸지 않고 도형을 그대로 옮기는 것
회전　　 •　　　　• 거울에 비친 것처럼 반대쪽 모양이 똑같은 것
대칭　　 •　　　　• 중심점을 기준으로 도형을 돌리는 것

활동 3) 기사를 보고 빈칸에 들어갈 알맞은 낱말을 보기에서 찾아 쓰세요.

보기 : 평행이동, 회전, 대칭

1. 도형이 방향을 바꾸지 않고 그대로 옮겨 가는 것은 (　　　　　)이다.
2. 도형이 놀이기구처럼 중심점을 기준으로 빙글빙글 도는 것은 (　　　　　)이다.
3. 거울을 보듯 반대쪽이 딱 맞는 모습은 (　　　　　)이다.

활동 4) 기사를 보고 주어진 낱말의 뜻을 참고하여 문장을 완성하세요.

나는 종이에 그린 하트 모양을 오른쪽으로 한 칸 (　　　　　)했다.
뜻 : 도형을 모양과 크기 변화 없이 옮기는 것

| 교과 연계 | 4학년 꺾은선 그래프 | 키워드 | 꺾은선 그래프

13 꺾은선 그래프로 날씨 일기 쓰기

만만한 신문 읽기

꺾은선 그래프, 우리 반 날씨를 그리다

매일 아침 날씨가 달라지는 걸 느껴 본 적이 있나요? 월요일에는 10℃, 화요일에는 15℃, 수요일에는 20℃처럼 기온이 조금씩 달라질 때가 있지요. 이런 기온 변화를 꺾은선 그래프로 그려 보면 정말 재미있어요.

먼저, 월요일에는 10℃에 점을 찍고, 화요일에는 15℃, 수요일에는 20℃에 점을 찍어요. 그리고 점과 점을 이어 주면 멋진 꺾은선 그래프가 완성된답니다. 선이 위로 올라가면 점점 따뜻해지고, 내려가면 추워지는 거예요. 마치 기온이 줄을 타고 올라가는 것 같죠? 이렇게 꺾은선 그래프를 그리면 날씨가 어떻게 변했는지 한눈에 볼 수 있답니다.

나만의 날씨 일기장 만들기

기상캐스터처럼 날씨 일기를 써 봐요. 매일 아침 오늘의 기온과 날씨를 노트에 적어 주세요. 예를 들어, "화요일에는 햇빛이 쨍쨍, 기온은 15℃!" 이렇게 일주일 동안 기록한 기온을 모아 꺾은선 그래프로 그려 보세요. 그래프를 보면 날씨 변화를 쉽게 알 수 있답니다. 어제보다 오늘이 얼마나 더웠는지, 또는 갑자기 추워진 날이 언제인지 한눈에 알 수 있답니다. 내일은 또 어떤 날씨가 기다리고 있을까요? 꺾은선 그래프를 보며 예상해 보는 것도 재미있는 놀이가 될 거예요. 매일매일 달라지는 작은 기록들을 모아 여러분만의 특별한 날씨 책을 완성하세요. 여러분이 만든 날씨 책은 세상에서 단 하나뿐인 멋진 작품이 될 거예요.

생각해 보세요

❶ 월요일, 화요일, 수요일의 기온이 어떻게 달라졌나요?
❷ 꺾은선 그래프에서 선이 위로 올라가면 무슨 뜻일까요?
❸ 오늘 아침에 여러분이 직접 측정한 기온은 몇 도였나요?

활동 1 다음 문장이 맞으면 ○, 틀리면 × 표시하세요.

1. 꺾은선 그래프는 점을 찍고 선으로 이어서 만든다. (   )
2. 선이 위로 올라가면 날씨가 추워진다. (   )
3. 꺾은선 그래프를 보면 기온 변화를 한눈에 알 수 있다. (   )
4. 날씨 일기는 하루에 한 번만 쓰면 된다. (   )

활동 2 기사를 보고 다음 낱말과 뜻이 알맞도록 이으세요.

꺾은선 그래프 •   • 변하는 모습을 선으로 나타낸 그림
날씨 일기   •   • 날씨를 전해 주는 사람
기상캐스터   •   • 하루의 기온과 날씨를 적는 기록

활동 3 기사를 보고 빈칸에 들어갈 알맞은 낱말을 보기에서 찾아 쓰세요.

보기 : 꺾은선 그래프, 날씨, 기온

1. 그래프에서 변하는 모습을 선으로 나타낸 그림을 (   )라고 한다.
2. 화요일에는 햇빛이 쨍쨍, (   )은 15℃였다.
3. 매일 아침 오늘의 (   )와 기온을 기록했다.

활동 4 초성 힌트를 보고 다음 빈칸에 공통으로 들어갈 말을 기사에서 찾아 쓰세요.

1. 꺾은선 그래프를 그리면 하루하루 달라지는 (   ) 변화를 알 수 있다.
2. (   ) 변화를 보면 추운 날과 더운 날을 구분할 수 있다.

| ㄱ | ㅇ |

| 교과 연계 | 4학년 각도 | 키워드 | 각도, 각도기

14 각도의 세계, 각도기 탐험대

만만한 신문 읽기

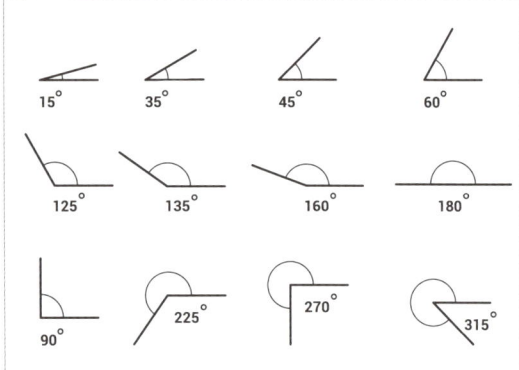

각도의 세계로 출발

자와 각도기를 본 적 있나요? 우리가 흔히 보는 삼각형, 사각형, 심지어 피자 조각에도 숨어 있는 '각도'의 세계로 떠나 봐요. 각도는 두 선이 만날 때 생기는 벌어진 크기를 말해요. 선 2개가 바짝 붙어 있으면 각도가 작고, 쫙 벌어지면 각도가 커져요. 예를 들어, 문이 살짝 열렸을 때와 활짝 열렸을 때의 틈이 다르죠? 그게 바로 각도가 변한 거랍니다.

수학에서는 각도를 '°(도)'라는 기호로 나타내요. 0°는 문이 닫힌 상태, 90°는 딱 네모처럼 직각, 180°는 문이 완전히 열린 모습이에요. 여러분의 팔을 위로 쭉 들어 올리면 180°가 된답니다.

각도기 탐험대, 미션을 시작하라

각도기는 각도를 재는 특별한 도구예요. 원 모양이나 반원 모양에 숫자가 쓰여 있고, 중심에 있는 구멍을 각이 만나는 점에 맞추는 게 비법이랍니다. 그런 다음 선에 맞춰서 눈금을 읽으면 몇 도인지 알 수 있어요. "이 선과 저 선의 각도는 몇 도일까?" 궁금하다면 각도기로 재 보세요.

실제로 책상, 창문, 연필과 공책이 만나는 곳 등 세상에는 수많은 각도가 숨어 있어요. 각도기 탐험대가 되어 학교와 집에서 다양한 각도를 찾아보면 어느새 여러분도 각도의 달인이 될 거예요. 그럼 각도와 각도기로 재미있는 수학 탐험을 함께 떠나볼까요?

생각해 보세요

❶ 여러분은 몇 도나 팔을 들어 올릴 수 있나요?
❷ 종이비행기는 어떤 각도로 던져야 멀리 날아갈까요?
❸ 문을 아주 살짝만 열었을 때와 활짝 열었을 때 어떤 쪽이 각도가 더 클까요?

정답은 234쪽

활동 1 다음 문장이 맞으면 ○, 틀리면 × 표시하세요.

1. 각도는 두 선이 만날 때 생기는 벌어진 크기를 말한다. (   )
2. 90°는 문이 완전히 열린 상태이다. (   )
3. 각도기는 각도를 재는 특별한 도구이다. (   )
4. 팔을 위로 쭉 들어 올리면 180°가 된다. (   )

활동 2 기사를 보고 내용으로 알맞은 것을 고르세요.

① 각도기는 삼각형의 넓이를 재는 도구이다.
② 0°는 문이 닫힌 상태를 뜻한다.
③ 180°는 문이 살짝 열린 모습이다.
④ 각도기는 원이나 삼각형 모양이다.

활동 3 기사를 보고 빈칸에 들어갈 알맞은 낱말을 보기에서 찾아 쓰세요.

보기 : 각도, 각도기, °(도)

1. 두 선이 만날 때 생기는 벌어진 크기를 (   )라고 한다.
2. 각도를 재는 특별한 도구를 (   )라고 한다
3. 수학에서 각도는 (   )라는 기호로 나타낸다.

활동 4 뜻을 참고하여 알맞은 단어에 동그라미표를 하세요.

뜻 : 두 선이 만나 벌어진 크기

| 삼각형 | 각도 | 연필 | 창문 |

85

3교시 사회

우리 동네에서 세계까지, 사람과 세상 배우기

|교과 연계| 3학년 1학기 1. 우리가 사는 곳　　|키워드| 장소, 우리 주변의 장소, 우리 동네

01 여기는 뭐 하는 곳일까?

만만한 신문 읽기

우리 주변에는 이런 곳들이 있어요

여러분이 사는 동네를 생각해 본 적 있나요? 학교 가는 길, 집 근처 산책로, 주말에 가족과 함께 가는 마트 등 우리 주변에는 다양한 장소가 있어요.

학교는 매일 친구들과 공부하며 노는 곳이고, 도서관은 책을 읽으며 조용히 생각에 잠길 수 있는 곳이에요. 빵집에 가면 갓 구운 빵 냄새가 솔솔 풍기고, 공원에서는 신나게 뛰어놀 수 있어요. 마트, 문방구, 치과, 미용실, 동물병원도 우리 생활에 꼭 필요한 장소랍니다. 우리 동네에 어떤 장소가 있는지 한 번 둘러보세요.

우리 생활에 꼭 필요한 고마운 장소를 찾아라

우리가 건강하게 지내고, 안전하게 놀고, 공부도 할 수 있는 건 동네 곳곳의 고마운 장소들 덕분이에요. 아플 때는 병원에 가서 치료를 받고, 약국에서는 약을 받을 수 있어요. 경찰서와 소방서는 위험한 일이 생기면 바로 달려와 우리를 도와주고, 우체국에서는 멀리 있는 친구나 가족에게 편지나 물건을 보낼 수 있답니다. 도서관에서는 재미있는 책을 빌려 읽을 수 있어요.

이런 장소들이 있어서 우리는 아플 때도 걱정이 덜하고, 위험할 때도 안전하게 지낼 수 있답니다. 가족과 산책을 하면서 어떤 장소가 있는지 알아보고 어떤 도움이 되는지 생각해 보면 우리 동네가 더 특별하게 느껴질 거예요.

생각해 보세요

❶ 우리 동네에는 어떤 장소들이 있나요?
❷ 병원과 약국은 우리에게 어떤 도움을 주나요?
❸ 우리 생활에 꼭 필요한 장소는 무엇이라고 생각하나요?

정답은 234쪽

 활동1 다음 문장이 맞으면 ○, 틀리면 × 표시하세요.

1. 도서관에서는 조용히 책을 읽을 수 있다. (   )
2. 동물 병원은 빵을 파는 곳이다. (   )
3. 경찰서와 소방서는 위험한 일이 생길 때 우리를 도와준다. (   )
4. 마트, 문방구, 병원은 고마운 장소가 아니다. (   )

 활동2 기사를 보고 내용으로 알맞은 것을 고르세요.

1. 아플 때 갈 수 있는 곳은 어디인가요?
① 공원   ② 병원   ③ 우체국   ④ 경찰서

2. 멀리 있는 친구에게 편지를 보내고 싶을 때 가는 곳은 어디인가요?
① 도서관   ② 마트   ③ 우체국   ④ 병원

 활동3 기사를 보고 괄호 안에 들어갈 알맞은 낱말을 보기에서 찾아 쓰세요.

보기 : 도서관, 병원, 경찰서, 우체국

1. 책을 읽고 빌릴 수 있는 곳은 (   )이다.
2. 아플 때 치료를 받는 곳은 (   )이다.
3. 위험한 일이 생기면 바로 달려와서 도와주는 곳은 (   )이다.
4. 편지나 소포를 보낼 수 있는 곳은 (   )이다.

 활동4 기사를 보고 주어진 낱말의 뜻을 참고하여 문장을 완성하세요.

1. 나는 (   )에서 재미있는 책을 골라 읽었어요.
뜻 : 책을 읽고 빌릴 수 있는 곳

2. 어제 감기에 걸려서 (   )에 다녀왔어요.
뜻 : 아플 때 치료받는 곳

| 교과 연계 | 3학년 1학기 2. 일상에서 만나는 과거 | 키워드 | 물물교환, 돈, 교환

02 조선통보, 상평통보가 뭐야?

 만만한 신문 읽기

물물교환에서 돈까지

아주 오래전 사람들은 필요한 물건을 어떻게 구했을까요? 바로 '물물교환'을 했답니다. 자신이 가진 물건을 다른 사람이 가진 물건과 바꾸는 방식이었죠. 하지만 물물교환이 항상 쉬운 건 아니었어요. 필요한 물건을 가진 사람을 찾는 것도 어렵고, 어떤 물건이 얼마나 가치 있는지도 정하기 어려웠으니까요.

예를 들어, '쌀 한 자루가 소 한 마리만큼 값어치가 있을까?'를 고민하게 되면서 사람들은 차츰 편리한 방법을 찾기 시작했어요. 처음에는 조개껍데기나 곡식처럼 눈에 보이고 쉽게 나눌 수 있는 것들이 돈처럼 사용되었어요. 시간이 지나면서 금, 은처럼 썩지 않고 오래 보관할 수 있는 금속이 등장했지요.

나중에는 사람들이 쉽게 쓸 수 있도록 동전과 지폐를 만들었어요. 우리나라에서는 조선 시대에 '상평통보'라는 동전을 사용했답니다.

지금도 이어지는 교환의 문화

돈이 생기면서 물물교환은 사라진 것처럼 보이지만, 사실 요즘에도 '교환의 문화'는 여전히 이어지고 있어요. 중고거래 앱에서 "이거랑 바꾸실 분~"이라는 글을 쉽게 볼 수 있고, 돈 없이 물건을 나누는 시장이 열리는 나라도 있어요.

돈이 없던 시절에도 사람들은 필요한 것을 구했고, 그 지혜 덕분에 지금의 돈도 생겨난 것이죠. 과거에서 시작된 교환의 역사는 지금도 다양한 모습으로 우리 삶 속에 살아 숨 쉬고 있답니다.

 생각해 보세요

❶ 조선 시대에 사용했던 동전은 무엇인가요?
❷ 물물교환이 불편했던 이유는 무엇일까요?
❸ 돈이 없다면 우리는 어떻게 물건을 사고팔 수 있을까요?

 **만만한 신문 활동**

정답은 234쪽

활동 1 다음 문장이 맞으면 ○, 틀리면 × 표시하세요.

1. 아주 오래전에는 사람들이 돈으로만 물건을 샀다. (   )
2. 조개껍데기, 곡식 등도 돈처럼 쓰인 적이 있다. (   )
3. '상평통보'는 조선시대에 쓰인 동전이다. (   )
4. 요즘에는 더 이상 물물교환이 이루어지지 않는다. (   )

 활동 2 기사를 보고 내용으로 알맞은 것을 고르세요.

1. 물물교환이 어려웠던 이유는 무엇인가요?
① 물건이 없어서   ② 물건의 가치를 정하기 힘들어서   ③ 먹을 것이 없어서

2. 사람들이 처음 돈처럼 사용한 것은 무엇인가요?
① 신발   ② 조개껍데기와 곡식   ③ 컴퓨터

활동 3 기사를 보고 괄호 안에 들어갈 알맞은 낱말을 보기에서 찾아 쓰세요.

| 보기 : 물물교환, 금속, 상평통보, 중고거래 |

1. 아주 오래전에는 필요한 물건을 (   )으로 구했어요.
2. 시간이 지나면서 썩지 않고 오래 보관할 수 있는 (   )이 돈이 되었어요.
3. 조선시대에는 (   )라는 동전이 쓰였어요.
4. 요즘에는 (   ) 앱에서도 교환이 이루어져요.

 활동 4 기사를 보고 주어진 낱말의 뜻을 참고하여 문장을 완성하세요.

1. 사람들은 옛날에 돈 대신 (   )을 하며 필요한 것을 얻었어요.
뜻 : 물건과 물건을 직접 바꾸는 것

2. 우리나라 조선시대에는 (   )라는 동전이 사용됐어요.
뜻 : 조선시대에 쓰인 동전

| 교과 연계 | 3학년 1학기 2. 일상에서 만나는 과거 | 키워드 | 유물, 유적

03 선사시대 사람들이 초콜릿을 먹었다면?

만만한 신문 읽기

돌도끼 대신 달콤한 초콜릿 포장지를 발견하다

고고학자들이 깊은 동굴에서 선사시대의 유적을 발견했어요. 그 안에는 돌도끼와 같은 여러 유물이 있었지요. 만약 돌도끼 옆에 달콤한 초콜릿 포장지가 함께 있었다면 어땠을까요? 아마 옛날 사람들이 사냥을 나가기 전에 달콤한 초콜릿을 먹고 힘을 내거나, 친구들과 초콜릿을 나눠 먹으며 즐거운 시간을 보냈다고 생각할 거예요. 초콜릿 덕분에 선사시대 사람들은 더 많이 웃고, 더 힘차게 생활했을지도 몰라요.

초콜릿도 미래의 유물이 될 수 있을까?

지금 우리는 초콜릿을 맛있게 먹고 있지요. 만약 먼 훗날에 미래의 고고학자들이 땅속에서 초콜릿 포장지를 발견한다면 어떻게 생각할까요? "이게 뭐지?" 하고 궁금해하며 그 시대 사람들의 생활을 상상해 볼 거예요. 우리가 돌도끼와 토기 같은 선사시대의 유물을 보고 신기해하는 것처럼 말이에요.

이렇게 사람들이 남긴 흔적을 유물이라고 부르고, 그런 유물이 발견된 장소를 유적이라고 해요. 지금 우리가 먹는 초콜릿 포장지가 언젠가는 중요한 유물이 될지도 몰라요. 언젠가 이 작은 포장지가 '21세기 사람들은 어떤 것을 소중하게 여겼을까?'에 대한 실마리가 될지도 모르지요. 미래의 연구자들은 이런 작은 흔적들을 모아 지금의 문화를 다시 그려 볼 거예요.

생각해 보세요

❶ 선사시대 사람이 초콜릿을 처음 먹어 본다면 어떤 표정을 지을까요?
❷ 돌도끼와 초콜릿 포장지 중에서 무엇이 더 소중한 유물이 될까요? 그 이유는 무엇인가요?
❸ 내가 미래의 고고학자라면 지금 우리가 쓰는 물건 중 어떤 것을 유물로 발견하고 싶나요?

 정답은 235쪽

활동1 다음 문장이 맞으면 ○, 틀리면 × 표시하세요.

1. 선사시대 사람들이 초콜릿을 먹었다는 증거가 있다. (   )
2. 유물은 옛날 사람들이 남긴 흔적이다. (   )
3. 고고학자는 옛날의 유물을 찾고 연구하는 사람이다. (   )
4. 미래에는 초콜릿 포장지가 유물이 될 수도 있다. (   )

활동2 기사를 보고 내용으로 알맞은 것을 고르세요.

1. 고고학자는 무엇을 하는 사람인가요?
① 수학을 가르치는 사람   ② 유적을 발견해 연구하는 사람
③ 초콜릿을 연구하는 사람   ④ 건물을 만드는 사람

2. 기사에서 '유물'이라고 부를 수 있는 것은 무엇인가요?
① 지금 먹는 아이스크림   ② 동굴에서 발견된 돌도끼
③ 학교에서 쓰는 연필   ④ 집 앞의 놀이터 미끄럼틀

 활동3 기사를 보고 괄호 안에 들어갈 알맞은 낱말을 보기에서 찾아 쓰세요.

> **보기** : 유물, 유적, 고고학자, 초콜릿 포장지

1. 옛날 사람들이 남긴 물건을 (   )이라고 해요.
2. 그런 유물이 발견된 장소를 (   )이라고 해요.
3. 유적을 찾아내는 사람을 (   )라고 해요.
4. 미래에는 (   )가 유물이 될 수 있어요.

 활동4 기사를 보고 주어진 낱말의 뜻을 참고하여 문장을 완성하세요.

1. 동굴에서 발견된 돌도끼는 선사시대의 (   )입니다.
뜻 : 옛날 사람들이 남긴 물건

2. (   )는 돌도끼와 같은 유물을 발견했어요.
뜻 : 옛날의 유물을 찾고 연구하는 사람

| 교과 연계 | 3학년 1학기 2. 일상에서 만나는 과거　　| 키워드 | 오래된 물건, 과거

04 오래된 물건이 들려주는 이야기

만만한 신문 읽기

오래된 물건이 들려주는 마을 이야기

전통을 간직한 동네를 걷다 보면 낡은 항아리나 오래된 시계 같은 물건을 볼 수 있어요. 이 물건들은 단순히 오래되어 낡은 것이 아니라, 과거 사람들의 생활과 마음이 담긴 소중한 보물이랍니다. 예를 들어, 항아리는 예전에 마을 사람들이 집에서 간장을 담거나 김치를 저장하던 그릇이었어요. 지금은 많이 쓰지 않지만 옛날에는 가족의 식탁을 책임지는 귀한 물건이었어요. 또한 낡은 시계는 100년 전에 살던 할아버지가 아끼며 사용하던 물건이었을지도 모릅니다. 이처럼 오래된 물건 속에는 그 시절의 이야기와 역사가 숨어 있어요.

우리 마을 속 과거 찾기

우리 주변에는 과거의 흔적을 보여 주는 장소가 많이 있습니다. 오래된 우물, 골목길의 돌담, 낡은 나무 문 같은 것들이 바로 그것입니다. 이런 장소들은 그저 옛것이 아니라 우리 마을의 오랜 역사와 사람들의 생활을 보여 주는 창문과도 같습니다. 옛날 사람들은 우물가에 모여 물을 긷고 이야기를 나누며 하루를 보냈습니다. 그 모습을 상상하면 마치 시간을 거슬러 과거로 여행을 떠나는 느낌이 듭니다. 우리가 매일 지나치는 길에도 아직 발견하지 못한 오래된 물건이 숨어 있을지도 모릅니다. 이 물건들을 관심 있게 살펴본다면 우리 마을의 과거와 조상들의 삶을 더 잘 이해할 수 있을 거예요.

생각해 보세요

❶ 오늘날에는 항아리를 어디에서 볼 수 있나요?
❷ 집 안에서 오래된 물건을 찾아보세요. 어떤 물건이 있나요?
❸ 과거의 흔적이 많이 남아 있는 도시를 찾아보세요.

활동1 다음 문장이 맞으면 ○, 틀리면 × 표시하세요.

1. 옛날 사람들이 물을 저장해 두던 곳은 우물이다. (   )
2. 오래전의 시간이나 시절을 미래라고 한다. (   )
3. 옛날에는 항아리에 맛있는 간장을 담았다. (   )

활동2 다음 낱말과 뜻이 알맞도록 이으세요.

우물 •　　　　• 과거에 간장을 담던 그릇
항아리 •　　　• 옛날 사람들이 물을 저장해 두던 곳
시계 •　　　　• 오래전의 시간이나 시절
과거 •　　　　• 시간을 보는 기계

 기사를 보고 빈칸에 들어갈 알맞은 낱말을 보기에서 찾아 써 보세요.

보기 : 오래된 물건, 우물가, 항아리, 과거

1. 옛날 사람들이 맛있는 간장을 담던 그릇은 (　　　　)이다.
2. (　　　　) 속에는 그 시대의 이야기와 역사가 숨어져 있다.
3. 마을 사람들이 모여서 이야기를 나누던 곳은 (　　　　)이다.
4. 오래전의 시간이나 시절을 (　　　　)라고 한다.

 초성 힌트를 보고 다음 빈칸에 공통으로 들어갈 말을 기사에서 찾아 쓰세요.

1. 과거 사람들의 생활을 알려 주는 것은 바로 오래된 (　　　　)이다.
2. 우리가 매일 지나가는 길에도 오래된 (　　　　)이 숨어 있을 수 있다.

| ㅁ | ㄱ |

| 교과 연계 | 3학년 1학기 2. 일상에서 만나는 과거 | 키워드 | 옛날, 오늘날, 미래

05 내가 100살이 되면 세상은 어떻게 변할까?

 만만한 신문 읽기

옛날에는 이런 세상이었어요

여러분은 '옛날'이라고 하면 어떤 모습이 떠오르나요? 지금으로부터 50년 전, 우리나라에는 스마트폰도, 인터넷도 없었어요. 텔레비전은 흑백이었고, 전화기는 동네에서 한두 집에만 있었죠. 할머니, 할아버지가 어렸을 때는 편지를 손으로 직접 써서 우편으로 주고받았어요. 학교는 교실이 부족해서 2부제로 운영했고, 급식시설이 없어서 도시락을 직접 싸 가지고 다녔어요. 시장에서는 돈 대신 곡식으로 물건을 바꾸기도 했답니다. 이렇게 옛날은 지금과 정말 다른 세상이었어요.

오늘날 그리고 100살이 되는 미래

오늘날은 완전히 달라졌어요. 스마트폰 하나로 세계 어디든 바로 연락할 수 있고, 궁금한 건 인터넷에서 금방 찾을 수 있어요. 집에서는 로봇청소기가 바닥을 깨끗이 해 주고, 버튼만 누르면 맛있는 음식이 만들어지죠. 지금은 자율 주행 자동차와 가상현실(VR)도 등장했어요. 우리 삶은 점점 더 편리하고 신기한 일들로 가득 차고 있답니다.

그럼 여러분이 100살이 되는 미래에는 어떨까요? 로봇 선생님이 수업을 하고, 우주여행이 평범해질지도 몰라요. 집에서는 말만 하면 밥이 나오고, 동물이나 식물과 대화하는 기계가 생길 수도 있겠지요? 옛날과 오늘날을 보면 세상은 빠르게 변하고 있어요. 여러분이 100살이 되는 날엔 어떤 세상을 만나고 싶나요?

 생각해 보세요

❶ 할머니, 할아버지는 친구에게 어떻게 연락했을까요?
❷ 집안일을 도와주는 기계에는 뭐가 있을까요?
❸ 여러분이 100살이 됐을 때 어떤 신기한 것이 나올 것 같나요?

 만만한 신문 활동

정답은 235쪽

활동 1 다음 문장이 맞으면 O, 틀리면 × 표시하세요.

1. 옛날에는 편지를 손으로 직접 써서 우편으로 주고받았다. (   )
2. 예전에는 시장에서 곡식으로 물건을 바꾸기도 했다. (   )
3. 옛날에도 로봇청소기와 자율주행 자동차가 있었다. (   )
4. 미래에는 동물이나 식물과 대화하는 기계가 나올 수도 있다. (   )

 활동 2 다음 낱말과 뜻이 알맞도록 이으세요.

흑백 텔레비전 •　　　　　• 손으로 직접 써서 주고받는 글
편지　　　　 •　　　　　• 쌀, 보리, 밀 같은 먹거리
곡식　　　　 •　　　　　• 스스로 바닥을 청소해 주는 기계
로봇청소기　 •　　　　　• 색깔이 없는 텔레비전

활동 3 기사를 보고 빈칸에 들어갈 알맞은 낱말을 보기에서 찾아 쓰세요.

> **보기** : 스마트폰, 곡식, 로봇청소기, 자율주행 자동차, 가상현실

1. 시장에서는 돈 대신 (　　　　　)으로 물건을 바꾸기도 했다.
2. 오늘날에는 (　　　　　) 하나로 세계 어디든 바로 연락할 수 있다.
3. 집에서는 (　　　　　)가 바닥을 깨끗하게 해 준다.
4. (　　　　　)와 (　　　　　) 같은 새로운 기술도 등장했다.

 활동 4 기사를 보고 다음 빈칸에 들어갈 말을 찾아 쓰세요.

1. 미래에는 로봇이 (　　　　　)으로 수업을 할 수도 있다.
2. 집에서 말만 하면 (　　　　　)이 나오는 기계가 생길 수 있다.
3. (　　　　　)이나 (　　　　　)과 대화하는 기계가 나올지도 모른다.

| 교과 연계 | 3학년 2학기 1. 사회 변화와 다양한 문화 | 키워드 | 인사, 세계의 인사법, 다양한 문화

06 달라서 재미있는 세계의 인사

만만한 신문 읽기

세계의 다양한 인사법

학교에서 친구를 만나면 "안녕!" 하고 인사하지요. 그런데 나라가 달라지면 인사하는 방법도 달라져요. 일본에서는 "곤니치와!"라고 하며 고개를 살짝 숙이고, 태국에서는 두 손을 모아 얼굴 앞에 대고 "사와디캅!"이라고 해요. 인도에서는 두 손을 가슴 앞에 모으고 "나마스테!"라고 인사하지요. 프랑스에서는 "봉주르!"라고 하며, 친한 친구끼리는 볼을 맞대며 인사를 하기도 해요.

다른 나라의 인사말을 직접 따라 해 보면 마치 세계 여행을 하는 기분이 들어요. 각 나라 인사말을 소리 내어 따라 해 보세요. "안녕!", "곤니치와!", "사와디캅!", "나마스테!", "봉주르!"

다르지만 모두 소중한 인사

인사하는 방법이 다르다고 해서 이상하게 생각할 필요는 없어요. 나와 다른 문화를 가진 친구를 만나는 것은 새로운 세상을 만나는 것처럼 멋진 일이니까요. 혹시 우리 반에 다른 나라에서 온 친구가 있나요? 그 친구가 익숙하지 않은 인사말을 쓴다 해도 먼저 다가가서 인사하면 서로 더 가까워질 수 있어요. 말도 다르고, 인사법도 다르지만, 서로의 다름을 인정하고 존중한다면 더 즐겁고 멋진 반이 될 수 있답니다.

여러 나라의 인사법을 함께 배우고, 서로의 문화를 존중하는 방법을 생각해 보세요. 그러면 누구와도 좋은 친구가 될 수 있답니다.

생각해 보세요

❶ 프랑스는 어떻게 인사하나요?
❷ 만약 우리 반에 다른 나라에서 온 친구가 있다면 어떻게 인사하면 좋을까요?
❸ 여러 나라의 인사법을 배우는 것이 왜 중요한가요?

정답은 235쪽

활동 1) 다음 문장이 맞으면 ○, 틀리면 × 표시하세요.

1. 일본에서는 "곤니치와!"라고 하며 고개를 살짝 숙인다. (   )
2. 프랑스에서는 두 손을 가슴 앞에 모으고 "나마스테!"라고 한다. (   )
3. 태국에서는 두 손을 모아 얼굴 앞에 대고 "사와디캅!"이라고 인사한다. (   )
4. 서로 다른 인사법을 이상하게 생각하지 않아도 된다. (   )

활동 2) 다음 낱말과 뜻이 알맞도록 이으세요.

나마스테 •　　　　　• 프랑스에서 하는 인사말
봉주르　 •　　　　　• 인도에서 두 손을 가슴 앞에 모으고 하는 인사
사와디캅 •　　　　　• 태국에서 두 손을 얼굴 앞에 모으고 하는 인사
곤니치와 •　　　　　• 일본에서 고개를 살짝 숙이며 하는 인사

활동 3) 기사를 보고 빈칸에 들어갈 알맞은 낱말을 보기에서 찾아 쓰세요.

> **보기** : 곤니치와, 사와디캅, 나마스테, 봉주르

1. 일본에서는 "(　　　　　)"라고 인사해요.
2. 태국에서는 두 손을 얼굴 앞에 대고 "(　　　　　)"이라고 해요.
3. 인도에서는 두 손을 가슴 앞에 모으고 "(　　　　　)"라고 인사해요.
4. 프랑스에서는 "(　　　　　)"라고 인사해요.

활동 4) 기사를 보고 다음 빈칸에 들어갈 말을 찾아 쓰세요.

1. 프랑스에서는 친한 친구끼리 (　　　　　)을 맞대며 인사해요.
2. 나라가 다르면 (　　　　　)도 달라져요.
3. 서로의 다름을 (　　　　　)하고 (　　　　　)하면 더 즐거운 반이 될 수 있어요.

| 교과 연계 | 3학년 2학기 1. 사회 변화와 다양한 문화 | 키워드 | 저출산, 고령화

07 우리 동네에 무슨 일이? 아기가 사라졌어요!

 만만한 신문 읽기

아기가 점점 줄어드는 나라

여러분은 요즘 우리나라에서 아기가 점점 태어나지 않는다는 사실을 알고 있나요? 이런 현상을 '저출산'이라고 해요. 예전에는 한집에 오빠, 언니, 동생이 많았지만 지금은 외동이거나 형제가 1명뿐인 친구가 많아졌어요. 태어나는 아기가 줄어들면 무슨 일이 생길까요? 놀이터나 학교가 점점 조용해지고, 한 반 친구 수도 적어지게 돼요. 그래서 나라에서는 아기가 더 많이 태어나고, 아이들이 즐겁게 자랄 수 있게 하려고 여러 가지 방법을 고민하고 있답니다.

할머니, 할아버지가 점점 많아지는 이유

우리나라에서는 아기가 적어지는 반면에 할머니, 할아버지처럼 나이가 많은 어른이 점점 많아지고 있어요. 이런 현상을 '고령화'라고 해요. 예전에는 할머니, 할아버지가 많지 않았는데, 요즘은 동네마다 쉽게 만날 수 있어요. 왜 이렇게 되었을까요? 아기가 적게 태어나고, 사람들의 건강 상태가 좋아져서 오래 사는 사람이 많아졌기 때문이에요.

고령화 시대가 되면 버스나 지하철에 어르신 전용 좌석이 많아지고, 어르신을 위한 운동 시설이 더 많아지게 될 거에요. 여러분이 어른이 됐을 때는 할머니, 할아버지가 지금보다 훨씬 많아질 수도 있답니다. 저출산과 고령화 이 2가지는 우리나라의 미래를 크게 바꾸고 있어요. 앞으로 우리 사회가 어떻게 달라질지 상상해 보세요.

 생각해 보세요

❶ 우리 반에 친구가 지금보다 더 적어지면 어떤 점이 좋을까요? 또 어떤 점이 불편할까요?
❷ 할머니, 할아버지가 계시면 어떤 점이 좋은가요?
❸ 앞으로 여러분이 어른이 되었을 때 우리나라가 어떻게 변했으면 좋겠나요?

정답은 236쪽

활동 1 다음 문장이 맞으면 ○, 틀리면 × 표시하세요.

1. 요즘 우리나라에는 아기가 점점 태어나지 않고 있다. (   )
2. 저출산이란 아기가 많아지는 현상이다. (   )
3. 고령화란 할머니, 할아버지 같은 어른이 많아지는 것을 말한다. (   )
4. 예전에는 한집에 형제자매가 많았다. (   )

활동 2 기사를 보고 내용으로 알맞은 것을 고르세요.

1. 저출산이 계속되면 어떤 일이 생길 수 있나요?
① 학교와 놀이터가 점점 조용해진다.   ② 친구가 많아진다.
③ 아기가 너무 많아진다.   ④ 동네에 어린이집이 늘어난다.

2. 고령화가 되면 어떤 변화가 생길까요?
① 아이들을 위한 놀이 시설이 많아진다.   ② 어르신을 위한 시설이 많아진다.
③ 아기 전용 공간이 많아진다.   ④ 젊은 사람이 많아진다.

활동 3 기사를 보고 빈칸에 들어갈 알맞은 낱말을 보기에서 찾아 쓰세요.

> **보기** : 고령화, 저출산, 놀이터

1. 아기가 점점 태어나지 않는 현상을 (   )이라고 해요.
2. 할머니, 할아버지 같은 어른이 많아지는 것을 (   )라고 해요.
3. 저출산이 계속되면 (   )나 학교가 조용해질 수 있어요.

활동 4 기사를 보고 주어진 낱말의 뜻을 참고하여 문장을 완성하세요.

1. (   ) 때문에 우리나라에 아기가 점점 줄고 있다.
뜻 : 아기가 적게 태어나는 현상

2. (   )가 되면 어르신 전용 좌석이 더 많아질 수 있다.
뜻 : 할머니, 할아버지 같은 어른이 많아지는 현상

| 교과 연계 | 3학년 2학기 2. 옛날과 오늘날의 생활 모습 | 키워드 | 옛날의 교통수단, 오늘날 교통수단, 미래의 교통수단

08 초고속열차를 타고 하늘 위로 다녀요

만만한 신문 읽기

옛날에는 어떻게 다녔을까?

아주 오래전에는 사람들이 주로 걸어서 다녔어요. 가까운 곳은 걸어서 가고, 먼 곳은 소나 말을 이용했어요. 우리나라에서는 소달구지나 마차가 흔히 볼 수 있는 교통수단이었죠. 또 바닷가에 사는 사람들은 나무로 만든 배를 타고 바다를 건넜답니다.

기차가 처음 생겼을 때는 '철마', 즉 쇠로 만든 말이라고 불렀어요. 기차를 타고 서울에서 부산까지 가려면 하루 종일 걸리기도 했지요. 옛날 사진을 보면 머리에 짐을 이고 걸어가는 사람들도 볼 수 있어요. 그래서 옛날에는 여행이 지금보다 훨씬 힘들고 오래 걸렸어요.

오늘과 내일, 바뀌는 교통 이야기

지금은 버스, 지하철, 자동차, 비행기처럼 빠르고 편리한 교통수단이 많아요. 스마트폰으로 버스 시간을 쉽게 확인할 수 있고, 복잡한 지하철도 안내표지만 잘 보면 어렵지 않게 탈 수 있어요. 비행기를 타면 몇 시간 만에 다른 나라에도 갈 수 있지요.

미래에는 어떤 교통수단이 나올까요? 하늘을 나는 자동차, 스스로 가는 자율주행 자동차, 엄청 빠른 미래형 초고속열차 하이퍼루프가 나올 거라고 해요. 로봇이 운전을 대신해 주거나, 집에서 가상현실로 멀리 있는 친구를 만날 수도 있어요.

교통수단이 점점 똑똑해지고 편해지면 더 멀리, 더 빨리, 더 안전하게 움직일 수 있을 거예요. 앞으로도 교통수단의 변화는 우리 생활을 더 편리하고 재미있게 만들어 줄 거예요.

생각해 보세요

❶ 옛날에는 사람들이 주로 어떤 방법으로 이동했나요?
❷ 오늘날 우리가 자주 이용하는 교통수단에는 무엇이 있나요?
❸ 미래에는 어떤 새로운 교통수단이 나올 것 같나요?

 만만한 신문 활동

정답은 236쪽

활동 1 다음 문장이 맞으면 ○, 틀리면 × 표시하세요.

1. 옛날에는 사람들이 주로 걸어서 다녔다. (   )
2. 기차를 처음 봤을 때 '철마'라고 불렀다. (   )
3. 지금은 비행기를 타면 하루 종일 걸려야 다른 나라에 갈 수 있다. (   )
4. 미래에는 하늘을 나는 자동차나 자율주행 자동차가 나올 수도 있다. (   )

활동 2 다음 낱말과 뜻이 알맞도록 이으세요.

철마 •   • 기차를 가리키는 옛날 말
비행기 •   • 스스로 움직이는 자동차
자율주행 자동차 •   • 하늘을 날아가는 교통수단
하이퍼루프 •   • 아주 빠른 미래형 교통수단

 활동 3 기사를 보고 빈칸에 들어갈 알맞은 낱말을 보기에서 찾아 쓰세요.

보기 : 소달구지, 비행기, 기차, 하이퍼루프, 자율주행 자동차

1. 옛날에는 (   )나 마차를 타고 먼 곳을 갔어요.
2. 쇠로 만든 말이라고 불린 (   )가 처음 등장했어요.
3. 지금은 (   )를 타면 몇 시간 만에 다른 나라에 갈 수 있어요.
4. 미래에는 (   )나 (   ) 같은 새로운 교통수단이 등장할 거예요.

 활동 4 초성 힌트를 보고 다음 빈칸에 공통으로 들어갈 말을 기사에서 찾아 쓰세요.

1. (   )이 점점 똑똑해지고 편리해지고 있어요.
2. 앞으로 (   )이 더 편리해지면 우리는 더 빠르고 쉽게 움직일 수 있어요.
3. 미래의 (   )은 우리 생활을 더 편리하게 만들어 줄 거예요.

| ㄱ | ㅌ | ㅅ | ㄷ |

103

| 교과 연계 | 3학년 2학기 2. 옛날과 오늘날의 생활 모습 | 키워드 | 세시, 세시풍속, 놀이의 변화

09 옛날 사람들은 어떻게 놀았을까?

세시풍속이 뭐예요?

세시는 1년 중 특별한 시기, 즉 명절이나 절기처럼 정해진 날을 말해요. 설날, 단오, 추석 같은 날이 바로 세시에 들어가요. 이런 날에 우리 조상들은 가족과 모여 맛있는 음식을 나누고, 특별한 놀이도 하며 즐거운 시간을 보냈어요. 이렇게 정해진 때마다 하는 특별한 풍습을 '세시풍속'이라고 해요. 예를 들어, 설날에는 떡국을 먹고, 윷놀이를 하며 한 해의 복을 빌었어요. 추석에는 송편을 빚고, 강강술래 같은 전통놀이를 하며 모두 하나가 되었답니다. 세시풍속은 가족과 이웃이 서로 정을 나누고, 건강과 행복을 기원하는 소중한 시간이에요.

옛날과 오늘날, 세시풍속과 놀이의 변화

옛날에는 세시풍속이 아주 중요했어요. 마을 사람들이 모두 모여 윷놀이, 널뛰기, 연날리기, 제기차기 같은 전통놀이를 즐겼지요. 특히 설날 아침에는 어른들께 세배를 드리고, 맛있는 떡국을 먹으며 새로운 한 해를 맞았어요. 추석에는 조상님께 감사 인사를 드리고, 송편을 나눠 먹으며 가족끼리 도란도란 이야기를 나눴답니다.

하지만 요즘에는 세시풍속이 조금씩 달라지고 있어요. 설날이나 추석에도 가족이 모두 모이지 않기도 하고, 전통놀이 대신 보드게임이나 TV, 스마트폰 게임을 즐기는 친구도 많아졌어요. 이렇게 옛날과 오늘날의 세시풍속은 조금씩 달라졌지만, 가족과 이웃이 함께 모여 마음을 나눈다는 점은 여전히 같답니다.

❶ 세시풍속이란 무엇인가요?
❷ 여러분이 가장 좋아하는 세시풍속이나 명절은 무엇인가요?
❸ 옛날에 했던 전통놀이 중에서 오늘날에도 해 보고 싶은 놀이가 있나요?

 만만한 신문 활동

정답은 236쪽

활동1 다음 문장이 맞으면 O, 틀리면 × 표시하세요.

1. 세시는 1년 중 특별한 시기, 명절이나 절기 같은 날을 말한다. (　　)
2. 세시풍속은 정해진 때마다 하는 특별한 풍습을 말한다. (　　)
3. 설날에는 떡국을 먹고 윷놀이를 하며 복을 빌었다. (　　)
4. 요즘에는 마을 사람들이 모두 모여 전통놀이를 즐긴다. (　　)

활동2 기사를 보고 내용으로 알맞은 것을 고르세요.

1. 세시풍속의 예로 알맞은 것은 무엇인가요?
① 설날에 떡국을 먹는 것　　② 매일 학교에 가는 것
③ 운동장에서 축구하는 것　　④ 떡볶이를 먹는 것

2. 오늘날 세시풍속의 변화로 알맞은 것은 무엇인가요?
① 전통놀이만 즐긴다.　　② 가족이 모두 모이기 쉽다.
③ 스마트폰 게임을 즐기는 친구들이 많아졌다.　　④ 매일 송편을 먹는다.

활동3 기사를 보고 빈칸에 들어갈 알맞은 낱말을 보기에서 찾아 쓰세요.

> **보기** : 세시, 세시풍속, 떡국, 전통놀이

1. 1년 중 명절이나 절기처럼 정해진 날을 (　　　　)라고 한다.
2. 정해진 때마다 하는 특별한 풍습을 (　　　　)이라고 한다.
3. 설날에는 (　　　　)을 먹으며 복을 빌었다.
4. 윷놀이, 널뛰기, 제기차기 같은 것은 (　　　　)이다.

활동4 뜻을 참고하여 알맞은 단어에 동그라미표를 하세요.

1. (전통놀이 / 떡국) : 옛날부터 전해 내려오는 우리나라의 놀이
2. (설날 / 추석) : 음력 1월 1일, 한 해의 첫날

| 교과 연계 | 3학년 2학기 옛날과 오늘날의 생활 모습 | 키워드 | 통신수단, 라디오, 편지, 봉수, 북, 인터넷, 스마트폰

10 불빛에서 와이파이까지, 통신수단의 대변신

만만한 신문 읽기

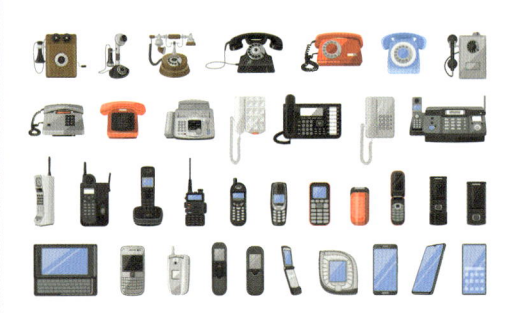

북 치고, 봉수 올리고, 편지 띄우고

옛날에는 지금처럼 스마트폰이나 인터넷이 없었어요. 그럼 옛날 사람들은 어떻게 멀리 있는 친구나 가족에게 소식을 전했을까요? 우선 '북'을 쳐서 마을 사람들에게 위험이나 큰 행사가 있음을 알렸어요. 중요한 소식을 빠르게 전해야 할 때는 '봉수'를 썼답니다. 높은 산에 불을 피워서 멀리 있는 사람들에게 '위험해요!'라고 신호를 보내는 거예요. 그리고 '편지'는 천천히, 하지만 따뜻한 마음을 담아 먼 곳까지 소식을 전했어요. 시간이 지나면서 '라디오'가 등장했어요. 라디오는 한 번에 많은 사람에게 소식을 전해 줄 수 있는 신기한 기계랍니다.

인터넷과 스마트폰, 세상이 달라졌어요

지금은 어떻게 소식을 전할까요? 스마트폰 버튼만 누르면 친구에게 바로 문자를 보낼 수 있고, 동영상도 바로 공유할 수 있어요. 예전에는 편지를 쓰면 상대방에게 도착하기까지 몇 날 며칠이 걸렸지만, 이제는 단 몇 초 만에 멀리 있는 사람과도 이야기를 나눌 수 있어요. 인터넷 덕분에 우리나라는 물론 전 세계 사람들과도 쉽게 소식을 주고받을 수 있어요. 할머니, 할아버지가 젊었을 때와는 완전히 다른 세상이지요.

앞으로는 또 어떤 새로운 통신수단이 나올지, 상상만 해도 신나지 않나요? 소식을 전하는 방법은 달라졌지만 서로를 생각하는 마음만큼은 옛날이나 지금이나 똑같이 소중하답니다.

생각해 보세요

❶ 하루 동안 스마트폰을 사용할 수 없다면 어떤 점이 가장 불편할 것 같나요?
❷ 라디오를 처음 들은 사람들이 어떤 기분이었을지 상상해 보세요.
❸ 앞으로 또 어떤 새로운 통신수단이 나타날지 상상해서 이름을 지어 보세요.

 활동 1 다음 문장이 맞으면 ○, 틀리면 × 표시하세요.

1. 옛날에는 북을 쳐서 마을 사람들에게 위험을 알렸다. (   )
2. 봉수는 낮은 곳에서 불을 피워 신호를 보내는 방법이었다. (   )
3. 라디오는 많은 사람에게 소식을 전해 주는 기계이다. (   )
4. 지금은 스마트폰과 인터넷으로 아주 빠르게 소식을 전할 수 있다. (   )

 활동 2 기사를 보고 내용으로 알맞은 것을 고르세요.

1. 옛날에 빠르게 중요한 소식을 알리는 방법으로 알맞은 것은 무엇인가요?
① 스마트폰   ② 편지   ③ 봉수   ④ 인터넷

2. 요즘에는 소식을 어떻게 전할 수 있나요?
① 북을 친다.   ② 라디오만 쓴다.
③ 인터넷과 스마트폰으로 바로 전한다.   ④ 편지만 쓴다.

활동 3 기사를 보고 빈칸에 들어갈 알맞은 낱말을 보기에서 찾아 쓰세요.

| **보기** : 라디오, 스마트폰, 인터넷, 북, 봉수 |

1. 마을 사람들에게 위험을 알리기 위해 (   )을 쳤다.
2. 높은 산에 불을 피워 신호를 보내는 것을 (   )라고 한다.
3. 한 번에 많은 사람에게 소식을 전해 준 기계는 (   )였다.
4. 버튼만 누르면 바로 소식을 보낼 수 있는 것은 (   )과 (   )이다.

 활동 4 뜻을 참고하여 알맞은 단어에 동그라미표를 하세요.

1. (편지 / 봉수) : 산에 불을 피워 신호를 보내는 것
2. (라디오 / 북) : 한 번에 많은 사람에게 소식을 전하는 기계

| 교과 연계 | 4학년 1학기 1. 지도로 만나는 우리 지역 | 키워드 | 지도, 방위, 방위표, 기호, 축척

11 '내가 시장이라면?' 우리 마을 직접 만들기

 만만한 신문 읽기

시장이 되어 마을 지도 만들기

만약 여러분이 시장이 된다면 어떤 마을을 만들고 싶나요? 우선 커다란 종이에 우리 마을의 지도를 멋지게 그려 보세요. 지도를 그릴 때는 필요한 기호들을 먼저 확인해 주세요. 방위는 방향을 나타내는 위치를 말해요. 지도에 방위표가 없다면 위쪽이 북쪽이에요. 학교, 공원, 병원, 시장 등은 간단한 그림 글자인 기호로 표시해요. 예를 들어, 병원은 십자가, 학교는 깃발 모양 기호를 쓰면 돼요. 기호로 표시하면 지도에서 필요한 장소를 쉽게 찾을 수 있답니다. 친구들의 상상 속 마을은 어떤 기호들로 가득할지 궁금하네요.

지도에 축척을 정하면 우리 마을이 쏙

지도에서 가장 중요한 것 중 하나는 바로 축척이에요. 축척이란 실제 거리를 지도 위에 작게 줄여서 표시하는 방법을 말해요. 예를 들어, 축척을 '1cm = 100m'로 정하면 실제로 100m인 거리를 지도에서는 1cm로 나타내는 거랍니다. 그래서 축척을 보면 실제 마을의 크기를 얼마나 줄였는지 쉽게 알 수 있어요.

여러분이 사는 마을에 있는 넓은 운동장과 커다란 놀이터를 지도에 넣으려면 축척을 잘 정해야 해요. 그래야 실제 모습과 비슷하게 표현할 수 있으니까요. 축척을 정한 뒤에는 방위와 기호를 멋지게 넣어서 마을 지도를 완성하세요.

 생각해 보세요

❶ 내가 만든 마을에서 가장 중요한 장소는 어디인가요? 그 이유는 무엇인가요?
❷ 지도의 축척을 이용하면 무엇이 좋은가요?
❸ 마을 사람들을 위해 꼭 만들어 주고 싶은 장소는 무엇인가요?

정답은 237쪽

 **다음 문장이 맞으면 ○, 틀리면 × 표시하세요.**

1. 지도를 그릴 때 방위표가 없으면 위쪽이 남쪽이다. (   )
2. 학교는 지도에서 깃발 모양 기호로 나타낼 수 있다. (   )
3. 축척이란 실제 거리를 지도에 작게 줄여 표시하는 방법이다. (   )
4. 병원은 보통 노란색 별 모양으로 표시한다. (   )

 기사를 보고 내용으로 알맞은 것을 고르세요.

1. 지도를 그릴 때 필요한 것이 아닌 것은 무엇인가요?
① 방위   ② 기호   ③ 축척   ④ 수학책

2. 축척을 정하는 이유는 무엇인가요?
① 마을을 더 크게 보이게 하려고
② 실제 마을의 크기를 줄여서 지도에 알맞게 그리기 위해서
③ 색칠 공부를 하기 위해서
④ 지도에 동물 그림을 넣으려고

 기사를 보고 빈칸에 들어갈 알맞은 낱말을 보기에서 찾아 쓰세요.

| 보기 : 방위, 기호, 축척, 지도 |

1. 방향을 나타내는 위치는 (   )라고 해요.
2. 지도에서 학교, 병원, 공원 같은 장소를 나타내는 그림 글자를 (   )라고 해요.
3. 실제 거리를 작게 줄여서 지도에 나타내는 방법을 (   )이라고 해요.

 기사를 보고 주어진 낱말의 뜻을 참고하여 문장을 완성하세요.

(   )을 사용하면 넓은 운동장도 지도에 쏙 들어가요.
뜻 : 실제 거리를 지도에 작게 줄여서 나타내는 방법

| 교과 연계 | 4학년 1학기 2. 우리 지역의 국가 유산 | 키워드 | 국가 유산, 문화유산, 무형유산

12 외국인 친구에게 한글 가르치기

만만한 신문 읽기

"한글이 뭐야?" 물어보면 이렇게 말해 줘

한글은 세종대왕님이 만든 글자예요. 한글은 그냥 글자가 아니에요. 소리를 글자로 바로 표현할 수 있어서 배우기 쉽고, 쓰는 재미도 있어요. 한글은 우리나라의 자랑스러운 문화유산이에요.

문화유산은 오래전부터 전해 내려오는 보물을 말해요. 예를 들어, 궁궐, 탑처럼 눈에 보이고 만질 수 있는 '문화유산'도 있고, 판소리나 탈춤 같은 '무형유산'도 있어요. "와~ 판소리도 유산이라고?" 그럼요! 문화는 눈에 보이지 않아도 이어져야 하니까요. 한글도 판소리도 우리 손으로 지키고 전해야 하는 소중한 보물이랍니다.

한글은 대한민국을 말하는 보물

외국인 친구에게 "네 이름을 내가 한글로 써 줄게."라고 말하고 예쁘게 써 주면 친구가 깜짝 놀라며 "어메이징!"이라고 할 거예요. 한글은 단순한 글자가 아니에요. 우리 생각, 감정, 마음까지 담을 수 있는 멋진 국가유산이랍니다. '국가유산'은 나라에서 꼭 지켜야 할 소중한 문화예요. 한글을 알려 주면서 "감사합니다.", "사랑해요." 같은 예쁜 말도 함께 전한다면 배우는 사람의 마음이 따뜻해질 거예요. 한글 외에도 탈춤 같은 무형유산 이야기나 김치 같은 음식 문화도 소개해 보세요. 그러면 외국인 친구가 무척 재미있어하며 좋아할 거예요. 이제 여러분도 '한글 선생님'이 될 준비가 되었나요?

생각해 보세요

❶ 한글을 처음 만든 사람은 누구일까요?
❷ 한글을 외국인 친구에게 소개한다면 어떤 점이 제일 멋지다고 말하고 싶나요?
❸ "감사합니다.", "사랑해요."처럼 한글로 써 보고 싶은 예쁜 말이 있나요?

정답은 237쪽

활동 1 다음 문장이 맞으면 ○, 틀리면 × 표시하세요.

1. 한글은 세종대왕이 만든 글자이다. (   )
2. 판소리와 탈춤은 눈에 보이는 문화유산이다. (   )
3. 한글은 대한민국을 대표하는 소중한 보물이다. (   )
4. 국가유산은 나라에서 꼭 지켜야 할 소중한 문화이다. (   )

활동 2 다음 낱말과 뜻이 알맞도록 이으세요.

한글 •　　　　　　• 오래전부터 전해 내려오는 보물
문화유산 •　　　　　• 세종대왕이 만든 우리 글자
무형유산 •　　　　　• 눈에 보이지 않고 몸으로 전하는 전통
국가유산 •　　　　　• 나라에서 꼭 지켜야 할 소중한 문화

 활동 3 기사를 보고 빈칸에 들어갈 알맞은 낱말을 보기에서 찾아 쓰세요.

보기 : 한글, 문화유산, 무형유산, 국가유산

1. 세종대왕이 만든 글자는 (   )이다.
2. 오래전부터 전해 내려오는 보물을 (   )이라고 한다.
3. 눈에 보이지 않고 몸으로 전하는 전통을 (   )이라고 한다.
4. 나라에서 꼭 지켜야 할 소중한 문화를 (   )이라고 한다.

 활동 4 초성 힌트를 보고 다음 빈칸에 들어갈 말을 기사에서 찾아 쓰세요.

1. (   )은 소리를 글자로 표현할 수 있어 배우기 쉽다.

ㅎ	ㄱ

2. (   )는 우리나라의 전통 노래이자 무형유산이다.

ㅍ	ㅅ	ㄹ

111

| 교과 연계 | 4학년 1학기 2. 우리 지역의 국가 유산 | 키워드 | 왕건, 후삼국통일, 훈요 10조

13 태조 왕건의 인스타그램 대공개

첫 번째 포스팅 : 후삼국 통일 기념 셀카

고려를 세운 태조 왕건이 인스타그램을 시작했어요. 첫 번째 사진은 무엇일까요? 바로 후삼국 통일을 기념한 왕건의 멋진 셀카랍니다. 왕건은 신라와 후백제를 차례로 통일하고 고려를 세웠어요. 사진 속 왕건은 멋진 왕관을 쓰고 당당한 모습으로 포즈를 잡고 있어요. 셀카와 함께 쓴 글에는 "#통일완료! 이제 고려의 평화가 시작된다!"라는 해시태그가 있었죠. 많은 사람이 좋아요를 누르며 댓글을 달았답니다. "왕건님, 멋져요!", "통일 축하해요!"와 같은 댓글들이 가득했어요. 왕건은 이렇게 사람들의 응원을 받으며 새로운 나라를 만들어 갔답니다.

팔로워 이벤트 : 신하들과 '훈요 10조' 퀴즈

왕건의 인스타그램에서 재미있는 이벤트가 열렸어요. 바로 '훈요 10조 퀴즈 이벤트'였답니다. '훈요 10조'는 왕건이 고려의 미래를 위해 만든 중요한 규칙이에요. 왕건은 신하들과 함께 찍은 사진과 함께 질문을 올렸죠. "다음 중 고려를 튼튼하게 지키기 위해 만든 규칙은 무엇일까요?" 팔로워들은 열심히 댓글을 남겼어요. "불교를 소중히 여겨야 해요!", "나라를 위해 서로 힘을 합쳐야 해요!"와 같은 댓글이 올라왔답니다. 퀴즈를 맞힌 사람들은 왕건의 친필 사인이 담긴 고려 기념품을 받았어요. 왕건의 인스타그램 덕분에 역사가 더 친근하고 재미있어졌지요. 여러분도 팔로우해 보세요.

❶ 왕건이 인스타그램에 처음 올린 사진은 어떤 모습이었나요?
❷ 만약 왕건이 내 댓글에 답을 해 준다면 어떤 말을 해 줄 것 같나요?
❸ 내가 왕건처럼 나라를 세운다면 어떤 이름을 지어 주고 싶나요?

 **만만한 신문 활동**

정답은 237쪽

활동 1 다음 문장이 맞으면 ○, 틀리면 × 표시하세요.

1. 왕건은 후삼국을 통일하고 고려를 세웠다. (   )
2. 왕건은 인스타그램에 신라와 백제가 함께 셀카를 올렸다. (   )
3. '훈요 10조'는 고려의 미래를 위해 만든 규칙이다. (   )
4. 왕건의 인스타그램 팔로워들은 퀴즈를 맞히면 기념품을 받았다. (   )

활동 2 다음 낱말과 뜻이 알맞도록 이으세요.

후삼국 통일 •　　　　　• 고려의 미래를 위해 왕건이 만든 규칙
훈요 10조 •　　　　　• 신라와 후백제를 차례로 통일한 일
해시태그 •　　　　　• 인스타그램에 쓰는 특별한 표시(#)와 글
기념품 •　　　　　• 특별한 날이나 행사를 기념해서 주는 물건

활동 3 기사를 보고 빈칸에 들어갈 알맞은 낱말을 보기에서 찾아 쓰세요.

보기 : 왕건, 훈요 10조, 통일, 기념품

1. 고려를 세운 사람은 (　　　　)이다.
2. 왕건이 신라와 후백제를 차례로 (　　　　)했다.
3. 왕건이 만든 고려의 중요한 규칙은 (　　　　)이다.
4. 퀴즈를 맞힌 사람들은 왕건의 사인이 담긴 (　　　　)을 받았다.

활동 4 초성 힌트를 보고 다음 빈칸에 공통으로 들어갈 말을 기사에서 찾아 쓰세요.

왕건은 인스타그램에 셀카를 올리며 #(　　　　)완료라고 썼다.
왕건은 후삼국을 (　　　　)하고 새로운 나라를 세웠다.

| ㅌ | ㅇ |

| 교과 연계 | 4학년 1학기 3. 경제 활동과 지역 간 교류 | 키워드 | 생산, 소비

14 전통시장 vs 대형마트, 어디가 더 싸고 맛있을까?

 만만한 신문 읽기

직접 키운 채소를 파는 전통시장

전통시장에 가 본 적이 있나요? 전통시장에서 농부 할머니는 직접 키운 커다란 호박을 들고 "우리 마을 밭에서 직접 키운 달콤한 호박이에요."라고 말씀하시고, 어부 아저씨는 갓 잡은 싱싱한 오징어를 흔들며 "오늘 아침 바다에서 잡아 왔어요. 맛보면 깜짝 놀랄 거예요."라고 말씀하세요. 이렇게 사람들이 직접 물건을 만들어서 가져오는 것을 생산이라고 해요. 시장에서는 이렇게 생산된 물건을 팔고, 우리는 필요한 물건을 사는 소비를 한답니다. 우리 마을에서 키운 배추를 사고, 바닷가 마을에서 잡은 물고기도 살 수 있어요. 이렇게 지역과 지역이 물건을 주고받는 것을 '지역 간 교류'라고 해요.

다 있는 대형마트

이번에는 대형마트로 가 볼까요? 마트에 들어서면 마치 우리나라를 한 번에 여행하는 것 같아요. 제주도에서 온 달콤한 감귤, 강원도에서 생산한 감자가 쌓여 있어요. 충청도의 사과, 전라도의 배추까지 전국에서 온 다양한 상품들이 마트에서 기다리고 있답니다. 이렇게 전국에서 생산한 물건들이 마트 한곳에 모이는 걸 '지역 간 교류'라고 해요.

마트에는 물건이 많아서 엄마, 아빠는 장보기 편하고, 아이들은 좋아하는 간식과 장난감을 고를 수 있어요. 우리는 마트에서 원하는 물건을 사는 소비를 하면서 경제를 배운답니다.

 생각해 보세요

❶ 전통시장에서만 살 수 있는 물건은 무엇일까요?
❷ 전통시장에 간다면 어떤 물건을 제일 먼저 사고 싶나요?
❸ 외국 친구에게 어떤 한국 물건을 소개해 주고 싶나요?

정답은 237쪽

활동 1 다음 문장이 맞으면 ○, 틀리면 × 표시하세요.

1. 전통시장에서는 농부나 어부가 직접 생산한 물건을 팔 수 있다. (   )
2. 바닷가 마을에서 잡은 물고기는 시장에서 살 수 없다. (   )
3. 대형마트에서는 전국 각지의 물건을 한곳에서 살 수 있다. (   )
4. 전통시장과 마트에서 물건을 사는 것은 소비에 해당한다. (   )

활동 2 다음 낱말과 뜻이 알맞도록 이으세요.

생산　　•　　　　• 지역과 지역이 물건을 주고받는 것
소비　　•　　　　• 농부, 어부 등이 직접 키운 물건을 파는 곳
지역 간 교류 •　　• 물건을 직접 만들거나 키우는 것
전통시장　•　　　• 물건을 사서 사용하는 것

활동 3 기사를 보고 빈칸에 들어갈 알맞은 낱말을 보기에서 찾아 쓰세요.

> **보기** : 소비, 생산, 지역 간 교류, 전통시장

1. 농부나 어부가 직접 물건을 만들어서 가져오는 것을 (　　　　)이라고 해요.
2. 우리가 시장이나 마트에서 물건을 사는 것을 (　　　　)라고 해요.
3. 지역과 지역이 물건을 주고받는 것을 (　　　　)라고 해요.
4. 마을에서 키운 채소나 잡은 물고기를 파는 곳은 (　　　　)이라고 해요.

활동 4 초성 힌트를 보고 다음 빈칸에 들어갈 말을 기사에서 찾아 쓰세요.

1. 우리가 시장이나 마트에서 물건을 사는 것은 모두 (　　　　)예요.

ㅅ	ㅂ

2. 농부 할머니가 호박을 키우고, 어부 아저씨가 오징어를 잡는 것은 (　　　　)이에요.

ㅅ	ㅅ

| 교과 연계 | 4학년 1학기 3. 경제 활동과 지역 간 교류 | 키워드 | 한국은행, 물가, 저축

15 돈이 필요할 때마다 계속 찍어 내면 안 돼요?

 만만한 신문 읽기

물건 값을 올릴 수도 있는 '돈 만들기'

돈은 한국은행에서 만들어져요. 한국은행에서는 지폐도 만들고 동전도 만들지요. 하지만 아무 때나 마음대로 찍어 내는 건 아니에요. 나라에서 정한 양만큼만 만들 수 있어요. 만약 돈을 너무 많이 찍어 내면 어떻게 될까요? 돈이 많아지면 물건 값도 덩달아 올라요. 예를 들어, 빵 1개를 사는 데 1,000원이 아니라 10,000원이 필요할 수도 있어요. 이것을 '물가 상승'이라고 해요. 물가가 상승하면 같은 돈으로 살 수 있는 양이 줄어들어서 불편해져요. 그래서 돈을 만들 때는 나라의 경제 상황을 잘 살펴야 해요.

돈은 일한 만큼, 쓸 땐 계획적으로

돈이 만들어졌다고 해서 그냥 손에 들어오는 건 아니에요. 돈을 가지려면 일을 해야 해요. 엄마, 아빠도 회사에서 열심히 일하고 월급을 받아요. 편의점에서는 물건을 팔고, 버스 기사님은 사람들을 태우고, 선생님은 학생들을 가르치고, 의사 선생님은 아픈 사람을 치료하면서 돈을 벌어요. 이렇게 우리는 일을 하고 그에 대한 보상으로 돈을 받는 거예요.

그런데 받은 돈은 그냥 쓰기만 하면 안 돼요. 필요한 곳에 알맞게 쓰고, 남은 돈은 저축하는 습관을 들이는 것이 중요해요. 돈은 우리가 살아가는 데 꼭 필요한 만큼 아끼고 계획적으로 쓰는 지혜가 필요하답니다. 이제 마트에서 엄마가 계산할 때 그 돈이 어디서 왔고 어떻게 써야 할지를 함께 떠올려 보세요.

 생각해 보세요

❶ 돈을 마음대로 많이 만들 수 있다면 어떻게 될까요?
❷ 돈을 모으는 가장 좋은 방법은 뭘까요?
❸ 나는 어떻게 돈을 벌 수 있을까요?

 정답은 238쪽

활동1 다음 문장이 맞으면 ○, 틀리면 × 표시하세요.

1. 돈은 아무 때나 마음대로 많이 만들 수 있다. (   )
2. 돈을 너무 많이 만들면 물건 값이 올라갈 수 있다. (   )
3. 돈을 얻으려면 일을 해야 한다. (   )
4. 돈을 받은 뒤에는 아무 데나 막 써도 된다. (   )

활동2 기사를 보고 내용으로 알맞은 것을 고르세요.

1. 돈을 너무 많이 만들면 생기는 현상은 무엇인가요?
① 물건 값이 떨어진다.   ② 물건 값이 올라간다.   ③ 돈으로 무엇이든 살 수 있게 된다.

2. 받은 돈을 올바르게 쓰는 방법으로 알맞은 것은 무엇인가요?
① 모두 한 번에 다 써 버린다.   ② 필요한 곳에 알맞게 쓰고, 남은 돈은 저축한다.
③ 친구에게 다 나눠 준다.   ④ 맛있는 간식만 산다.

활동3 기사를 보고 빈칸에 들어갈 알맞은 낱말을 보기에서 찾아 쓰세요.

> **보기** : 물가 상승, 한국은행, 일, 저축

1. 돈은 (   )에서 만들어진다.   2. 돈을 너무 많이 만들면 (   )이 일어난다.
3. 우리는 (   )을 해서 돈을 번다.   4. 남은 돈은 (   )하는 습관이 필요하다.

활동4 기사를 보고 주어진 낱말의 뜻을 참고하여 문장을 완성하세요.

1. 돈을 많이 만들면 (   )이 생길 수 있다.
뜻 : 물건 값이 점점 올라가는 것

2. 남은 돈을 (   )하면 미래에 도움이 된다.
뜻 : 쓰지 않고 모아 두는 것

3. (   )에서 지폐와 동전을 만든다.
뜻 : 우리나라에서 돈을 만드는 곳

| 교과 연계 | 4학년 2학기 1. 민주주의와 자치 | 키워드 | 학교 자치, 민주주의

16 우리 반 회장은 누가 될까?

만만한 신문 읽기

투표로 뽑는 대표, 민주주의의 시작

여러분, 우리 반 회장은 어떻게 뽑나요? 혹시 가위바위보로 정하거나 선생님이 정해 주셨나요? 진짜 민주주의에서는 모든 친구가 직접 투표를 해서 회장을 뽑아요. 회장이 되고 싶은 친구들은 "급식 메뉴를 더 맛있게 만들 거예요.", "쉬는 시간을 길게 해 달라고 건의할게요."처럼 자기만의 생각을 발표해요. 이런 약속을 '공약'이라고 불러요.

우리는 각자 우리 반을 더 즐겁고 좋게 만들 것 같은 친구에게 투표를 해요. 그리고 표를 제일 많이 받은 친구가 회장이 되는 거죠. 우리나라 대통령도 이렇게 뽑는답니다. 모두가 참여해서 대표를 뽑는 것이 바로 민주주의의 첫걸음이에요.

우리 목소리가 모이면 더 멋진 반이 돼요

"오늘 청소 구역을 어떻게 나눌까요?", "교실은 어떤 주제로 꾸밀까요?" 학급회의 시간에는 반 친구들이 모여서 다양한 의견을 나누어요. 학급회의는 우리 반의 작은 국회와도 같답니다. 청소 구역을 일주일마다 바꾸는 의견을 이야기할 수도 있고, 이대로 좋다고도 말할 수 있어요.

서로 의견이 다를 때는 왜 그렇게 생각하는지 물어보고, 토론을 할 수도 있답니다. 마지막에는 투표로 결정을 내리죠. 이렇게 서로의 생각을 듣고 존중하며 함께 정하는 것이 바로 민주주의의 진짜 모습이에요. 우리도 매일 학교에서 민주주의를 연습하고 있답니다.

생각해 보세요

❶ 우리 반은 회장은 어떻게 뽑나요?
❷ 의견이 서로 다를 때는 어떻게 해야 하나요?
❸ 민주주의에서 가장 중요한 점은 무엇이라고 생각하나요?

 만만한 신문 활동

활동1 다음 문장이 맞으면 ○, 틀리면 × 표시하세요.

1. 우리 반 회장을 투표를 뽑는 것이 민주주의이다. (   )
2. 회장이 되고 싶은 친구는 아무 말 없이 앉아만 있어야 한다. (   )
3. 대통령도 투표로 뽑는다. (   )
4. 의견이 다를 때에는 토론도 할 수 있다. (   )

 **활동2** 기사를 보고 내용으로 알맞은 것을 고르세요.

1. 민주주의에서 대표를 뽑을 때 하는 일로 알맞은 것은 무엇인가요?
① 선생님이 골라 준다.   ② 가위바위보로 정한다.
③ 모두가 직접 투표를 한다.   ④ 제비뽑기로 뽑는다.

2. 학급 회의에서 의견이 다를 때는 어떻게 해야 하나요?
① 자기 의견만 말한다.   ② 싸운다.
③ 왜 그렇게 생각하는지 서로 물어본다.   ④ 아무도 대답하지 않는다.

활동3 기사를 보고 빈칸에 들어갈 알맞은 낱말을 보기에서 찾아 쓰세요.

보기 : 공약, 회의, 토론

1. 모두가 모여서 서로 의견을 나누는 것을 (   )라고 해요.
2. 회장이 되고 싶은 친구가 발표하는 약속을 (   )이라고 해요.
3. 서로 의견이 다를 때 이야기로 풀어 가는 것을 (   )이라고 해요.

 **활동4** 뜻을 참고하여 알맞은 단어에 동그라미표를 하세요.

1. (토론 / 투표) : 서로 다른 의견을 주고받으며 생각을 나누는 것
2. (공약 / 민주주의) : 회장이 되고 싶은 친구가 하는 약속

| 교과 연계 | 4학년 2학기 2. 지역문제를 해결하고 지역을 알리는 노력 | 키워드 | 지역 문제, 교통, 환경, 합리적 해결

17 동네 고민, 우리가 해결해요

 만만한 신문 읽기

교통, 환경, 주택 문제는 모두 우리 지역의 고민이에요

우리 동네에는 많은 사람이 함께 어울려 살고 있어요. 모두가 편하고 행복하게 지내면 좋겠지만, 여러 사람이 모이다 보면 가끔 불편한 일이나 문제가 생기기도 해요. 예를 들어, 집이 부족해서 이사 오고 싶은 사람이 들어오기 힘든 주택 문제가 생길 수 있어요. 또 공원에 쓰레기가 쌓여서 냄새가 나거나, 강이나 하천의 물이 더러워져서 물고기가 살지 못하는 환경 문제도 일어날 수 있어요. 버스가 잘 오지 않아 학교에 늦을까 걱정되는 교통 문제도 있답니다. 이렇게 교통, 환경, 주택 문제는 모두 우리 지역에서 만날 수 있는 대표적인 지역 문제들이에요.

함께 생각하고, 함께 해결해요

이런 지역 문제들은 어떻게 합리적으로 해결할 수 있을까요? 먼저, 이웃이나 친구들과 함께 불편한 점을 찾아보고 이야기하는 게 중요해요. 만약 도로가 오래되어 불편하다면, 동네 사람들이 모여 시청이나 구청에 도로를 고쳐 달라고 건의할 수 있어요.

담당 공무원들은 주민들의 목소리에 귀 기울이고, 문제를 함께 해결하기 위해 힘을 보태 준답니다. 공원이 더럽다는 문제가 있다면 주민들이 캠페인을 열어 쓰레기를 줍기도 하고, 쓰레기통을 더 설치해 달라고 요청할 수도 있어요. 이처럼 우리 모두가 지역 문제에 관심을 가진다면 동네가 점점 더 깨끗하고 편리한 곳으로 바뀔 수 있답니다.

 생각해 보세요

❶ 우리 동네에서 바뀌면 좋겠다고 생각한 점이 있나요?
❷ 아침에 학교 갈 때 불편했던 적이 있나요?
❸ 동네가 더 좋아지려면 어떤 노력을 하면 좋을까요?

 정답은 238쪽

 활동 1 다음 문장이 맞으면 ○, 틀리면 × 표시하세요.

1. 공원이 더러워지면 환경 문제가 생길 수 있다. (   )
2. 집이 부족해서 이사 오고 싶은 사람이 들어올 수 없는 것은 주택 문제이다. (   )
3. 지역 문제는 우리와 상관없는 일이다. (   )
4. 지역 문제는 해결하지 않아도 된다. (   )

활동 2 기사를 보고 내용으로 알맞은 것을 고르세요.

1. 지역에서 만날 수 있는 대표적인 문제는 무엇인가요?
① 교통, 환경, 주택 문제   ② 음식, 옷, 놀이 문제
③ 숙제, 시험, 공부 문제   ④ 텔레비전, 컴퓨터, 스마트폰 문제

2. 지역 문제를 해결하는 좋은 방법으로 알맞은 것은 무엇인가요?
① 혼자 조용히 생각만 한다.   ② 모두 함께 불편한 점을 찾아 이야기한다.
③ 아무 관심도 갖지 않는다.   ④ 그냥 참는다.

 활동 3 기사를 보고 빈칸에 들어갈 알맞은 낱말을 보기에서 찾아 쓰세요.

보기 : 환경, 교통, 주택, 캠페인

1. 버스가 잘 오지 않거나 도로가 불편한 것은 (   ) 문제이다.
2. 강이나 하천이 더러워지거나 공원에 쓰레기가 쌓이는 것은 (   ) 문제이다.
3. 집이 부족해서 이사 오기 어려운 것은 (   ) 문제이다.
4. 주민들이 (   )을 열어 쓰레기 줍는 활동을 할 수 있다.

 활동 4 뜻을 참고하여 알맞은 단어에 동그라미표를 하세요.

1. (주택 문제 / 교통 문제) : 집이 부족해 생기는 문제
2. (건의 / 캠페인) : 시청이나 구청에 바라는 점을 알리는 것

| 교과 연계 | 4학년 2학기 3 다양한 환경과 삶의 모습 | 키워드 | 도시 생활의 좋은 점, 문제점

18 도시의 두 얼굴

도시가 참 좋아요

도시는 편리하고 재미있는 일이 가득한 곳이에요. 집 근처에는 편의점과 슈퍼마켓, 영화관 등 편의 시설이 넘쳐 나서 언제든지 원하는 것을 즐길 수 있어요. 주말이면 가족과 함께 영화관이나 미술관에 가서 볼거리와 즐거운 경험도 할 수 있지요. 버스나 지하철과 같은 교통수단을 타고 호랑이나 기린 등을 볼 수 있는 동물원에도 갈 수 있어요.

도시에는 다양한 회사와 공장도 많아서 사람들이 여러 가지 직업을 가지고 있답니다. 그리고 학교와 공원에는 친구들이 많아 매일매일 신나게 뛰어놀 수 있어요. 동네 도서관에서는 다양한 독서 활동도 즐길 수 있지요. 이처럼 편리한 교통과 다양한 문화 시설 덕분에 도시는 지루할 틈이 없답니다.

도시가 가끔 불편해요

도시가 항상 좋은 것만은 아니에요. 예를 들어, 도로에는 자동차와 버스가 너무 많아서 길이 막힐 때도 있고, 버스에 사람들이 꽉 차서 힘들게 이동해야 할 때도 있어요. 공장과 자동차가 많다 보니 공기가 뿌옇고 기침이 날 때도 있지요. 사람이 많아서 놀이기구를 타려고 줄을 길게 서야 할 때도 있어요.

많은 사람이 아파트에 살아서 이웃과 인사하기가 어렵고, 밤에는 불빛이 너무 밝아 진짜 별을 보기 힘든 점도 조금 아쉬워요. 그렇지만 서로를 배려하며 생활한다면 도시는 더 좋은 곳이 될 수 있을 거예요.

❶ 도시에서 즐길 수 있는 문화 시설에는 어떤 것들이 있나요?
❷ 도시 생활이 편리하다고 느꼈던 순간은 언제인가요?
❸ 도시에서 겪을 수 있는 불편한 점에는 어떤 것이 있나요?

활동1 다음 문장이 맞으면 O, 틀리면 × 표시하세요.

1. 도시에는 다양한 편의 시설과 문화 시설이 많다. (　　)
2. 도시는 항상 조용하고 별을 보기 쉽다. (　　)
3. 도시에는 다양한 회사와 공장이 있다. (　　)
4. 도시는 교통이 불편해서 여러 가지 직업을 가질 수 없다. (　　)

활동2 다음 낱말과 뜻이 알맞도록 이으세요.

편의점　•　　　•　집 가까이에 있어서 필요한 물건을 쉽게 살 수 있는 곳
동물원　•　　　•　책을 읽고 빌릴 수 있는 곳
도서관　•　　　•　호랑이, 기린 등 동물을 볼 수 있는 곳
교통　　•　　　•　버스, 자동차 등 사람들이 이동하는 수단

활동3 기사를 보고 빈칸에 들어갈 알맞은 낱말을 보기에서 찾아 쓰세요.

> **보기** : 공장, 동물원, 교통수단, 도서관

1. 호랑이와 기린을 볼 수 있는 곳은 (　　　　　)이다.
2. 물건을 만드는 곳은 (　　　　　)이다.
3. 다양한 책을 읽고 빌릴 수 있는 곳은 (　　　　　)이다.
4. 버스, 자동차 같은 이동 수단을 (　　　　　)이라고 한다.

활동4 초성 힌트를 보고 다음 빈칸에 공통으로 들어갈 말을 기사에서 찾아 쓰세요.

1. 도시에는 다양한 (　　　　　)이 있어서 지루할 틈이 없다.
2. 편의 (　　　　　)이 많아 언제든 원하는 것을 즐길 수 있다.
3. 여러 가지 문화 (　　　　　) 덕분에 즐거운 경험을 할 수 있다.

ㅅ	ㅅ

| 교과 연계 | 4학년 2학기 3. 다양한 환경과 삶의 모습 | 키워드 | 국립과천과학관, 도라에몽 박물관, 레고 하우스, 자연사박물관

19 세상에서 가장 재미있는 박물관 여행

만만한 신문 읽기

세계 곳곳, 아이들이 반할 신기한 박물관

세계에는 재미있고 특별한 박물관이 많이 있어요. 일본 도쿄의 '도라에몽 박물관'에서는 만화 속 비밀도구와 만화책, 애니메이션 영상을 직접 체험할 수 있어 만화를 좋아하는 친구들에게 인기랍니다. 덴마크의 '레고 하우스'에서는 다양한 레고 블록을 자유롭게 조립하며 나만의 작품을 만들 수 있어요. 미국 뉴욕의 자연사박물관에서는 실제 공룡 뼈와 여러 동물, 우주 전시물을 볼 수 있어 신비로운 경험을 할 수 있답니다. 세계 여러 나라에 있는 상상력을 키워 주는 박물관들은 여행을 하게 된다면 꼭 한 번 쯤 가 보고 싶은 곳들이에요.

아이들이 좋아하는 신기한 박물관

우리나라에도 아이들이 직접 체험하고 즐길 수 있는 박물관이 많아요. 용인의 교통박물관에는 오래된 자동차들이 전시되어 있어 자동차를 좋아하는 친구들이 많이 찾아요. 춘천의 애니메이션박물관에서는 만화 영화가 만들어지는 과정을 배우고, 캐릭터와 함께 사진도 찍을 수 있답니다. 여주 곤충박물관에서는 살아 있는 곤충과 세계의 신기한 곤충을 가까이에서 볼 수 있고, 과천의 국립과천과학관에서는 로봇·우주·공룡 등 다양한 전시와 체험 활동이 준비되어 있어 과학을 재미있게 배울 수 있어요. 이런 박물관에서는 평소에 보기 힘든 것들을 직접 보고 느낄 수 있어서 더 특별하답니다.

생각해 보세요

❶ 도라에몽 박물관에 간다면 가장 먼저 해 보고 싶은 것은 무엇인가요?
❷ 자연사박물관에서 공룡 뼈를 직접 본다면 어떤 기분일 것 같나요?
❸ 만약 내가 박물관을 만든다면 어떤 주제로 만들고 싶나요?

정답은 239쪽

활동1 다음 문장이 맞으면 ○, 틀리면 × 표시하세요.

1. 도라에몽 박물관에서는 만화 속 비밀도구를 체험할 수 있다. (   )
2. 레고 하우스에서는 진짜 공룡 뼈를 볼 수 있다. (   )
3. 용인 교통박물관에는 오래된 자동차가 전시되어 있다. (   )
4. 국립과천과학관에서는 오직 로봇만 전시되어 있다. (   )

 활동2 기사를 보고 내용으로 알맞은 것을 고르세요.

1. 일본 도라에몽 박물관에서 할 수 있는 일은 무엇인가요?
① 오래된 자동차를 볼 수 있다.   ② 공룡 뼈를 만져 볼 수 있다.
③ 만화 속 비밀도구와 만화책, 애니메이션 영상을 체험할 수 있다.
④ 살아 있는 곤충을 관찰할 수 있다.

2. 국립과천과학관에서 할 수 있는 일로 알맞은 것은 무엇인가요?
① 레고 블록을 만들 수 있다.   ② 로봇, 우주, 공룡 등 다양한 전시와 체험 활동을 할 수 있다.
③ 만화 캐릭터와 사진을 찍을 수 있다.   ④ 바다 동물을 직접 만질 수 있다.

활동3 기사를 보고 빈칸에 들어갈 알맞은 낱말을 보기에서 찾아 쓰세요.

> **보기** : 비밀도구, 곤충, 자동차, 공룡, 로봇

1. 일본 도라에몽 박물관에서는 만화 속 (   )를 체험할 수 있다.
2. 용인 교통박물관에는 오래된 (   )가 전시되어 있다.
3. 여주 곤충박물관에서는 살아 있는 (   )을 볼 수 있다.
4. 국립과천과학관에서는 (   )과 (   ) 전시를 볼 수 있다.

 활동4 초성 힌트를 보고 다음 빈칸에 공통으로 들어갈 말을 기사에서 찾아 쓰세요.

1. 세계 곳곳에는 상상력을 키워 주는 (   )이 많이 있다.
2. 용인의 교통(   )에는 오래된 자동차가 전시되어 있다.

ㅂ	ㅁ	ㄱ

| 교과 연계 | 4학년 2학기 3. 다양한 환경과 삶의 모습 | 키워드 | 자연환경, 인문환경

20 우리를 둘러싼 환경들

만만한 신문 읽기

깨끗한 공기와 예쁜 꽃, 우리 동네 자연환경을 만나요

자연환경이란 사람이 만든 것이 아니라 원래부터 지구에 있던 것들을 말해요. 예를 들어, 우리 학교 뒤에 있는 작은 산, 동네를 흐르는 맑은 개천, 공원에 우뚝 서 있는 큰 느티나무도 모두 자연환경이에요. 한 친구는 "우리 집 앞 공원에서 다람쥐를 봤어요. 나무 위로 쏜살같이 올라가는 모습이 정말 신기했어요."라고 이야기했어요. 또 한 친구는 "비 온 다음 날 하늘이 정말 파랗고 구름이 솜사탕처럼 예뻤어요!"라며 기분을 전해 주었답니다. 이렇게 자연환경 덕분에 우리는 맑은 공기를 마시고, 예쁜 꽃과 풍경을 감상할 수 있답니다.

우리 생활을 편리하게 해 주는 인문환경

우리 주변에는 자연환경 말고도 또 다른 환경이 있어요. 바로 인문환경입니다. 인문환경은 사람들이 편리하게 살아가기 위해 만든 모든 것을 말해요. 우리가 공부하는 학교, 책을 읽는 도서관, 가족과 함께 사는 아파트, 차가 달리는 도로, 친구들과 뛰어노는 놀이터 모두 인문환경이랍니다. 한 친구는 "새로 생긴 도서관에서 공룡 책을 읽었는데 정말 재미있었어요. 앞으로 자주 가고 싶어요."라고 말했어요. 이처럼 인문환경과 자연환경은 서로 힘을 합쳐 우리의 생활을 더 즐겁고 풍요롭게 만들어 준답니다.

생각해 보세요

❶ 여러분이 사는 곳에서 볼 수 있는 자연환경에는 무엇이 있나요?
❷ 자연환경 중에서 가장 좋아하는 것은 무엇인가요?
❸ 자연환경과 인문환경이 함께 있으면 어떤 점이 좋은가요?

활동1 다음 문장이 맞으면 ○, 틀리면 × 표시하세요.

1. 자연환경은 사람이 만든 것이 아니라 원래부터 지구에 있던 것이다. (   )
2. 인문환경은 사람들이 편리하게 살아가기 위해 만든 것이다. (   )
3. 동네를 흐르는 맑은 개천은 자연환경에 해당한다. (   )
4. 도서관, 학교, 아파트는 모두 자연환경이다. (   )

 활동2 다음 낱말과 뜻이 알맞도록 이으세요.

자연환경 •   • 사람이 만들지 않고 원래부터 지구에 있던 것
인문환경 •   • 책을 읽고 빌릴 수 있는 곳
도서관   •   • 사람이 편리하게 살기 위해 만든 것

활동3 기사를 보고 빈칸에 들어갈 알맞은 낱말을 보기에서 찾아 쓰세요.

보기 : 인문환경, 자연환경, 도서관

1. 사람이 만들지 않은, 원래부터 있던 것은 (   )이다.
2. 사람이 편리하게 살기 위해 만든 것은 (   )이다.
3. 책을 읽고 빌릴 수 있는 곳은 (   )이다.

 활동4 초성 힌트를 보고 다음 빈칸에 공통으로 들어갈 말을 기사에서 찾아 쓰세요.

1. 산, 개천, 큰 나무는 모두 (   )이다.
2. 인문환경과 (   )은 모두 우리 생활을 풍요롭게 해 준다.

| ㅈ | ㅇ | ㅎ | ㄱ |

| 교과 연계 | 3학년 2. 성실하게 사는 삶 | 키워드 | 목표, 노력, 성실, 과정

01 나도 아이돌이 될 테야!

 만만한 신문 읽기

3가지 열쇠로 무대 위에 서다

수많은 청소년이 아이돌을 꿈꾸며 도전해요. 노래, 춤, 끼로 가득 찬 오디션 현장에서는 목표를 정하고, 꾸준히 노력하며, 성실하게 준비해 온 사람들이 주목을 받지요.

가장 중요한 건 목표예요. "나는 꼭 아이돌이 될 거야!"라고 마음을 다잡고 준비한 친구들이 많아요. 분명한 목표가 있어야 방향을 잃지 않고 앞으로 나아갈 수 있답니다.

두 번째는 노력이에요. 하루 종일 거울 앞에서 춤을 추고, 틈날 때마다 노래를 연습하는 일이 반복돼요. 힘들고 지칠 때도 있지만 노력은 실력을 키우는 가장 확실한 방법이에요.

마지막은 성실함이에요. 피곤하다고 쉬지 않고, 매일매일 조금씩이라도 연습을 이어 가는 자세가 결국 큰 차이를 만든답니다. 이런 성실함이 무대 위 빛나는 순간을 만들어 줘요.

재능만으로는 부족해요

한 번에 주목받는 친구들도 있지만, 대부분은 조용히 꾸준히 노력하는 이들이 오디션에서 좋은 결과를 얻어요. 실제로 많은 기획사에서는 SNS 팔로워 수보다 연습 태도와 성실함을 더 중요하게 본다고 해요. 준비 기간 동안 좌절과 비교의 순간도 많지만, 자신만의 리듬으로 한 걸음씩 나아가는 것이 중요하답니다. 오늘도 '내 꿈을 위해 노력'한다는 마음이 있다면, 여러분도 어떤 꿈이든 충분히 도전할 수 있어요.

 생각해 보세요

❶ 꿈을 이루려면 무엇을 가장 먼저 해야 할까요?
❷ 춤이나 노래 연습이 힘들 때 어떻게 해야 계속할 수 있을까요?
❸ 성실하게 매일 연습하면 어떤 변화가 일어날까요?

정답은 239쪽

활동 1 다음 문장이 맞으면 ○, 틀리면 × 표시하세요.

1. 아이돌이 되기 위해서는 목표, 노력, 성실함이 모두 필요하다. (   )
2. 하루 연습을 쉬어도 상관없으니 재능만 있으면 된다. (   )
3. 오디션에서는 SNS 팔로워 수보다 연습 태도를 더 중요하게 본다. (   )
4. 연습이 힘들고 지쳐도 꾸준히 하는 것이 실력을 키운다. (   )

활동 2 기사를 보고 내용으로 알맞은 것을 고르세요.

① 아이돌이 되려면 분명한 목표와 꾸준한 노력이 필요하다.
② 오디션에서는 SNS 팔로워 수가 제일 중요하다.
③ 아이돌이 되는 길은 언제나 쉽고 화려하다.
④ 좌절하면 도전을 멈추는 게 좋다.

활동 3 기사를 보고 빈칸에 들어갈 알맞은 낱말을 보기에서 찾아 쓰세요.

> **보기** : 노력, 목표, 실력, 성실함

1. "나는 꼭 아이돌이 될 거야!"라고 다짐하는 것이 (   )예요.
2. 목표를 위해 매일 춤과 노래를 연습하는 것은 (   )이에요.
3. 피곤해도 쉬지 않고 조금씩 연습하는 것을 (   )이라고 해요.
4. 노력은 (   )을 키우는 가장 확실한 방법이에요.

활동 4 기사를 보고 주어진 낱말의 뜻을 참고하여 문장을 완성하세요.

1. 매일 연습을 계속하는 것은 (   )입니다.
뜻 : 맡은 일을 꾸준히, 빠짐없이 하는 태도

2. '아이돌이 되고 싶다.'는 (   )가 있으면 힘들 때도 참고 나아갈 수 있어요.
뜻 : 이루고자 하는 꿈이나 방향

| 교과 연계 | 3학년 3. 함께 하는 우리 가족 | 키워드 | 효, 우애, 사랑, 가족

02 어른들은 왜 맨날 "밥 먹어라!"라고 할까?

 만만한 신문 읽기

밥상에 담긴 사랑의 메시지

아침에도, 저녁에도, 게임할 때도 "밥 먹어라!"라는 소리를 자주 듣게 되지요. 왜 어른들은 자꾸 밥을 먹으라고 할까요? 그 말은 단순히 배를 채우라는 뜻이 아니에요. 밥을 먹는 시간은 가족이 모여 서로를 챙기고 사랑을 나누는 소중한 시간이기 때문이에요.

엄마는 밥을 하며 '우리 아이 건강하게 자라야지.'라고 생각하고, 아빠는 반찬을 보며 '아이가 이거 먹고 힘냈으면 좋겠다.'고 마음속으로 응원해요. 말로 다 표현하지 않아도 밥상에는 가족의 따뜻한 사랑이 가득 담겨 있답니다. 형, 누나, 동생과 함께 밥을 먹다 보면 싸웠던 일도 자연스레 풀리고 다시 웃게 되기도 해요. 밥상은 하루의 피곤함을 녹이고 가족 간의 대화를 이끄는 마법 같은 공간이랍니다.

밥상에서 배우는 예절과 마음

밥상 앞에 먼저 앉지 않고 부모님을 기다리는 마음, "잘 먹겠습니다."라고 인사하는 태도는 모두 예절이고, 효도의 한 모습이에요. 이렇게 밥을 함께 먹는 시간은 몸만 자라는 것이 아니라 마음도 자라고 관계도 깊어지는 시간이랍니다.

"밥 먹어라!"는 말 속에는 '우리 함께하자.', '널 사랑해.', '이게 바로 가족이야.'라는 따뜻한 마음이 숨어 있어요. 오늘도 엄마가 밥 먹으라고 부르시나요? 그럼 기분 좋게 식탁에 앉아 대답해 보세요. "네, 잘 먹겠습니다!"

 생각해 보세요

❶ 왜 어른들은 자꾸 "밥 먹어라!"라고 말할까요?
❷ 가족과 밥 먹을 때 일어났던 재미있는 일이나 웃긴 이야기가 있나요?
❸ 밥상에서 할 수 있는 '효도'와 '우애'는 어떤 게 있을까요?

정답은 239쪽

활동 1 다음 문장이 맞으면 ○, 틀리면 × 표시하세요.

1. 어른들이 "밥 먹어라!"라고 하는 것은 배만 채우라는 뜻이다. (   )
2. 밥상에는 가족의 사랑이 담겨 있다. (   )
3. 밥을 먹으며 가족끼리 대화도 할 수 있다. (   )
4. 밥상 앞에 먼저 앉는 것이 예절이다. (   )

활동 2 기사를 보고 내용으로 알맞은 것을 고르세요.

① 밥상은 가족이 서로의 마음을 나누는 시간이다.
② 밥 먹는 시간은 게임을 하기 위한 시간이다.
③ 밥상에는 아무런 의미가 없다.
④ 밥을 먹으며 아무 말도 하지 않는다.

활동 3 기사를 보고 빈칸에 들어갈 알맞은 낱말을 보기에서 찾아 쓰세요.

> **보기** : 사랑, 예절, 대화

1. 밥상에는 가족의 (   )이 가득 담겨 있어요.
2. "오늘 어땠어?"라는 한마디는 (   )의 시작이 될 수 있어요.
3. 부모님을 기다리고 인사하는 것은 (   )이에요.

활동 4 기사를 보고 주어진 낱말의 뜻을 참고하여 문장을 완성하세요.

1. 밥상에는 엄마, 아빠의 (   )이 담겨 있어요.
뜻 : 누군가를 소중하게 여기고 아끼는 마음

2. "잘 먹겠습니다!"라고 인사하는 것은 (   )입니다.
뜻 : 지켜야 할 바른 태도나 행동

| 교과 연계 | 3학년 3. 함께 하는 우리 가족 | 키워드 | 마음, 행동, 말

03 부모님은 나한테 왜 잔소리를 할까?

 만만한 신문 읽기

부모님의 잔소리, 왜 이렇게 많을까요?

여러분, 부모님은 왜 자꾸 "숙제해라!", "방 좀 치워라!", "일찍 자야지!" 같은 잔소리를 하실까요? 게임하고 싶은데, 만화 보고 싶은데, 그냥 쉬고 싶은데 말이에요. 하지만 혹시 생각해 본 적 있나요? 그 잔소리 속에 가득 담긴 사랑의 마음을요.

예를 들어 볼까요? 숙제를 자꾸 미루면 책임감을 기르기 어려워요. "지금 해 두는 게 좋아!"라는 말은 지금의 작은 노력이 나중에 큰 힘이 된다는 걸 알려 주어요. 방을 치우라고 하시는 건 깨끗한 공간에서 집중하고 쉬는 습관을 기르라는 뜻이고, 일찍 자라고 하시는 건 내일을 더 힘차게 시작하라는 뜻이랍니다.

잔소리 속에 숨은 사랑

부모님의 말씀을 듣는 건 단순히 '말을 잘 듣는다.'는 의미가 아니에요. 그 속에는 감정을 말로 표현하는 법, 다른 사람 마음을 생각하는 법, 더 나은 사람이 되는 방법이 숨어 있어요. 이건 친구들과 사이좋게 지내는 데도 꼭 필요한 마음이에요.

과학자들도 "사람은 자주 듣는 말을 더 오래 기억하고, 행동으로도 옮기기 쉬워진다."고 말했어요. 즉 부모님의 잔소리는 우리 뇌에 '좋은 습관'을 만들어 주는 훈련 과정이기도 해요. 다음에 부모님이 잔소리를 하신다면 '아하, 나를 사랑해서 하시는 말씀이구나.'라고 생각해 보세요.

 생각해 보세요

❶ 부모님이 "방 좀 치워라!"라고 하실 때 어떤 마음이 드나요?
❷ 부모님이 일찍 자라고 하시는 이유는 무엇일까요?
❸ 부모님의 잔소리를 줄이기 위해 내가 할 수 있는 일은 무엇일까요?

정답은 240쪽

활동 1 다음 문장이 맞으면 ○, 틀리면 × 표시하세요.

1. 부모님의 잔소리에는 사랑이 담겨 있다. (   )
2. 숙제를 미루면 책임감을 키울 수 있다. (   )
3. "방 좀 치워라!"는 깨끗한 공간에서 쉬는 습관을 기르라는 뜻이다. (   )
4. 자주 듣는 말은 더 오래 기억되고 행동으로 옮기기 쉽다. (   )

활동 2 기사를 보고 다음 낱말과 뜻이 알맞도록 이으세요.

책임감 •　　　　　• 부모님이 우리를 아끼는 마음
습관　 •　　　　　• 자주 해서 몸에 익은 행동
사랑　 •　　　　　• 맡은 일을 끝까지 해내는 마음
표현　 •　　　　　• 마음이나 생각을 말이나 행동으로 드러내는 것

활동 3 기사를 보고 빈칸에 들어갈 알맞은 낱말을 보기에서 찾아 쓰세요.

| 보기 : 책임감, 사랑, 훈련 |

1. 부모님의 잔소리에는 (   )이 담겨 있어요.
2. 숙제를 제때 하는 것은 (   )을 기르는 일이에요.
3. 잔소리는 우리에게 좋은 습관을 만들게 해 주는 (   ) 과정이에요.

활동 4 초성 힌트를 보고 다음 빈칸에 공통으로 들어갈 말을 기사에서 찾아 쓰세요.

1. 부모님의 (   )는 우리를 사랑해서 하시는 말이에요.
2. (   ) 속에는 좋은 습관을 만들기 위한 마음이 들어 있어요.
3. (   )를 듣고 행동으로 옮기면 더 나은 사람이 될 수 있어요.

| ㅈ | ㅅ | ㄹ |

| 교과 연계 | 3학년 5. 너와 나의 공감 | 키워드 | 감정 읽기, 공감

04 친구와 다르면 틀린 걸까?

만만한 신문 읽기

친구와 다르면 틀린 걸까?

여러분은 친구와 생각이 다를 때 어떤 마음이 드나요? '내가 틀린 걸까?' 하고 걱정될 때도 있지요. 하지만 친구와 다르다는 건 틀렸다는 뜻이 아니에요. 예를 들어, 어떤 친구는 축구를 좋아하고, 어떤 친구는 그림 그리기를 좋아할 수 있어요. 또 어떤 친구는 조용한 걸 좋아하고, 어떤 친구는 활발하게 움직이는 걸 좋아하죠. 이런 차이는 누가 맞고 틀린 게 아니라 그저 취향과 성격이 다를 뿐이에요.

다문화 가정 친구들도 그래요. 집에서 쓰는 언어나 먹는 음식이 다르다고 해서 이상한 것이 아니죠. 오히려 그 친구 덕분에 새로운 문화와 생각을 알게 되는 소중한 기회가 되기도 한답니다.

친구의 마음을 읽고 공감해요

서로 다름을 인정하려면 감정 읽기가 아주 중요해요. 눈앞의 행동만 보는 것이 아니라 그 행동 뒤에 숨은 친구의 마음을 알아보는 거예요. 예를 들어, 친구가 혼자 있고 싶다고 말했을 때 '왜 저래?'라고 생각하기보다 '혹시 속상한 일이 있었나?' 하고 마음을 살펴보는 거죠. 이렇게 친구의 마음을 살피며 배려해 주면 서로 오해가 줄고, 더 깊이 이해하게 돼요. 배려와 공감은 서로 다른 우리가 함께 지내기 위해 꼭 필요한 힘이에요. 서로 다르다는 건 틀린 것이 아니에요. 서로 다른 만큼 서로를 더 잘 알 수 있는 기회랍니다.

생각해 보세요

❶ 친구랑 생각이 달라도 괜찮을까요?
❷ 친구가 슬플 때는 뭐라고 말해 줄까요?
❸ 친구의 기분을 살펴보는 것은 왜 중요할까요?

 만만한 신문 활동

정답은 240쪽

활동 1 다음 문장이 맞으면 ○, 틀리면 × 표시하세요.

1. 친구와 다르다고 해서 틀린 것은 아니다. (   )
2. 친구의 기분을 살피는 것은 따뜻한 배려이다. (   )
3. 친구가 슬퍼 보이면 내 얘기만 하는 게 좋다. (   )

활동 2 기사를 보고 내용으로 알맞은 것을 고르세요.

① 친구와 생각이 다르다고 틀린 것은 아니다.
② 친구와 생각이 다르면 반드시 틀린 것이다.
③ 친구가 슬퍼 보이면 친구의 이야기를 들어주지 않는다.
④ 친구의 말을 듣지 않고 내 생각만 말한다.

활동 3 기사를 보고 빈칸에 들어갈 알맞은 낱말을 보기에서 찾아 쓰세요.

| 보기 : 다르다, 공감, 배려, 감정 |

1. 친구와 (   )고 해서 틀린 것이 아니에요.
2. 친구의 얼굴 표정과 몸짓을 살피는 것을 (   ) 읽기라고 해요.
3. 친구가 슬퍼할 때는 친구의 마음을 들여다보고 (   )해 주세요.
4. 친구의 기분을 살펴보는 것은 따뜻한 (   )예요.

활동 4 뜻을 참고하여 알맞은 단어에 동그라미표를 하세요.

1. (배려 / 놀람) : 친구의 기분을 살펴보는 따뜻한 마음
2. (공감 / 무관심) : 친구의 슬픔이나 기쁨을 함께 느끼는 것
3. (인정 / 거절) : 친구가 나와 다른 생각일 때 받아들이는 것
4. (감정 / 게임) : 친구의 얼굴 표정이나 행동에서 알 수 있는 마음

| 교과 연계 | 3학년 7. 생명을 소중히 여기는 우리 / 4학년 7. 자연은 소중해요.　| 키워드 | 자연과 인간, 멸종 위기 동물

05 동물이 사라진다면?

만만한 신문 읽기

사라져 가는 자연 속 친구들

지구에는 우리와 함께 살아가는 소중한 친구들이 있어요. 바로 자연과 동물들이죠. 그런데 지금 많은 동물이 사라질 위험에 처해 있어요. 황제펭귄의 경우 지구 온난화로 얼음이 녹아 번식할 장소가 줄어들고 있고, 바다거북은 바다에 버려진 플라스틱과 어망 때문에 다치거나 죽고 있어요. 자이언트 판다도 마찬가지예요. 대나무 숲이 줄어들어 먹을 것이 부족해 그 수가 줄어들고 있답니다.

이처럼 세계 곳곳에서 자연이 파괴되면서 점점 더 많은 동물이 멸종 위기에 놓이고 있어요. 우리가 함께 사는 이 지구에서 이런 친구들이 사라진다면 우리도 안전하고 건강하게 살아가기 어려울 거예요. 동물과 자연은 우리와 함께 살아가는 소중한 이웃이니까요.

우리가 자연을 지킬 수 있어요

자연을 지키는 일은 생각보다 어렵지 않아요. 우리가 매일 생활 속에서 조금만 신경 써도 큰 도움이 될 수 있답니다. 첫째, 쓰레기를 아무 데나 버리지 말고 꼭 쓰레기통에 버려요. 자연을 깨끗하게 유지하는 첫걸음이에요. 둘째, 동물을 괴롭히지 않고 보호하는 법과 규칙을 잘 지켜요. 셋째, 물·전기·종이 같은 자원을 아껴 써요. 낭비하지 않으면 지구가 더 오래 건강할 수 있어요. 이렇게 작지만 소중한 실천들이 모이면 자연도, 동물도 모두 웃을 수 있답니다.

생각해 보세요

❶ 왜 동물들이 멸종 위기에 처하게 되었을까요? 우리가 도와줄 수 있는 방법은 무엇일까요?
❷ 자연을 지키기 위해 우리가 할 수 있는 작은 일은 무엇이 있을까요?
❸ 만약 우리가 자연을 보호하지 않으면 어떤 일이 일어나게 될까요?

정답은 240쪽

활동1 다음 문장이 맞으면 ○, 틀리면 × 표시하세요.

1. 바다거북은 바다 쓰레기 때문에 다치거나 죽고 있다. (　　)
2. 쓰레기를 아무 데나 버려도 자연은 괜찮다. (　　)
3. 자연과 동물은 우리와 함께 살아가는 소중한 이웃이다. (　　)
4. 자원을 아끼지 않고 낭비해도 지구는 건강하다. (　　)

활동2 기사를 보고 다음 낱말과 뜻이 알맞도록 이으세요.

멸종 •　　　　• 어떤 동물이 모두 사라져 더 이상 볼 수 없는 것
보호 •　　　　• 물, 전기, 종이처럼 우리가 아껴 써야 하는 것
자원 •　　　　• 다치지 않게 지켜주는 것
실천 •　　　　• 생각한 것을 행동으로 옮기는 것

 활동3 기사를 보고 빈칸에 들어갈 알맞은 낱말을 보기에서 찾아 쓰세요.

보기 : 멸종, 자원, 실천, 보호

1. 숲이 없어지면서 많은 동물이 (　　　　) 위기에 놓였어요.
2. 물, 전기, 종이 같은 (　　　　)을 아껴 써야 해요.
3. 동물을 괴롭히지 않고 (　　　　)하는 법을 지켜야 해요.
4. 작은 (　　　　)들이 모이면 자연을 지킬 수 있어요.

 **활동4** 초성 힌트를 보고 다음 빈칸에 공통으로 들어갈 말을 기사에서 찾아 쓰세요.

1. 쓰레기를 아무 데나 버리지 않는 것이 (　　　　)을 지키는 첫걸음이에요.
2. (　　　　)이 파괴되면 많은 동물이 살기 어려워져요.
3. (　　　　)을 깨끗하게 유지해야 해요.

| ㅈ | ㅇ |

| 교과 연계 | 4학년 1. 바르고 곧은 길 　　| 키워드 | 정직, 행복, 믿음, 거짓

06 나쁜 말을 하면 입에서 개구리가 튀어나온다고?

정직한 말은 믿음을 만들어요

"나쁜 말을 하면 입에서 개구리가 튀어나온대!"라는 말을 들어 본 적이 있나요? 물론 진짜 개구리가 튀어나오는 건 아니에요. 하지만 이 말에는 아주 중요한 뜻이 담겨 있어요. 거짓말이나 욕 같은 나쁜 말이 다른 사람에게 큰 상처를 줄 수 있다는 이야기예요.

나쁜 말은 듣는 사람의 마음을 아프게 만들고, 우리 스스로도 기분이 나빠질 수 있어요. 예를 들어, "숙제 다 했어!"라고 말했는데 사실은 안 했다면 어떻게 될까요? 처음에는 부모님이 믿어 줄 수 있지만, 나중에 거짓말이 들통 나면 무척 속상해하실 거예요. 친구들도 쉽게 믿어 주지 않을 수 있어요. 한 번 무너진 믿음은 다시 쌓기 어렵답니다.

반대로 "아직 숙제 못했어요. 하지만 오늘 꼭 할게요!"라고 솔직하게 말한다면 어떨까요? 부모님은 우리가 노력하려는 모습을 보고 다시 믿어 주실 거예요. 정직한 말은 사람들 사이의 마음을 더 가깝게 만들고, 우리의 마음도 편안하게 해 준답니다.

좋은 말은 마음을 따뜻하게 해요

사람들은 착한 말, 따뜻한 말을 들으면 기분이 좋아져요. "고마워!", "미안해!", "괜찮아!" 같은 말은 짧지만 아주 큰 힘을 가졌어요. 좋은 말은 사람의 마음속에 오랫동안 따뜻한 온기를 남기고, 우리를 진짜 행복하게 만들어 준답니다. 여러분은 오늘 어떤 말을 했나요?

❶ 거짓말을 해서 곤란했던 경험이 있나요? 그때 어떤 기분이 들었나요?
❷ 만약 친구가 거짓말을 한다면 여러분은 어떻게 행동할 건가요?
❸ 행복한 말, 따뜻한 말 한마디를 떠올리고 말해 보세요.

 만만한 신문 활동

정답은 240쪽

활동 1 다음 문장이 맞으면 O, 틀리면 × 표시하세요.

1. 정직한 말은 사람들 사이의 믿음을 쌓아 준다. (   )
2. 나쁜 말을 해도 듣는 사람의 기분에는 아무런 변화가 없다. (   )
3. 좋은 말을 들으면 기분이 좋아진다. (   )
4. 한 번 무너진 믿음은 다시 쉽게 쌓을 수 있다. (   )

 **활동 2** 기사를 보고 내용으로 알맞은 것을 고르세요.

① 정직하게 말하면 친구들이 믿지 않는다.
② 정직하게 말하면 사람들 사이가 더 가까워진다.
③ 정직하게 말하면 항상 혼난다.
④ 정직하게 말하면 개구리가 튀어나온다.

 활동 3 기사를 보고 빈칸에 들어갈 알맞은 낱말을 보기에서 찾아 쓰세요.

보기 : 마음, 믿음, 따뜻한

1. 정직한 말은 사람들 사이의 (   )을 더 가깝게 만들어요.
2. 좋은 말은 마음을 (   ) 온기로 가득 채워 줘요.
3. "숙제 다 했어!"라고 거짓말하면 (   )이 무너질 수 있어요.

활동 4 뜻을 참고하여 알맞은 단어에 동그라미표를 하세요.

1. (거짓말 / 정직한 말) : 다른 사람을 속이는 말
2. (좋은 말 / 나쁜 말) : 듣는 사람의 마음을 아프게 하는 말
3. (믿음 / 의심) : 솔직한 말을 계속 들으면 생기는 마음
4. (따뜻한 마음 / 차가운 마음) : "고마워!", "미안해!" 같은 말을 들었을 때 느껴지는 마음

| 교과 연계 | 4학년 2. 도덕적인 나　　| 키워드 | 도덕적 행동, 도덕적 가치

07 선생님 몰래 하는 착한 행동 톱 3

 만만한 신문 읽기

교실에서 할 수 있는 착한 행동들

교실에서 조용히 할 수 있는 착한 행동에는 어떤 것들이 있을까요? 누가 보지 않아도 스스로 실천하는 작은 선행은 우리 반을 더 따뜻하게 만들 수 있답니다. 지금부터 선생님 몰래 하는 착한 행동 톱 3을 살펴볼게요.

첫 번째는 복도나 교실 바닥에 떨어진 연필이나 지우개를 주워 친구의 책상 위에 올려 주는 행동이에요. 아주 사소해 보이지만 친구를 배려하고 존중하는 따뜻한 마음이 담겨 있답니다.

두 번째는 응원의 메시지 남기기예요. "오늘도 잘하고 있어!", "너라면 할 수 있어!" 같은 짧은 문장을 친구나 선생님께 남기면 기분 좋은 하루를 선물할 수 있어요.

세 번째는 목말라 보이는 화분에 물 주기예요. 교실의 화분은 우리가 매일 보는 작은 생명이에요. 식물이 싱싱하게 자라면 교실 분위기가 더 좋아지고 꽃과 잎을 보는 우리 마음도 더 환해지겠죠.

작은 배려가 만드는 큰 변화

눈에 띄지 않아도 조용히 실천하는 작은 행동들이 모이면 학급은 점점 더 따뜻하고 배려하는 공간으로 변해요. 칭찬받기 위한 행동이 아니라 마음에서 우러나온 진짜 친절은 오래 기억되고 더 큰 감동을 만들어 주니까요. 오늘부터 선생님 몰래 실천하는 착한 행동을 하나씩 시작해 보세요. 여러분의 작은 마음이 우리 반을 더 아름답게 바꿀 수 있답니다.

 생각해 보세요

❶ 내가 선생님이라면 학생들이 몰래 착한 행동을 하면 어떨까요?
❷ 친구들을 위해 칠판에 응원 메시지를 남긴다면 어떤 말을 적고 싶나요?
❸ 착한 행동을 하면 기분이 어떨까요?

정답은 241쪽

활동 1 다음 문장이 맞으면 ○, 틀리면 × 표시하세요.

1. 선생님이 안 계실 때 조용히 실천하는 착한 행동이 학급을 따뜻하게 만든다. (   )
2. 누가 볼 때만 착한 행동을 해도 된다. (   )
3. 떨어진 연필을 조용히 주워 주는 것은 배려이다. (   )
4. 칠판에 응원의 메시지를 쓰면 친구와 선생님의 기분이 좋아질 수 있다. (   )

활동 2 기사를 보고 내용으로 알맞은 것을 고르세요.

① 조용히 물건을 주워 주거나 칠판에 응원 메시지를 남기는 행동은 모두 따뜻한 배려이다.
② 교실 화분은 물을 주지 않아도 괜찮다.
③ 선생님이 없을 때는 아무것도 하지 않아야 한다.
④ 배려는 친구에게 꼭 티가 나게 보여 주어야 한다.

활동 3 기사를 보고 빈칸에 들어갈 알맞은 낱말을 보기에서 찾아 쓰세요.

| 보기 : 응원, 변화, 배려, 메시지 |

1. 칠판에 (   ) 메시지를 남기면 모두가 힘을 얻어요.
2. 떨어진 물건을 조용히 주워 주는 것은 (   )예요.
3. 작은 행동들이 모이면 큰 (   )가 생겨요.
4. "오늘도 화이팅!" 같은 (   )는 기분 좋은 하루를 만들어 주어요.

활동 4 기사를 보고 주어진 낱말의 뜻을 참고하여 문장을 완성하세요.

1. 떨어진 연필을 조용히 주워 주는 것은 (   )입니다.
 : 남을 먼저 생각하고 도와주는 마음

2. 작은 실천이 학급에 큰 (   )를 가져와요.
 : 달라지는 새로운 모습

| 교과 연계 | 4학년 2. 도덕적인 나 | 키워드 | 도덕적 행동, 다른 관점

08 거짓말이 꼭 나쁜 건 아닐 수도 있다고?

 만만한 신문 읽기

착한 거짓말도 있을까?

"거짓말은 나쁜 거야!"라고 배웠죠? 하지만 모든 거짓말이 다 나쁜 것은 아닐 수 있어요. 때로는 거짓말이 다른 사람을 도와주거나 기분 좋게 만들 수도 있으니까요. 예를 들어, 친구가 생일 선물을 주고 마음에 드느냐고 물었을 때 사실은 별로 마음에 들지 않더라도 "정말 예뻐!"라고 말할 수 있어요. 친구가 기분 좋아질 수 있도록 배려하는 마음에서 하는 말이죠.

이런 거짓말은 '착한 거짓말'이라고 불리며, 다른 사람을 배려하는 도덕적인 행동이 될 수 있어요. 동생이 "오늘 나 예뻐?"라고 물어봤을 때 좀 어색해 보여도 "정말 예쁘다!"라고 말해 주면 동생은 행복해질 거예요. 이렇게 누군가의 마음을 따뜻하게 해 주는 거짓말도 있답니다.

솔직함이 더 좋을 때도 있어요

하지만 모든 거짓말이 다 좋은 건 아니에요. 어떤 거짓말은 누군가를 속이거나 실망하게 만들 수 있어요. 예를 들어, 친구가 "오늘 나랑 놀래?"라고 물었을 때 사실 놀고 싶지 않으면서 "응, 좋아!"라고 말하고 약속을 지키지 않으면 친구는 속상하고 실망하게 돼요.

이런 경우에는 솔직하게 "오늘은 좀 쉬고 싶어."라고 말하는 게 더 좋답니다. 거짓말은 때로 다른 사람을 배려하는 좋은 행동이 될 수 있지만 중요한 건 언제, 왜, 그리고 그 거짓말이 어떤 영향을 줄지를 잘 생각하고 선택하는 것이랍니다.

 생각해 보세요

❶ 친구가 생일 선물을 줬을 때 선물이 마음에 들지 않으면 어떻게 해야 할까요?
❷ 동생이 "나 예뻐?"라고 물을 때 사실 마음에 들지 않으면 어떻게 말하는 게 좋을까요?
❸ 놀고 싶지 않은데 친구가 놀자고 하면 어떻게 해야 할까요? 솔직하게 말하는 것이 왜 중요할까요?

활동 1 다음 문장이 맞으면 ○, 틀리면 × 표시하세요.

1. 착한 거짓말은 다른 사람을 배려하는 마음에서 할 수 있다. (   )
2. 모든 거짓말은 좋은 행동이다. (   )
3. 솔직하게 말해야 친구가 실망하지 않는다. (   )
4. 거짓말은 언제나 다른 사람을 기분 좋게 만든다. (   )

활동 2 기사를 보고 다음 낱말과 뜻이 알맞도록 이으세요.

착한 거짓말 •   • 다른 사람의 마음을 먼저 생각하는 것
배려   •   • 다른 사람을 배려하기 위해 하는 말
솔직함   •   • 숨기지 않고 사실대로 말하는 것
실망   •   • 기대에 어긋나 속상한 마음이 드는 것

활동 3 기사를 보고 빈칸에 들어갈 알맞은 낱말을 보기에서 찾아 쓰세요.

| **보기** : 착한 거짓말, 기분, 실망 |

1. 친구가 선물을 주고 물어볼 때 "정말 예뻐!"라고 말한 것은 (   )이에요.
2. 친구와의 약속을 지키지 않으면 (   )할 수 있어요.
3. 동생에게 "정말 예쁘다!"라고 해 주면 (   )이 좋아져요.

활동 4 초성 힌트를 보고 다음 빈칸에 공통으로 들어갈 말을 기사에서 찾아 쓰세요.

1. 거짓말도 때로는 (   )가 될 수 있어요.
2. (   )하는 거짓말은 누군가를 기분 좋게 만들 수 있어요.
3. 친구의 마음을 (   )하는 것이 중요해요.

| ㅂ | ㄹ |

| 교과 연계 | 4학년 3. 배려하는 우리 | 키워드 | 배려

09 작은 히어로들이 사는 교실

 만만한 신문 읽기

마니또 프로젝트

최근 학교에서 특별한 활동이 큰 관심을 받고 있어요. 바로 '우리 반 마니또 프로젝트'예요. 정해진 친구에게 들키지 않게 친절을 건네는 활동인데, 생각보다 훨씬 스릴 있고 재밌답니다. 친구 책상을 정리해 주고, 떨어진 지우개를 올려놓고, 급식 시간에 수저를 대신 챙겨 주는 등 배려 가득한 행동들이 교실 곳곳에서 펼쳐지고 있어요. 누가 나의 마니또인지는 비밀이라 아이들은 더 설레며 프로젝트에 참여하고 있어요.

어떤 친구는 "마니또가 되니까 더 친절하게 행동하고 싶어졌고 하루가 특별해졌다."고 말했어요. 작은 행동이 친구의 기분을 바꾸는 걸 보며 아이들은 '배려가 이렇게 재밌을 수도 있구나.'를 몸으로 느끼고 있답니다. 한 친구는 "제가 챙긴 걸 몰라도 친구가 웃으니까 제가 더 행복했어요."라고 말했어요. 작은 선물이 누군가의 하루를 바꾸는 순간이었지요.

보이지 않아도 마음은 꼭 전해져요

'마니또 프로젝트'는 교실에 변화를 가져왔어요. 아이들은 서로를 더 이해하게 되었고, 교실 분위기 역시 훨씬 부드럽고 따뜻해졌어요. 누가 보지 않아도 먼저 행동하고, 칭찬받지 않아도 기쁘게 돕는 모습은 교실의 자랑이 되었답니다. 마니또 활동 덕분에 아이들은 배려의 힘, 행복의 의미, 그리고 변화의 즐거움을 매일 체험하고 있어요. 여러분도 오늘 누군가의 마니또가 되어 보는 건 어떨까요?

 생각해 보세요

❶ 오늘 내가 몰래 해 줄 수 있는 착한 일 한 가지를 생각해 보세요.
❷ 몰래 착한 일을 하면 왜 마음이 따뜻해질까요?
❸ 우리 반에서 배려를 잘하는 친구는 누구인가요? 그 친구는 어떤 행동을 했나요?

활동1 다음 문장이 맞으면 ○, 틀리면 × 표시하세요.

1. '마니또 프로젝트'는 정해진 친구에게 들키지 않게 친절을 건네는 활동이다. (   )
2. 남이 보지 않을 때 나쁜 일을 하는 건 괜찮다. (   )
3. '마니또 프로젝트' 덕분에 교실이 더 따뜻해졌다. (   )

활동2 기사를 보고 다음 낱말과 뜻이 알맞도록 이으세요.

배려 •　　　　　• 남을 먼저 생각하는 따뜻한 마음
비밀 •　　　　　• 특별한 계획이나 활동
프로젝트 •　　　　• 아무에게도 말하지 않고 숨기는 것
변화 •　　　　　• 달라진 모습이나 상태

활동3 기사를 보고 빈칸에 들어갈 알맞은 낱말을 보기에서 찾아 쓰세요.

보기 : 배려, 행복, 변화

1. 남을 먼저 생각하는 마음을 (   )라고 해요.
2. 몰래 착한 일을 했더니 (   )해졌어요.
3. '마니또 프로젝트'는 교실에 (   )를 가져왔어요.

활동4 초성 힌트를 보고 다음 빈칸에 공통으로 들어갈 말을 기사에서 찾아 쓰세요.

1. (   )가 남긴 쪽지를 읽고 아침부터 행복해졌어요.
2. (   ) 프로젝트가 시작된 뒤 교실에 작은 변화가 생겼어요.
3. 오늘은 나의 (   ) 친구에게 몰래 응원 한마디를 건넬 거예요.

| ㅁ | ㄴ | ㄸ |

| 교과 연계 | 4학년 3. 배려하는 우리 | 키워드 | 배려, 믿음, 용서

10 내 초콜릿이 사라졌어요

초콜릿이 사라졌어요

쉬는 시간에 한 친구가 책상 위에 두었던 초콜릿이 사라졌어요. "어? 어디 갔지?"하고 아이들은 놀라며 웅성거렸지요. 누가 가져간 걸까요? 함께 이야기를 나누고 알아보던 중 한 친구가 얼굴을 붉히며 말했어요. "미안해. 배가 너무 고파서 내가 먹었어." 그 친구는 자신의 잘못을 숨기지 않고 용기를 내어 솔직하게 인정했어요. 그리고 초콜릿을 가져간 것에 대해 진심으로 사과했어요. 친구들은 조용히 그 말을 들었어요. 잘못한 것은 나쁘지만, 솔직하게 말할 수 있는 용기도 소중하다는 걸 느꼈답니다.

친구 사이에 더 중요한 것

사과는 받았지만 초콜릿 주인의 마음은 많이 상했어요. "믿었던 친구가 그랬다니 속상해." 하고 쉽게 용서할 수 없다는 마음을 털어놓았지요. 어떤 친구는 "남의 물건을 허락 없이 손대면 절대 안 돼!"라고 말했고, 또 다른 친구는 "진심으로 사과했으니 한 번쯤은 용서해 줘도 좋지 않을까?"라고 말했어요. 이처럼 저마다 생각이 다를 수 있어요.

중요한 것은 감정에 휘둘리지 않고 서로의 입장을 이해하며 차분히 대화로 풀어 가려는 마음이에요. 이번 일을 통해 우리는 친구 사이의 믿음, 배려, 그리고 용서에 대해 깊이 생각해 보게 되었답니다. 앞으로도 이런 일이 생기면 솔직한 용기와 서로를 이해하려는 태도로 함께 해결해 가면 좋겠지요.

❶ 친구가 내 물건을 몰래 가져가면 어떤 기분이 들까요?
❷ 친구가 미안하다고 하면 어떻게 대답하면 좋을까요?
❸ 우리 반에서 모두가 행복하게 지내려면 어떤 약속을 하면 좋을까요?

 만만한 신문 활동

정답은 241쪽

활동 1 다음 문장이 맞으면 ○, 틀리면 × 표시하세요.

1. 친구들은 솔직하게 인정한 친구를 혼내기만 했다. (   )
2. 남의 물건을 허락 없이 가져가면 안 된다. (   )
3. 감정에 휘둘려 싸우는 것이 가장 중요하다. (   )

활동 2 기사를 보고 다음 낱말과 뜻이 알맞도록 이으세요.

용기 •　　　　　• 서로의 입장을 이해하고 생각하는 것
용서 •　　　　　• 상대의 잘못을 이해하고 받아주는 것
배려 •　　　　　• 두렵거나 창피해도 솔직하게 인정하는 마음
사과 •　　　　　• 자신의 잘못을 진심으로 미안하다고 말하는 것

활동 3 기사를 보고 빈칸에 들어갈 알맞은 낱말을 보기에서 찾아 쓰세요.

| **보기** : 용기, 용서, 배려 |

1. 상대의 잘못을 받아주는 것을 (　　　　)라고 해요.
2. 두렵지만 말할 수 있는 마음을 (　　　　)라고 해요.
3. 서로의 입장을 이해하려는 마음을 (　　　　)라고 해요.

활동 4 초성 힌트를 보고 다음 빈칸에 공통으로 들어갈 말을 기사에서 찾아 쓰세요.

1. 친구 사이에 중요한 것은 (　　　　)과 배려, 그리고 용서예요.
2. 친구 사이에는 (　　　　)이 있어야 해요.
3. (　　　　)이 깨지면 속상할 수 있어요.

| ㅁ | ㅇ |

| 교과 연계 | 4학년 3. 배려하는 우리 | 키워드 | 배려, 공감, 위로

11 속상한 친구를 웃게 만드는 방법

친구가 속상해할 때 어떻게 다가가야 할까요?

친구가 시무룩해 있으면 덩달아 마음이 무거워질 때가 있어요. 그럴 때는 먼저 친구의 마음을 살피며 차분히 옆에 있어 주는 것이 좋아요. 바로 "왜 그래?"라고 묻기보다는 "무슨 일 있었어?"처럼 부담을 덜어 주는 말을 건네며, 편안한 분위기를 만들어 주면 친구는 안도감을 느끼고 자신의 속마음을 조금씩 털어놓을 수 있어요.

두 번째로는 함께 웃을 수 있는 작은 이야기를 선물해 보세요. 예를 들면, "나 강아지랑 춤을 췄는데, 강아지가 나를 똑같이 따라하더라니까!" 같은 재미있는 이야기를 하면 친구의 얼굴에도 웃음꽃이 피어날 수 있어요. 유쾌한 분위기는 자연스럽게 친구의 기분을 풀어 줄 수 있답니다.

따뜻한 말 한마디가 주는 힘

친구를 위로하는 데 가장 큰 힘은 바로 따뜻한 말이에요. "너는 나에게 소중한 친구야."라는 한마디는 친구의 마음을 편안하게 해 주고, 관계를 더욱 단단하게 만들어 주어요.

사실, 친구가 속상해할 때 우리에게 필요한 건 특별한 기술이 아니에요. 친구의 마음을 살피는 따뜻한 눈길, 함께 웃을 수 있는 작은 이야기, 그리고 진심을 담은 한마디 이 3가지면 충분하답니다. 이제 친구가 화났을 때 이 방법들을 꼭 써 보세요. 마법 같은 일을 경험할 수 있답니다.

❶ 친구가 화났을 때 어떻게 풀어 줄 수 있을까요?
❷ "무슨 일 있어?"라고 물어보면 친구가 어떻게 반응할까요?
❸ 친구를 위로하는 3가지는 무엇인가요?

정답은 242쪽

 활동 1 다음 문장이 맞으면 ○, 틀리면 × 표시하세요.

1. 친구가 속상해할 때는 조심스럽고 따뜻하게 다가가는 것이 좋다. (   )
2. 친구가 시무룩해 있으면 "왜 그래?"라고 무조건 물어야 한다. (   )
3. 재미있는 이야기를 해 주면 친구의 얼굴에 웃음꽃이 피어날 수 있다. (   )
4. 따뜻한 말 한마디가 친구의 마음을 편안하게 만들어 준다. (   )

활동 2 기사를 보고 내용으로 알맞은 것을 고르세요.

① 친구가 속상해할 때는 따뜻한 말과 웃음을 나누는 것이 도움이 된다.
② 친구가 속상해할 때는 한숨을 쉰다.
③ 친구가 울적해하면 집에 먼저 간다.
④ 친구가 속상해할 때는 선생님한테 이야기한다.

 활동 3 기사를 보고 주어진 낱말의 뜻을 참고하여 문장을 완성하세요.

1. 친구를 위로할 때는 (   ) 어린 말을 해 주세요.
뜻 : 마음에서 우러나오는 참된 생각이나 느낌

2. 내 이야기를 들어 주면 (   )을 느낄 수 있어요.
뜻 : 마음이 놓여서 편안해지는 느낌

 활동 4 뜻을 참고하여 알맞은 단어에 동그라미표를 하세요.

1. (안도감 / 걱정) : 친구가 내 마음을 이해해 주었을 때 드는 기분
2. (거짓말 / 진심) : 마음에서 우러나와서 하는 말
3. (이야기 / 잔소리) : 친구에게 재미있게 들려주는 것
4. (한숨 / 웃음) : 친구와 함께 나누면 기분이 좋아지는 것

| 교과 연계 | 4학년 3. 배려하는 우리 | 키워드 | 배려, 응원

12 놀이터에서 새 친구 사귀는 꿀팁

만만한 신문 읽기

놀이터에서 친구 사귀는 방법

친구를 사귀기 위한 첫걸음은 바로 인사예요. "안녕!" 하고 환하게 웃으며 인사하면 상대도 자연스럽게 마음을 열게 되죠. 처음이라 부끄러울 수 있지만, 인사는 마음을 이어 주는 좋은 시작이랍니다. 친구가 무엇을 하고 있는지 관심 있게 바라보는 것도 중요해요. 친구가 혼자 놀고 있다면 "나랑 같이 놀자!"라고 다가가 보세요. 이런 작은 배려는 자연스럽게 함께 놀 수 있는 분위기를 만든답니다.

그리고 대화는 친구 사이를 더 가깝게 만들어 주어요. 친구가 먼저 인사를 건넸을 때는 반갑게 대답하고 이야기를 나눠 보세요. 짧은 대화 속에서 서로의 관심사나 마음을 알게 되면 금세 친해질 수 있답니다. 친구를 사귀는 일은 쉬운 일이 아닐 수 있지만, 따뜻한 말 한마디와 배려하는 마음으로 다가간다면 누구나 좋은 친구를 만날 수 있어요. 오늘도 놀이터에서 멋진 친구들을 사귀어 볼까요?

낯설지만 설레는 만남, 놀이터에서 친구 만들기

새로운 친구를 사귀는 일이 어렵게 느껴질 때가 있어요. 특히 놀이터처럼 처음 만나는 친구들이 많은 곳에서는 더 그렇죠. 괜히 어색하고, 어떻게 말을 걸어야 할지 망설여질 수 있어요. 하지만 너무 걱정하지 마세요. 누구나 처음은 낯설고 어렵게 느껴지니까요. 작은 용기와 따뜻한 마음만 있다면 놀이터는 멋진 친구를 만날 수 있는 최고의 장소가 될 수 있어요.

생각해 보세요

❶ 친구에게 먼저 인사해 본 적이 있나요?
❷ 혼자 놀고 있는 친구에게 어떻게 같이 놀자고 할까요?
❸ 친구가 잘했을 때 뭐라고 응원해 줄까요?

 정답은 242쪽

활동 1 다음 문장이 맞으면 ○, 틀리면 × 표시하세요.

1. 놀이터에서 친구를 사귀는 것이 어려울 수 있다. (　　)
2. 처음 만난 친구와는 절대 친해질 수 없다. (　　)
3. "안녕!" 하고 인사하는 것은 친구 사귀기의 첫걸음이다. (　　)
4. 친구와 대화하면 서로 더 가까워질 수 있다. (　　)

활동 2 기사를 보고 다음 낱말과 뜻이 알맞도록 이으세요.

인사　•　　• 친구가 무엇을 하고 있는지 바라보는 마음
관심　•　　• "안녕!" 하고 밝게 말하는 것
배려　•　　• 서로 이야기를 나누는 것
대화　•　　• 친구에게 "같이 놀자!"라고 다가가는 따뜻한 마음

활동 3 초성 힌트를 보고 다음 빈칸에 공통으로 들어갈 말을 기사에서 찾아 쓰세요.

1. 놀이터에서 친구를 사귀려면 따뜻한 (　　　　)이 필요해요.
2. 친구와 친해지려면 서로의 (　　　　)을 알아보는 것이 중요해요.

ㅁ	ㅇ

활동 4 다음 문장을 원고지에 따라 써 보세요.

인사는 마음을 이어 주는 좋은 시작입니다.

	인	사	는		마	음	을		이	어		주	는	
좋	은		시	작	입	니	다	.						

| 교과 연계 | 4학년 4. 도덕적인 생활을 위한 탐구 | 키워드 | 배려, 솔직한 태도, 정직한 마음

13 친구랑 싸웠을 때 이 말 한마디면 화해 성공

만만한 신문 읽기

친구와 다투었을 때는 그다음 행동이 중요해요
친구와 다퉈 본 적 있나요? 놀이터에서, 급식 줄에서, 또는 게임을 하다가도 싸움이 생길 수 있어요. 누구나 겪을 수 있는 일이죠. 하지만 싸움보다 더 중요한 것은 바로 '그다음 행동'이에요. 싸움은 보통 순간의 감정 때문에 일어나요.
그런데 오래도록 마음에 남는 감정은 서로의 마음을 제대로 이해하지 못해서 생기는 경우가 많답니다. 그럴 때는 친구가 어떤 기분이었을지 먼저 생각해 보는 배려가 필요해요. 그리고 먼저 내 마음을 솔직하게 표현해 보세요. "갑자기 화가 나서 그런 말을 했어. 미안해." 이렇게 정직하게 사과하면 친구도 조금씩 마음을 열게 될 거예요. 화해는 멋진 말이 아니라 진심이 담긴 말에서 시작한답니다.

먼저 다가가는 용기가 우정을 더 깊게 만들어요
친구는 다시는 안 볼 사이가 아니라 함께 자라고 변화해 가는 소중한 존재예요. 다툼이 있어도 먼저 다가가는 용기를 낼 수 있다면 서로에게 멋진 친구가 될 수 있어요. 친구와 다툼이 생기면 솔직하고 정직한 마음으로 다가가 보세요. '먼저 말 걸면 어떨까?', '내가 사과해 보면 어떨까?'라는 고민과 진심 어린 한마디가 우정을 더 깊고 단단하게 만들어 줄 거예요. 화해는 용기에서 시작하고, 그 용기는 진짜 친구를 만들어 준다는 걸 꼭 기억하세요.

생각해 보세요

❶ 친구와 싸운 뒤에 어떤 말을 하면 화해가 쉬워질까요?
❷ 내 마음을 솔직하게 말한다는 것은 어떤 걸까요? 왜 솔직한 태도가 중요할까요?
❸ 정직하게 사과하는 것이 왜 친구 관계를 더 좋게 만들어 줄까요?

 만만한 신문 활동

정답은 242쪽

활동1 다음 문장이 맞으면 ○, 틀리면 × 표시하세요.

1. 친구와 싸운 뒤에는 그다음 행동이 더 중요하다. (　　)
2. 화해는 멋진 말보다 진심이 담긴 말에서 시작한다. (　　)
3. 친구에게 먼저 다가가는 용기는 우정을 깊게 만든다. (　　)
4. 진심 어린 사과는 화해에 도움이 되지 않는다. (　　)

 활동2 기사를 보고 다음 낱말과 뜻이 알맞도록 이으세요.

배려 •　　　　• 먼저 다가가거나 사과할 수 있는 마음
용기 •　　　　• 친구의 기분을 먼저 생각하는 것
진심 •　　　　• 거짓이 없이 솔직하게 마음을 전하는 것
화해 •　　　　• 다툰 뒤에 다시 사이좋게 지내는 것

활동3 기사를 보고 빈칸에 들어갈 알맞은 낱말을 보기에서 찾아 쓰세요.

> **보기** : 용기, 배려, 진심, 사과

1. 친구와 싸웠을 때는 (　　　　)하는 마음이 필요해요.
2. 화해는 멋진 말이 아니라 (　　　　)이 담긴 말에서 시작돼요.
3. 다툰 뒤 먼저 다가가는 (　　　　)가 우정을 깊게 만들어요.
4. 친구에게 (　　　　)하면 마음을 열 수 있어요.

 활동4 다음 문장을 원고지에 따라 써 보세요.

화해는 멋진 말보다 진심이 담긴 말에서 시작돼요.

	화	해	는		멋	진		말	보	다		진	심	이
담	긴		말	에	서		시	작	돼	요	.			

| 교과 연계 | 4학년 5. 바람직한 디지털 사회 | 키워드 | 디지털 사회, 개인정보 유출, 사이버 폭력

14 로봇이 학교에 오면 도덕 시간이 필요할까?

만만한 신문 읽기

로봇 선생님이 온다면?

요즘은 로봇이 청소도 하고, 배달도 하고, 사람과 대화도 해요. 공부를 도와주는 로봇, 병원에서 간호사 일을 하는 로봇, 외로울 때 친구가 되어 주는 로봇도 있지요. 그렇다면 만약 우리 학교에 똑똑한 로봇이 와서 선생님처럼 수업을 한다면 어떨까요? 처음에는 신기하고 재미있을 거예요. 로봇은 많은 지식을 빠르게 알려 줄 수 있고, 반복 설명도 지치지 않고 해 줄 수 있으니까요.

하지만 좋은 점만 있는 것은 아니에요. 우리가 조심해야 할 점도 있답니다. 로봇은 우리가 한 말을 기억하고, 사진을 찍거나 영상을 저장할 수 있어요. 이 과정에서 무심코 한 말이나 행동이 인터넷에 퍼져 이름, 얼굴, 주소 같은 개인정보가 외부에 노출되어 큰 문제가 될 수도 있답니다.

도덕 시간은 더 소중해져요

로봇을 이용해 나쁜 말을 보내거나 놀리는 행동은 사이버 폭력이 되기도 해요. 그래서 기계와 함께 살아가는 시대에는 더욱 조심스럽고 책임 있는 태도가 필요해요. 디지털 세상에서도 우리의 말과 행동에는 반드시 책임이 따른다는 것을 잊지 말아야 한답니다. 로봇이 학교에 와도 도덕 시간은 중요해요. 로봇이 아무리 똑똑해도 사람의 마음을 느끼거나 공감하는 것은 어려우니까요. 로봇과 함께 살아가는 사회일수록 사람의 마음과 도덕적인 생각이 꼭 함께 자라야 한답니다.

생각해 보세요

❶ 로봇 선생님이 진짜 학교에 온다면 제일 먼저 해 보고 싶은 게 뭔가요?
❷ 로봇이 내 비밀을 엿듣고 다른 사람한테 말해 버린다면 어떤 기분일까요?
❸ 똑똑한 로봇이 있어도 도덕 시간이 꼭 필요한 이유는 뭘까요?

 만만한 신문 활동

정답은 242쪽

 활동1 다음 문장이 맞으면 ○, 틀리면 × 표시하세요.

1. 로봇 선생님이 오면 신기하고 재미있을 수 있다. (   )
2. 로봇은 사람의 마음을 잘 느낄 수 있다. (   )
3. 로봇이 개인정보를 외부로 퍼뜨릴 위험이 있다. (   )
4. 로봇이 학교에 오면 도덕 시간은 필요 없다. (   )

활동2 기사를 보고 내용으로 알맞은 것을 고르세요.

① 로봇이 학교에 오면 도덕적인 생각이 더 중요해진다.
② 로봇은 친구의 마음을 잘 이해한다.
③ 로봇이 하는 일에는 책임이 필요 없다.
④ 로봇이 수업하면 우리의 개인정보는 안전하다.

 활동3 기사를 보고 빈칸에 들어갈 알맞은 낱말을 보기에서 찾아 쓰세요.

보기 : 개인정보, 책임, 도덕, 공감

1. 이름, 얼굴, 주소 같은 것은 (   )예요.
2. 디지털 세상에서도 말과 행동에는 (   )이 필요해요.
3. 로봇이 학교에 와도 (   ) 시간은 중요해요.
4. 로봇은 사람의 마음을 느끼거나 (   )하는 것이 어려워요.

 활동4 뜻을 참고하여 알맞은 단어에 동그라미표를 하세요.

1. (도덕 / 수학) : 사람의 마음과 바른 행동을 배우는 시간
2. (반복 / 공감) : 남의 마음을 이해하고 느끼는 것
3. (책임 / 장난) : 디지털 세상에서 자신의 말과 행동에 필요한 태도
4. (개인정보 / 장난감) : 이름, 얼굴, 주소와 같이 개인을 알 수 있는 정보

| 교과 연계 | 4학년 6. 통일로 가는 한 걸음 | 키워드 | 통일의 필요성, 바람직한 통일

15 통일, 우리 손으로 만드는 미래 이야기

 **만만한 신문 읽기**

힘을 합치면 더 강한 나라가 돼요

우리나라는 남한과 북한, 두 나라로 나뉘어 있어요. 하지만 통일이 되면 어떨까요? 남한은 스마트폰·기차·로봇 같은 기술이 발달했고, 북한에는 철광석·석탄·흑연 같은 자연자원이 많아요. 이 2가지가 만나면 서로의 부족한 점을 채워 더 강하고 똑똑한 나라가 될 수 있어요. 남북이 함께하면 일자리가 늘어나고 사람들이 더 많은 일을 할 수 있답니다. 예를 들어, 남한의 기술로 북한에 공장을 세우면 북한 사람들은 일을 하고, 남한은 더 많은 물건을 만들 수 있겠지요. 경제가 발전하면 모두가 행복해지고, 생활도 더 풍요로워질 거예요. 무엇보다 전쟁 걱정이 없는 평화로운 나라가 될 수 있어요.

서로를 알고 존중하는 마음이 통일의 시작이에요

지금은 남한과 북한이 다른 생각을 가지고 살아서 가끔 뉴스에서 걱정스러운 이야기가 들리기도 해요. 하지만 서로 도와주고 이해한다면 안전하고 평화로운 나라로 나아갈 수 있어요. 북한 친구를 만날 수 있다면 어떨까요? 처음엔 말투나 음식이 달라서 낯설겠지만, 이야기하고 함께 놀다 보면 '생각보다 비슷하네?' 하고 느낄 거예요. 예를 들어, 서로의 놀이를 배우거나 서로의 전통 문화를 나누는 활동을 해 볼 수도 있겠지요. 서로의 다른 환경을 이해하고 존중하는 마음, 그게 바로 통일을 향한 첫걸음이에요.

생각해 보세요

❶ 통일이 되면 우리나라가 더 어떻게 좋아질까요?
❷ 통일되면 모두가 더 행복해지는 이유는 뭔가요?
❸ 남한과 북한이 힘을 합치면 어떤 재미있는 일이 생길까요?

 만만한 신문 활동

정답은 243쪽

활동1 다음 문장이 맞으면 ○, 틀리면 × 표시하세요.

1. 남한과 북한이 힘을 합치면 더 강한 나라가 될 수 있다. (　　)
2. 북한에는 철광석, 석탄, 흑연 같은 자연자원이 많다. (　　)
3. 통일이 되면 전쟁 걱정이 줄어들 수 있다. (　　)
4. 남과 북이 만나도 달라서 친구가 될 수 없다. (　　)

활동2 기사를 보고 내용으로 알맞은 것을 고르세요.

① 남한과 북한이 힘을 합치면 더 강하고 똑똑한 나라가 될 수 있다.
② 남한에는 자연자원이 많고, 북한에는 스마트폰 기술이 많다.
③ 통일이 되면 아무런 어려움 없이 친하게 지낼 수 있다.
④ 서로의 다름을 인정하지 않는 것이 중요하다.

 활동3 기사를 보고 빈칸에 들어갈 알맞은 낱말을 보기에서 찾아 쓰세요.

보기 : 통일, 존중, 자연자원, 평화

1. 남한에는 멋진 기술, 북한에는 많은 (　　　　)이 있어요.
2. 통일이 되면 (　　　　)로운 나라가 될 수 있어요.
3. 서로의 다름을 (　　　　)하는 것이 중요해요.
4. 남과 북이 하나 되는 것을 (　　　　)이라고 해요.

 활동4 기사를 보고 주어진 낱말의 뜻을 참고하여 문장을 완성하세요.

1. 남한과 북한이 만나려면 서로를 (　　　　)해야 해요.
뜻 : 서로의 다름을 인정하고 소중히 여기는 것

2. 남한과 북한이 하나가 되는 것을 (　　　　)이라고 해요.
뜻 : 나누어진 나라가 하나로 합쳐지는 것

| 교과 연계 | 3-1학기 1. 힘과 우리 생활 | 키워드 | 힘, 큰 힘, 작은 힘, 수평, 무게

01 내 손 안의 슈퍼파워: 힘은 어디에 숨어 있을까?

만만한 신문 읽기

작지만 큰 힘, 내 손 안의 슈퍼파워

손바닥 위에 지우개 하나를 올려놓고 다른 손으로 살짝 밀어 볼까요? 지우개는 손쉽게 움직일 거예요. 이번에는 책상 위에 있는 책을 밀어 보세요. 지우개보다 더 큰 힘을 줘야 움직일 수 있어요. 이처럼 물건이 움직이려면 크고 작은 힘이 필요해요. 공놀이를 할 때 공을 세게 던지면 멀리 날아가고, 약하게 던지면 가까이 떨어지지요. 이렇게 물건을 움직이는 힘은 크기와 방향에 따라 다양하게 나타나요.

손가락으로 연필을 세워 보면 똑바로 서 있는 건 어렵지만 가로로 눕히면 잘 움직이지 않아요. 이렇게 우리는 매일 큰 힘, 작은 힘을 쓰고 있답니다. 여러분 손 안에도 놀라운 슈퍼파워가 숨어 있으니 찾아보세요.

힘의 균형, 무게가 같으면 어떻게 될까?

친구와 시소를 탈 때 몸무게가 비슷하면 시소는 수평을 이루며 움직이지 않아요. 이것을 힘의 균형이라고 해요. 힘의 균형은 양쪽의 힘이 같을 때 나타나요. 만약 친구가 조금 더 무겁다면 시소는 친구 쪽으로 기울어지고, 가벼운 쪽은 위로 올라가지요. 이렇게 무거운 쪽으로 기울어지는 이유는 무게 때문이에요. 양팔저울 위에 같은 무게의 사과 2개를 올리면 양쪽이 똑같이 균형을 잡아요. 하지만 한쪽에 작은 돌멩이 하나만 더 올려도 균형이 깨지고 말죠. 이렇게 우리 생활 속에서는 무게와 균형이 숨어 있답니다.

생각해 보세요

❶ 지우개와 책을 각각 밀었을 때 더 큰 힘이 필요한 물건은 무엇인가요?
❷ 연필이 잘 움직이지 않게 하려면 어떻게 놓아야 하나요?
❸ 시소가 수평을 이루려면 어떤 조건이 필요할까요?

정답은 243쪽

활동 1 다음 문장이 맞으면 ○, 틀리면 × 표시하세요.

1. 물건을 움직이려면 힘이 필요하다. (　　)
2. 무거운 책은 지우개보다 더 큰 힘이 필요하다. (　　)
3. 시소를 탈 때 몸무게가 같으면 시소는 수평이 된다. (　　)
4. 한쪽이 더 무거우면 시소는 무거운 쪽으로 올라간다. (　　)

활동 2 기사를 보고 다음 낱말과 뜻이 알맞도록 이으세요.

균형 •　　　　• 양쪽의 힘이나 무게가 같아서 어느 쪽으로도 움직이지 않는 상태
힘　 •　　　　• 물건이 얼마나 무거운지를 나타내는 것
무게 •　　　　• 물건을 움직이거나 멈추게 하는 것
방향 •　　　　• 움직이거나 힘이 가는 쪽

활동 3 기사를 보고 빈칸에 들어갈 알맞은 낱말을 보기에서 찾아 쓰세요.

> **보기** : 힘, 균형, 무게, 큰 힘

1. 손바닥 위의 지우개를 움직이려면 (　　　　)이 필요해요.
2. 시소를 탈 때 양쪽 몸무게가 같으면 (　　　　)을 이루어요.
3. 책을 밀 때는 지우개를 밀 때보다 더 (　　　　)이 필요해요.
4. 양팔저울이 한쪽으로 기울어지는 것은 (　　　　)가 달라서예요.

활동 4 초성 힌트를 보고 다음 빈칸에 공통으로 들어갈 말을 기사에서 찾아 쓰세요.

1. 무게가 같을 때 (　　　　)이 잡혀요.
2. 시소를 탈 때 몸무게가 다르면 (　　　　)이 깨져요.

ㄱ	ㅎ

| 교과 연계 | 3학년 1학기 1. 힘과 우리 생활　　| 키워드 | 저울, 무게를 비교하는 단위, g(그램), kg(킬로그램)

02 저울과 무게의 비밀 : g와 kg 배우기

만만한 신문 읽기

저울로 무게를 재요

우리가 먹는 과자 한 봉지, 학교에 오갈 때 들고 다니는 책가방, 새콤달콤한 사과까지 모두 무게가 있어요. 그런데 무게가 얼마나 되는지 궁금할 때는 어떻게 하면 좋을까요? 바로 '저울'을 사용하면 된답니다. 저울은 물건이 얼마나 무거운지 알려 주는 아주 똑똑한 도구예요. 집에 있는 작은 저울로는 과자, 달걀, 연필처럼 가벼운 물건을 잴 수 있고, 시장이나 마트에서는 더 큰 저울로 무거운 쌀, 커다란 상자도 잴 수 있답니다. 저울 위에 물건을 올려놓으면 바늘이 움직이거나, 숫자가 뚝딱 나타나서 무게가 얼마나 되는지 바로 알 수 있어요.

무게의 단위, g와 kg를 알아봐요

저울로 잰 무게는 어떻게 표시할까요? 바로 '단위'를 써서 말해요. 가장 많이 쓰는 무게 단위는 '그램(g)'과 '킬로그램(kg)'이에요. 과자 한 봉지는 50g, 연필 한 자루는 10g, 책 한 권은 500g처럼 가볍고 작은 물건은 '그램(g)' 단위를 써요. 반면에 쌀 한 포대처럼 무겁고 큰 물건은 '킬로그램(kg)'을 써요. 1킬로그램은 1,000그램과 같아요. 그래서 100g짜리 작은 감자를 10개 모으면 1kg이 되는 거예요.

저울과 단위를 잘 알면 물건을 살 때도, 요리를 할 때도 정말 편리해진답니다. 다음에 저울을 볼 때는 '무게'와 '단위'를 꼭 한 번 생각해 보세요.

생각해 보세요

❶ 저울은 어떤 때에 사용하는 도구인가요?
❷ 무게를 나타내는 대표적인 단위 2가지는 무엇인가요?
❸ 1킬로그램(kg)은 몇 그램(g)과 같나요?

 만만한 신문 활동

정답은 243쪽

활동 1 다음 문장이 맞으면 O, 틀리면 × 표시하세요.

1. 저울은 물건이 얼마나 무거운지 알려 주는 도구이다. (   )
2. 연필이나 과자처럼 가벼운 물건은 작은 저울로 잴 수 있다. (   )
3. 쌀이나 큰 상자는 집에서만 잴 수 있다. (   )
4. 1킬로그램(kg)은 1,000그램(g)과 같다. (   )

 활동 2 기사를 보고 내용으로 알맞은 것을 고르세요.

① 저울 위에 물건을 올리면 바늘이 움직이거나 숫자가 나타난다.
② 무게를 잴 때는 항상 손으로 들어보면 된다.
③ 저울은 오직 과자 무게만 잴 수 있다.
④ 모든 물건은 킬로그램으로만 잴 수 있다.

활동 3 기사를 보고 빈칸에 들어갈 알맞은 낱말을 보기에서 찾아 쓰세요.

| 보기 : 단위, 무게, 그램, 킬로그램 |

1. 물건이 얼마나 무거운지를 (   )라고 한다.
2. 저울로 잰 무게는 (   )를 써서 말한다.
3. 연필 한 자루처럼 가벼운 것은 (   ) 단위를 쓴다.
4. 쌀 한 포대처럼 무거운 것은 (   ) 단위를 쓴다.

 활동 4 뜻을 참고하여 알맞은 단어에 동그라미표를 하세요.

1. (킬로그램 / 그램) : 과자 한 봉지처럼 가벼운 물건을 재는 단위
2. (저울 / 바늘) : 무게를 재는 도구
3. (종이 / 킬로그램) : 쌀 한 포대처럼 무거운 물건을 재는 단위
4. (단위 / 가격) : 무게, 길이 등을 말할 때 쓰는 특별한 말

| 교과 연계 | 3학년 1학기 2. 동물의 생활 | 키워드 | 동물의 생김새, 생활 방식, 환경, 숲, 강, 호수, 사막

03 동물은 어떻게 살아갈까?

만만한 신문 읽기

동물의 생김새, 환경과 친구가 되다

숲속에서 토끼가 귀를 쫑긋 세우고 있어요. 토끼는 크고 긴 귀로 아주 작은 소리도 금방 알아채요. 멀리서 나뭇잎이 흔들리는 소리나 발자국 소리만 나도 긴 뒷다리로 쏜살같이 도망갈 수 있답니다. 밤이 되면 부엉이가 나뭇가지에 앉아 조용히 사냥 준비를 해요. 부엉이는 나무와 몸의 색이 비슷해서 쉽게 눈에 띄지 않고, 날개 소리도 거의 들리지 않아 밤에도 몰래 먹이를 잡을 수 있답니다. 이처럼 동물들은 각자 사는 환경에 잘 어울리도록 생김새가 바뀌어 왔어요.

생활 방식도 환경에 딱 맞게

개구리는 강이나 연못, 호수에서 자라요. 뒷다리에 있는 물갈퀴 덕분에 물속에서는 자유롭게 헤엄치고, 땅 위에서는 팔딱팔딱 뛰어다닐 수 있지요. 사막에 사는 낙타는 등에 혹이 있는데, 여기에 지방을 저장해 오랫동안 물과 먹이가 없어도 버틸 수 있어요. 사막여우는 커다란 귀로 몸의 열을 밖으로 내보내기 때문에 더운 날씨도 견딜 수 있어요. 밤이 되면 조용히 사냥을 나가고, 모래에 파묻혀 더위를 피하기도 하지요.

이렇게 동물들은 자신만의 방법으로 환경에 꼭 맞게 살아가요. 주변의 동물들을 자세히 살펴보고 "왜 이런 생김새일까?", "왜 이렇게 살아갈까?" 궁금해하며 관찰해 보세요. 동물들만의 놀라운 생활 방식을 찾을 수 있을 거예요.

생각해 보세요

❶ 부엉이가 밤에도 먹이를 잘 잡을 수 있는 비밀은 무엇인가요?
❷ 낙타의 혹에는 무엇이 들어 있을까요? 왜 혹이 필요할까요?
❸ 사막여우는 큰 귀를 어떻게 활용해서 더위를 이길까요?

 만만한 신문 활동

정답은 243쪽

 활동 1 다음 문장이 맞으면 ○, 틀리면 × 표시하세요.

1. 숲에 사는 토끼는 크고 긴 귀로 작은 소리도 금방 알아챈다. (   )
2. 부엉이는 밤에 사냥하기 힘들다. (   )
3. 개구리는 뒷다리에 물갈퀴가 있어 물속에서 잘 헤엄친다. (   )
4. 사막여우는 커다란 귀로 열을 내보내 더운 날씨를 견딜 수 있다. (   )

활동 2 기사를 보고 내용으로 알맞은 것을 고르세요.

① 동물들은 각자 환경에 알맞게 생김새나 생활 방식이 달라진다.
② 모든 동물은 같은 모습과 생활 방식을 가지고 있다.
③ 낙타는 강에서만 산다.
④ 개구리는 땅 위에서만 살 수 있다.

 활동 3 기사를 보고 빈칸에 들어갈 알맞은 낱말을 보기에서 찾아 쓰세요.

| **보기** : 귀, 혹, 물갈퀴, 색 |

1. 토끼는 큰 (   )로 작은 소리를 듣고 도망간다.
2. 부엉이는 나무와 비슷한 (   ) 덕분에 숨을 수 있다.
3. 개구리는 뒷다리에 (   )가 있어 헤엄을 잘 친다.
4. 낙타는 등에 (   )이 있어 사막에서도 버틸 수 있다.

 활동 4 뜻을 참고하여 알맞은 단어에 동그라미표를 하세요.

1. (물갈퀴 / 뿔) : 개구리가 물에서 헤엄치게 도와주는 것
2. (귀 / 혹) : 낙타가 사막에서 버틸 수 있게 도와주는 것
3. (환경 / 모래) : 동물이나 식물이 살아가는 곳
4. (꼬리 / 귀) : 토끼가 작은 소리를 잘 듣게 해 주는 것

| 교과 연계 | 3학년 1학기. 3. 식물의 생활 | 키워드 | 환경, 적응, 다양한 식물의 생활

04 식물도 움직일 수 있다고?

들과 산, 땅 위에서 쑥쑥 자라는 식물들

우리 동네 들이나 산에는 어떤 식물들이 살고 있을까요? 봄에 노랗게 피는 민들레, 푸른 잎을 자랑하는 소나무, 가을마다 잎이 빨갛게 변하는 단풍나무까지 다양한 식물이 살고 있어요.

이런 식물들은 모두 줄기와 잎이 땅 위에서 햇볕을 쬐며 자라고, 뿌리는 땅속 깊숙이 박혀 있어요. 뿌리는 식물이 쓰러지지 않게 도와주고, 땅속의 물과 영양분을 쏙쏙 끌어올려 식물에게 보내준답니다. 그래서 비가 와도, 바람이 불어도 쉽게 쓰러지지 않아요. 계절마다 달라지는 식물들의 모습은 마치 자연이 우리에게 보여 주는 멋진 공연 같답니다.

물 위와 사막, 특별한 집에서 사는 식물들

강이나 연못에서는 땅 위 식물들과는 다른 신기한 식물들을 만날 수 있어요. 부레옥잠은 잎자루에 공기주머니가 있어서 물 위에 둥둥 떠다니고, 수련은 넓은 잎을 쭉 펴고 물 위에 누워 있어요. 마치 물 위에서 휴식하는 모습 같지요? 사막에는 비가 거의 오지 않아도 끄떡없는 선인장이 있어요. 선인장은 줄기나 잎에 물을 저장해 두었다가 꼭 필요할 때 꺼내 써요. 그래서 사막에서도 오랫동안 살아남을 수 있답니다.

식물들은 자신이 사는 집, 즉 환경에 맞춰 몸과 생활 방식을 바꿔 왔어요. 땅, 물, 사막 등 어디에서든 멋지게 살아가는 식물 친구들을 주변에서 찾아보며 관찰해 보세요.

❶ 들이나 산에 사는 식물들은 줄기와 잎이 어디에서 자라나요?
❷ 부레옥잠과 수련은 어디에서 살고 있나요?
❸ 사막에서 사는 선인장은 왜 줄기나 잎에 물을 저장할까요?

활동 1 **다음 문장이 맞으면 ○, 틀리면 × 표시하세요.**

1. 민들레, 소나무, 단풍나무는 모두 땅 위에서 자라는 식물이다. (   )
2. 부레옥잠은 물 위에 떠서 사는 식물이다. (   )
3. 선인장은 사막에서 물 없이도 오래 살 수 있다. (   )
4. 땅속의 뿌리는 식물이 넘어지지 않게 도와준다. (   )

 활동 2 **기사를 보고 내용으로 알맞은 것을 고르세요.**

① 부레옥잠은 잎자루에 공기주머니가 있어서 물 위에 떠 있다.
② 단풍나무는 사막에서 자란다.
③ 선인장은 물이 많은 강에서 산다.
④ 소나무는 물속에 떠서 산다.

활동 3 **기사를 보고 빈칸에 들어갈 알맞은 낱말을 보기에서 찾아 쓰세요.**

> **보기** : 뿌리, 물, 공기주머니, 사막

1. 소나무의 (   )는 땅속 깊숙이 박혀 있다.
2. 부레옥잠은 (   ) 덕분에 물 위에 떠 있다.
3. 선인장은 줄기나 잎에 물을 저장해 두었다가 필요할 때 쓰기 때문에 (   )에서 살아남을 수 있다.
4. 식물들은 (   )과 햇볕을 받아 자란다.

 활동 4 **기사를 보고 주어진 낱말의 뜻을 참고하여 문장을 완성하세요.**

1. 식물들은 자신이 사는 (   )에 맞게 몸과 생활 방식을 바꿔 왔어요.
뜻 : 식물이나 동물이 살아가는 곳이나 조건

2. (   )는 식물이 넘어지지 않게 도와주고, 땅속의 영양분을 끌어올려요.
뜻 : 식물이 땅속에서 물과 영양분을 끌어올리고 넘어지지 않게 도와주는 부분

| 교과 연계 | 3학년 1학기 4. 생물의 한살이 | 키워드 | 알, 애벌레, 번데기, 어른벌레

05 배추흰나비는 어떻게 어른이 될까?

만만한 신문 읽기

배춧잎 아래에서 시작되는 생명 이야기

봄이 오면 배추밭에서 팔랑팔랑 날아다니는 하얀 나비를 볼 수 있어요. 그러나 이 예쁜 배추흰나비가 처음부터 날개를 펴고 날 수 있었던 것은 아니랍니다. 배추흰나비는 배춧잎 뒤에 아주 작은 노란색 알을 낳아요. 너무 작아서 돋보기를 써야 보일 정도이지요. 며칠이 지나면 알이 '톡!' 깨지며 꼬물꼬물 애벌레가 나와요.

애벌레는 태어나자마자 "배고파!" 하듯 배춧잎을 쉴 새 없이 먹어요. 밤낮없이 먹다 보면 금세 통통하고 길쭉하게 자란답니다. 그래서 농부 아저씨는 "배추가 다 없어지겠네!" 하고 걱정하기도 해요.

번데기에서 펼쳐지는 변신 마법

통통해진 애벌레는 나뭇가지에 매달려 번데기가 돼요. 움직이지 않아서 마치 잠자는 것 같지만, 번데기 안에서는 다리도 자라고, 날개도 생기며 몸이 완전히 바뀌는 마법 같은 일이 일어나요. 며칠이 지나 번데기 껍질이 '딱!' 하고 갈라지면 그 안에서 반짝이는 날개를 가진 배추흰나비가 나와요. 날개를 바람에 말린 뒤에는 꽃을 찾아 자유롭게 날아다닙니다. 그리고 또 다른 생명의 탄생을 준비하지요. 배추흰나비는 이렇게 알-애벌레-번데기-어른벌레의 과정을 차례차례 거쳐 어른이 돼요. 다음에 배추밭에 가게 된다면 조심스럽게 배춧잎을 들여다보세요. 그 아래에 작은 생명의 신비가 숨어 있을지 몰라요.

생각해 보세요

① 배추흰나비는 알에서 어른벌레가 되기까지 어떤 단계를 거쳤나요?
② 애벌레처럼 매일 배추만 먹을 수 있을까요? 먹고 싶은 음식 하나를 고른다면 무엇인가요?
③ 번데기 안에서 나비가 되는 걸 상상해 본 적 있나요? 몸이 변하는 느낌은 어떨 것 같아요?

정답은 244쪽

 활동 1 다음 문장이 맞으면 ○, 틀리면 × 표시하세요.

1. 배추흰나비는 처음부터 날개를 펴고 날 수 있다. (   )
2. 애벌레는 배춧잎을 많이 먹고 자란다. (   )
3. 번데기 안에서는 몸이 변하는 마법 같은 일이 일어난다. (   )
4. 배추흰나비는 꽃을 찾아 날아다닌다. (   )

 활동 2 기사를 보고 다음 낱말과 뜻이 알맞도록 이으세요.

알　　　　·　　　· 애벌레가 어른벌레로 자라기 위해 껍질 속에 있는 단계
애벌레　　·　　　· 애벌레가 되기 전 아주 작고 둥근 생명
번데기　　·　　　· 알에서 깨어난 어린벌레
어른벌레　·　　　· 다 자란 벌레

 **활동 3** 기사를 보고 빈칸에 들어갈 알맞은 낱말을 보기에서 찾아 쓰세요.

보기 : 번데기, 알, 애벌레, 어른벌레

1. 배추흰나비는 배춧잎 아래에 (　　　　)을 낳아요.
2. 알에서 (　　　　)가 태어나요.
3. 애벌레가 자라면 (　　　　)가 돼요.
4. 번데기 껍질이 갈라지면 (　　　　)인 배추흰나비가 나와요.

활동 4 다음 문장을 원고지에 따라 써 보세요.

배추흰나비는 알, 애벌레, 번데기, 어른벌레의 과정을 거쳐 어른이 돼요.

	배	추	흰	나	비	는		알	,	애	벌	레	,	번
데	기	,	어	른	벌	레	의		과	정	을		거	쳐
어	른	이		돼	요	.								

| 교과 연계 | 3학년 2학기 1. 물체와 물질 | 키워드 | 금속, 나무, 유리, 플라스틱, 고무, 물질의 성질

06 물질마다 성질이 달라요

만만한 신문 읽기

우리 주변의 신기한 물질들

책상 위에 놓인 연필, 거실 유리창, 지우개와 풍선까지 모든 물건은 각자 다른 물질로 만들어졌어요. 금속, 나무, 유리, 플라스틱, 고무가 바로 그 주인공이랍니다. 금속은 단단하고 반짝거려서 동전, 열쇠, 철봉 같은 물질에 많이 쓰여요. 나무는 부드럽고 따뜻한 느낌이 나서 책상, 의자, 연필처럼 생활 곳곳에서 만날 수 있지요.

유리는 투명해서 창문이나 안경, 병에 쓰여요. 그래서 유리컵으로 물을 마실 때 안에 뭐가 들어 있는지 한눈에 알 수 있답니다. 플라스틱은 색깔도 모양도 자유자재로 변신할 수 있어서 장난감, 물병, 의자 등 정말 다양한 곳에 쓰이고, 고무는 잘 늘어나서 풍선, 타이어, 지우개처럼 쭉쭉 늘어나는 물건에 쓰인답니다.

물질의 성질

물질은 모두 저마다 특별한 성질을 갖고 있어요. 금속은 아주 단단하고, 열과 전기가 잘 통해 전자제품, 냄비, 철봉에 쓰여요. 나무는 가볍고, 톱으로 자를 수 있으며, 시간이 지나면 자연으로 돌아가는 착한 물질이랍니다. 유리는 투명해서 햇빛을 잘 들여보내지만 툭 치면 쉽게 깨질 수 있으니 조심해야 해요. 플라스틱은 가볍고, 물에도 잘 뜨고, 원하는 모양과 색으로 만들 수 있지만, 땅에 묻으면 분해되는데 정말 오래 걸려요. 고무는 잘 늘어나고, 미끄럽지 않아 자동차 바퀴나 신발 밑창처럼 미끄러지지 않아야 하는 곳에 꼭 필요하답니다.

생각해 보세요

❶ 주변에서 금속으로 만들어진 물건을 찾아보세요.
❷ 유리는 어떤 성질이 있어서 컵이나 창문에 쓰일까요?
❸ 고무는 어디에 쓰이고, 어떤 성질이 있나요?

정답은 244쪽

 다음 문장이 맞으면 ○, 틀리면 × 표시하세요.

1. 플라스틱은 원하는 모양과 색으로 만들기 어렵다. (   )
2. 유리는 투명해서 속이 보인다. (   )
3. 고무는 잘 늘어나고 미끄럽지 않다. (   )
4. 나무는 시간이 지나도 분해되지 않고 그대로 남아 있다. (   )

기사를 보고 내용으로 알맞은 것을 고르세요.

① 유리는 깨지기 쉬워서 조심해야 한다.
② 플라스틱은 쉽게 분해된다.
③ 금속은 부드럽고 가벼운 성질이 있다.
④ 고무는 잘 늘어나지 않는다.

 기사를 보고 빈칸에 들어갈 알맞은 낱말을 보기에서 찾아 쓰세요.

| 보기 : 나무, 금속, 플라스틱, 고무 |

1. 동전, 열쇠, 철봉은 (   )으로 만들어져요.
2. 책상, 의자, 연필은 (   )로 만들어져요.
3. 장난감, 물병, 의자는 (   )으로 만들어져요.
4. 풍선, 타이어, 신발 밑창은 (   )로 만들어져요.

 뜻을 참고하여 알맞은 단어에 동그라미표를 하세요.

1. (플라스틱 / 나무) : 쉽게 다양한 색과 모양으로 만들 수 있는 물질
2. (금속 / 고무) : 잘 늘어나고 미끄럽지 않아 바퀴에 쓰이는 물질
3. (나무 / 유리) : 시간이 지나면 자연으로 돌아가는 물질
4. (플라스틱 / 유리) : 투명해서 속이 보이는 물질

| 교과 연계 | 3학년 2학기 2. 지구와 바다 | 키워드 | 밀물, 썰물, 바다갈라짐, 갯벌

07 바다가 숨기고 있는 보물

 만만한 신문 읽기

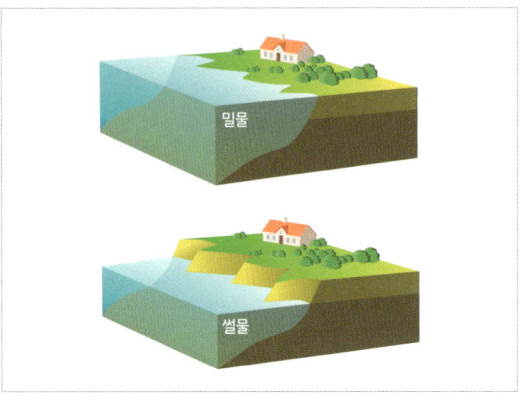

밀물과 썰물, 바다는 왜 움직일까?

바닷가에 가 본 적이 있나요? 바다는 가만히 있는 것 같지만, 사실은 매일 바닷물이 들어왔다 나갔다 하면서 움직이고 있답니다. 바닷물이 해변 쪽으로 들어오는 것을 '밀물'이라고 해요. 밀물이 되면 바닷가 모래밭까지 물이 차오르고, 바다에서 수영하기도 더 좋아요. 반대로 바닷물이 멀리 빠져나가면 '썰물'이 돼요. 썰물 때는 바닷가가 넓어지고, 평소에 물에 잠겨 있던 바닥이 드러나지요.

바다가 이렇게 움직이는 것은 달이 바닷물을 끌어당기기 때문이에요. 태양도 힘을 보태지만 달보다 멀리 있어서 영향은 조금 약하답니다.

썰물 때 드러나는 갯벌과 '바다갈라짐'의 비밀

썰물이 되면 바닷물 속에 숨어 있던 넓은 땅이 드러나요. 이곳을 바로 '갯벌'이라고 해요. 갯벌에는 조개, 게, 갯지렁이 등 다양한 바다 생물이 살고 있지요. 썰물 때는 갯벌에서 조개를 캐고, 게도 잡을 수 있어요.

아주 특별한 곳에서는 '바다갈라짐'도 볼 수 있답니다. 밀물일 때는 바닷물이 가득 차 있어 건널 수 없는 길이, 썰물 때가 되면 바다가 물러가며 길이 열리는 거예요. 전라남도 진도, 충청남도 보령시 무창포 해변에서는 '바다갈라짐' 축제가 열리기도 해요.

바다는 밀물과 썰물로 신비한 변신을 해요. 썰물 때 갯벌에서 만날 수 있는 생물 친구들을 찾아보고, 바다갈라짐 현상도 경험해 보세요.

 생각해 보세요

❶ 바닷물이 해변 쪽으로 들어오는 것을 무엇이라고 하나요?
❷ 썰물 때 바닷가에서 볼 수 있는 넓은 땅을 무엇이라고 하나요?
❸ 밀물과 썰물은 왜 생기나요?

정답은 244쪽

활동1 다음 문장이 맞으면 ○, 틀리면 × 표시하세요.

1. 바닷물이 해변 쪽으로 들어오는 것을 밀물이라고 한다. (   )
2. 썰물 때는 바닷가가 더 넓어진다. (   )
3. 밀물과 썰물은 바람 때문에 생긴다. (   )
4. 갯벌에는 조개, 게, 갯지렁이 등이 산다. (   )

활동2 기사를 보고 다음 낱말과 뜻이 알맞도록 이으세요.

밀물 · · 바닷물이 해변 쪽으로 들어오는 현상
썰물 · · 썰물 때 드러나는 바닷속 넓은 땅
갯벌 · · 바닷물이 멀리 빠져나가는 현상
바다갈라짐 · · 썰물 때만 볼 수 있는 바닷길이 열리는 현상

 기사를 보고 빈칸에 들어갈 알맞은 낱말을 보기에서 찾아 쓰세요.

보기 : 갯벌, 달, 썰물, 태양

1. 바닷물이 빠져나가는 현상은 (   )이라고 한다.
2. 썰물 때 드러나는 넓은 땅을 (   )이라고 한다.
3. 바닷물이 움직이는 것은 (   )과 (   )의 힘 때문이다.
4. (   )에는 조개, 게, 갯지렁이 등이 산다.

 기사를 보고 주어진 낱말의 뜻을 참고하여 문장을 완성하세요.

1. (   ) 때는 바닷가가 더 넓어지고 갯벌이 드러난다.
뜻 : 바닷물이 멀리 빠져나가는 현상

2. (   )은 썰물 때만 볼 수 있는 신기한 현상이다.
뜻 : 썰물 때 바다가 물러가며 바닷길이 열리는 현상

| 교과 연계 | 3학년 2학기 2. 지구와 바다 | 키워드 | 육지와 바다, 지구 표면의 모습

08 지구는 어떤 옷을 입고 있을까?

지구는 무지개 색 옷을 입고 있어요

우주에서 지구를 바라보면 어떤 모습일까요? 지구는 파란색, 초록색, 갈색, 하얀색 등 여러 색깔이 어우러진 아름다운 공처럼 보여요. 지구 표면의 대부분은 파란 바다예요. 바다는 지구 표면의 70%나 차지하고 있죠. 나머지 30%에는 초록의 숲, 갈색의 산과 들판처럼 다양한 육지가 펼쳐져 있어요. 숲과 산, 사막, 들판, 바다처럼 지구는 곳곳에 다른 옷을 입고 있어요. 지구는 이 멋진 옷 덕분에 우리가 살아가는 멋진 집이 되었답니다.

육지와 바다는 어떤 집일까?

육지는 지구 위에 드넓게 펼쳐진 땅이에요. 산은 꼭대기가 높고, 바위와 흙이 많아요. 평야는 넓고 평평해서 논과 밭, 마을, 도시가 만들어져요. 숲은 나무와 풀이 울창해서 새·다람쥐·토끼 등이 뛰어놀고, 나무 위에는 벌·나비·다람쥐도 찾아볼 수 있답니다. 사막은 햇볕이 뜨겁고 비가 거의 오지 않아 모래가 가득해요. 하지만 그곳에도 선인장, 낙타처럼 더운 곳에 잘 적응한 식물과 동물이 살아가요.

바다는 지구에서 가장 넓은 집이에요. 얕은 바닷가에는 게·조개·고동·해조류·물고기들이 살고, 깊은 바닷속에는 상어·고래·문어 같은 다양한 해양 생물이 살아가고 있답니다. 이렇게 육지와 바다는 생김새와 사는 생물, 환경이 다르지만 모두 지구가 가진 멋진 집이랍니다.

생각해 보세요

❶ 우주에서 지구를 보면 어떤 색들이 보이나요?
❷ 지구 표면의 대부분을 차지하는 것은 무엇인가요?
❸ 산, 평야, 숲, 사막은 어디에 속하나요?

활동1 다음 문장이 맞으면 O, 틀리면 × 표시하세요.

1. 지구 표면의 대부분은 바다로 덮여 있다. (   )
2. 숲, 산, 들판, 사막은 모두 육지에 속한다. (   )
3. 바다에는 고래, 물고기, 문어 같은 해양 생물이 산다. (   )
4. 사막에는 비가 자주 내려서 물이 많다. (   )

 활동2 기사를 보고 내용으로 알맞은 것을 고르세요.

① 지구는 파란색, 초록색, 갈색, 하얀색 등 여러 색으로 보인다.
② 지구는 모두 갈색으로만 이루어져 있다.
③ 바다가 없는 지구에는 숲만 있다.
④ 육지에는 아무 생물도 살지 않는다.

 활동3 기사를 보고 빈칸에 들어갈 알맞은 낱말을 보기에서 찾아 쓰세요.

보기 : 사막, 숲, 산, 바다

1. 지구의 70%는 (   )로 이루어져 있다.
2. 꼭대기가 높고, 바위와 흙이 많은 곳은 (   )이다.
3. 비가 거의 오지 않고 모래가 많은 곳은 (   )이다.
4. 나무와 풀이 울창한 곳은 (   )이다.

활동4 뜻을 참고하여 알맞은 단어에 동그라미표를 하세요.

뜻 : 지구 표면의 대부분을 차지하는 곳

| 산 | 사막 | 숲 | 바다 | 평야 |

| 교과 연계 | 3학년 2학기 3. 소리의 성질 | 키워드 | 소리의 높낮이, 소리의 세기

09 너의 목소리가 들려

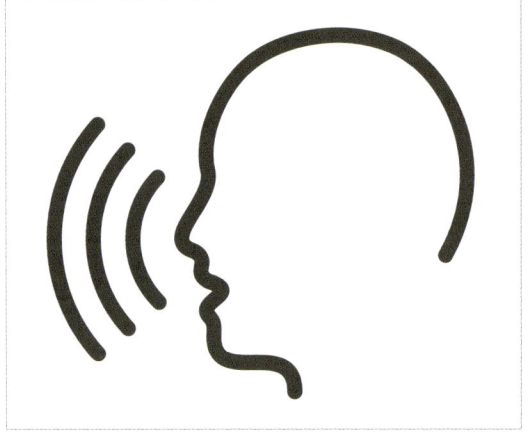

소리의 높낮이, 무엇이 결정할까?

피아노 건반을 두드릴 때 어떤 소리는 뾰족하게 높고, 어떤 소리는 둥글고 낮게 들린 경험이 있나요? 이걸 바로 '소리의 높낮이'라고 해요. 소리는 어떤 물체가 빠르게 떨릴수록 더 높게, 천천히 떨릴수록 더 낮게 들려요. 예를 들어, 얇은 기타줄을 퉁기면 진동이 빠르고 소리가 높아요. 반대로 두꺼운 줄은 느리게 떨려 낮은 소리가 나지요.

작은 새가 우는 소리는 매우 높고, 큰 북을 치면 낮고 무거운 소리가 난답니다. 높은 소리는 귀에 쨍쨍하게 들리고, 낮은 소리는 부드럽고 두툼하게 들리기도 해요. 노래를 부르거나 악기를 연주할 때 이런 높고 낮은 소리를 구별해 보면 음악이 훨씬 더 재미있게 들린답니다.

소리의 세기, 어떻게 정해질까?

소리의 세기는 소리가 얼마나 크고 작은지, 쉽게 말해 '볼륨'이에요. 손뼉을 아주 살살 치면 '톡' 하고 조용한 소리가, 세게 치면 '짝' 하고 큰 소리가 나요. 소리의 세기는 물체가 얼마나 세게, 크게 떨리는지에 따라 달라져요. 예를 들어, 피아노를 약하게 누르면 조용히 들리고, 힘껏 치면 크게 울려 퍼져요. 자동차 경적이나 사이렌 소리는 아주 세서 멀리서도 들리고, 조용히 속삭이면 바로 옆 친구만 들을 수 있지요. 소리의 높낮이와 세기를 구별할 줄 알면 주변의 소리도 새롭게 느낄 수 있답니다.

❶ 피아노 건반을 살살 누를 때와 힘껏 누를 때 어떤 차이가 있을까요?
❷ 새소리와 북소리 중 어느 소리가 더 높을까요?
❸ 소리를 작게 내고 싶을 때는 어떻게 해야 할까요?

만만한 신문 활동

정답은 245쪽

활동 1 다음 문장이 맞으면 ○, 틀리면 × 표시하세요.

1. 소리는 물체가 빠르게 떨릴수록 더 높게 들린다. (   )
2. 두꺼운 기타줄을 퉁기면 높은 소리가 난다. (   )
3. 자동차 경적 소리는 작고 조용하게 들린다. (   )
4. 소리의 세기는 물체가 얼마나 크게 떨리는지에 따라 달라진다. (   )

활동 2 기사를 보고 다음 낱말과 뜻이 알맞도록 이으세요.

소리의 높낮이 •　　　　• 소리가 높거나 낮은 정도
소리의 세기　•　　　　• 소리가 크고 작은 정도
진동　　　　•　　　　• 물체가 떨리는 것

활동 3 기사를 보고 빈칸에 들어갈 알맞은 낱말을 보기에서 찾아 쓰세요.

> **보기** : 빠르게, 낮게, 볼륨, 세게

1. 소리는 물체가 (　　　　) 떨릴수록 더 높게 들린다.
2. 손뼉을 (　　　　) 치면 큰 소리가 난다.
3. 소리의 세기는 쉽게 말해 (　　　　)이라고 한다.
4. 두꺼운 줄을 퉁기면 (　　　　) 들린다.

활동 4 기사를 보고 주어진 낱말의 뜻을 참고하여 문장을 완성하세요.

1. 얇은 기타줄을 치면 (　　　　　　)가 높고, 두꺼운 줄을 치면 낮다.
뜻 : 소리가 높거나 낮은 정도

2. 손뼉을 살살 치면 (　　　　　　)가 작고, 힘껏 치면 크다.
뜻 : 소리가 크고 작은 정도

| 교과 연계 | 3학년 2학기 4. 감염병과 건강한 생활 | 키워드 | 감기 바이러스, 비 오는 날, 면역력

10 비 오는 날에는 진짜 감기에 걸리기 쉬울까?

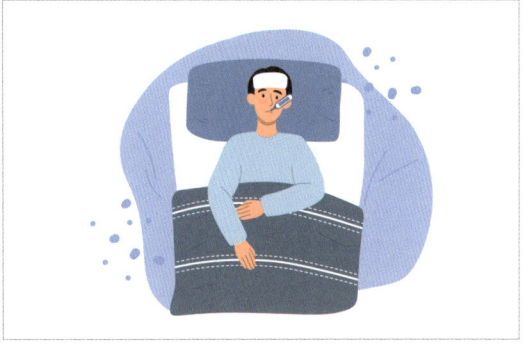

감기는 어떻게 걸리는 걸까?

비가 오는 날, "우산 안 쓰면 감기 걸려!"라는 말을 한 번쯤 들어 본 적 있죠? 하지만 감기는 비를 맞는다고 바로 생기는 건 아니에요. 감기는 '감기 바이러스'가 우리 몸에 들어오면 걸려요. 대표적인 감기 바이러스인 리노바이러스는 코와 목을 통해 몸속으로 들어오는데 콧물, 기침, 열 같은 증상을 만들어요. 비 오는 날에 옷이 젖거나 몸이 춥게 되면 체온이 내려가죠. 그러면 우리 몸을 지켜 주는 면역력이 잠시 약해져서 감기 바이러스가 침입할 기회가 많아져요. 그러다 보니 비를 맞아서가 아니라 면역력이 떨어진 상태에서 바이러스가 들어오면 감기에 더 쉽게 걸릴 수 있는 거랍니다.

비 오는 날에 왜 감기 환자가 늘어날까?

비가 오면 밖에 나가기 불편해서 많은 사람이 실내에 모여 있게 돼요. 이때 실내에 감기 바이러스를 가진 사람이 있다면 기침이나 재채기로 바이러스가 쉽게 옮겨 갈 수 있어요. 비가 오면 공기 중 습도도 높아지고, 실내에서는 창문을 닫고 지내는 경우가 많아 바이러스가 퍼지기 쉬워요. 또 비에 젖은 옷을 계속 입고 있으면 체온이 떨어져 몸속 방어벽이 약해지게 돼요. 이렇게 여러 가지 이유로 감기에 걸릴 위험이 높아진답니다. 그래서 비 오는 날에는 우산을 꼭 쓰고, 옷이 젖으면 바로 갈아입어야 감기 바이러스가 우리 몸에 들어올 틈을 줄일 수 있답니다.

❶ 왜 감기에 걸리는 걸까요?
❷ 비 오는 날 우산을 쓰지 않으면 정말 감기에 걸릴까요?
❸ 감기 바이러스는 우리 몸에 어떻게 들어올까요?

 만만한 신문 활동

정답은 245쪽

활동 1 다음 문장이 맞으면 ○, 틀리면 × 표시하세요.

1. 감기는 비를 맞으면 바로 걸린다. (   )
2. 감기는 감기 바이러스가 몸에 들어오면 걸린다. (   )
3. 비에 젖은 옷을 오래 입으면 체온이 떨어질 수 있다. (   )
4. 감기 바이러스는 기침이나 재채기로 퍼질 수 있다. (   )

활동 2 기사를 보고 다음 낱말과 뜻이 알맞도록 이으세요.

감기 바이러스 •　　　　• 우리 몸을 지켜 주는 힘
면역력　　　 •　　　　• 감기를 일으키는 아주 작은 생물
체온　　　　 •　　　　• 실내에서 바이러스가 옮겨 가는 것
실내 감염　　 •　　　　• 몸의 온도

활동 3 기사를 보고 내용으로 알맞은 것을 고르세요.

① 감기는 감기 바이러스가 우리 몸에 들어오면 걸린다.
② 감기는 비만 맞으면 무조건 걸린다.
③ 비 오는 날에는 감기가 아예 안 걸린다.
④ 실내에 사람이 많으면 감기가 더 빨리 낫는다.

활동 4 기사를 보고 빈칸에 들어갈 알맞은 낱말을 보기에서 찾아 쓰세요.

> **보기** : 감기 바이러스, 면역력, 체온, 감기

1. 감기는 (　　　　　)가 몸에 들어오면 걸린다.
2. 비를 맞거나 옷이 젖으면 (　　　　　)이 떨어져 면역력이 약해진다.
3. (　　　　　)를 예방하려면 우산을 꼭 쓰고, 젖은 옷은 바로 갈아입어야 한다.
4. 몸을 지켜 주는 힘을 (　　　　　)이라고 한다.

| 교과 연계 | 4학년 1학기 1. 자석의 이용 | 키워드 | 자석의 특징, S극, N극, 자석을 이용한 기계

11 내가 만들고 싶은 초능력 기계

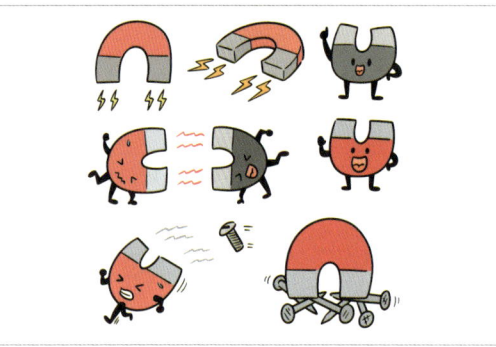

끌어당기는 힘! 자석은 진짜 초능력자?

냉장고 문에 자석을 붙여 본 적 있나요? 자석이 철로 된 물건을 당기는 모습은 꼭 보이지 않는 손처럼 신기하죠. 이 힘을 자기력이라고 해요. 자석은 철, 니켈 같은 금속에만 반응해요. 나무나 플라스틱, 유리는 끌어당기지 못하죠. 자석의 가장 강한 부분은 양쪽 끝인데 이 부분을 극이라고 불러요. 극은 S극과 N극 2개가 있답니다. 서로 다른 극끼리는 '찰싹' 붙지만, 같은 극끼리는 밀어내요. 마치 사이좋은 친구는 붙고, 싸운 친구는 떨어지는 것처럼요.

자석 초능력 기계를 발명한다면?

자석의 힘을 활용해 '초능력 기계'를 발명한다면 어떤 게 좋을까요? '공중에 뜨는 책상'을 상상해 보세요. 책상 다리에 강한 자석을 달고, 바닥에도 같은 극의 자석을 설치하면 자석이 서로 밀어내서 책상이 살짝 뜨게 돼요. 책상이 흔들리지 않게 잘 고정하면 진짜 떠 있는 책상이 완성되겠죠? 공부하다가 피곤하면 책상이 살랑살랑 흔들려서 졸음을 깨워 줄지도 몰라요.

'자석 구슬 청소기'는 어떨까요? 구슬 놀이를 할 때 바닥에 굴러 간 철 구슬들을 한 번에 모아 주는 초능력 기계예요. 청소기를 휙 돌리면 구슬들이 달라붙어 정리가 간편해지겠죠? 자석은 우리 주변에서 냉장고 문, 이어폰, 고속열차, 스피커 등 다양한 곳에 쓰이고 있어요. 자석의 성질을 활용해 초능력을 내 것으로 만들어 보세요.

 생각해 보세요

❶ 자석의 S극과 N극이 서로 밀어내거나 붙는 이유는 뭘까요?
❷ 만약 자석이 모든 물건에 붙는다면 어떤 일이 생길까요?
❸ 자석의 성질 중에서 가장 신기하다고 느낀 것은 무엇인가요?

 정답은 245쪽

활동 1 다음 문장이 맞으면 ○, 틀리면 × 표시하세요.

1. 자석은 철로 된 물건을 끌어당길 수 있다. (   )
2. 자석은 나무나 플라스틱도 끌어당긴다. (   )
3. 자석의 양쪽 끝을 극이라고 부른다. (   )
4. 같은 극끼리는 서로 붙는다. (   )

활동 2 기사를 보고 내용으로 알맞은 것을 고르세요.

① 자석의 힘을 자기력이라고 한다.   ② 자석은 어떤 물건이든 끌어당긴다.
③ 자석의 극은 S극만 있다.   ④ 자석은 오직 청소기에만 쓰인다.

활동 3 기사를 보고 빈칸에 들어갈 알맞은 낱말을 보기에서 찾아 쓰세요.

| 보기 : 자기력, 극, 금속, S극 |

1. 자석이 물건을 끌어당기는 힘을 (   )이라고 한다.
2. 자석은 철 같은 (   )에만 반응한다.
3. 자석의 양쪽 끝을 (   )이라고 한다.
4. 자석에는 (   )과 N극이 있다.

활동 4 기사를 보고 주어진 낱말의 뜻을 참고하여 문장을 완성하세요.

1. 자석이 냉장고 문을 붙잡는 것은 (   ) 덕분이에요.
뜻 : 자석이 물건을 끌어당기거나 밀어내는 힘

2. 자석의 (   )은 S극과 N극이 있어요.
뜻 : 자석에서 힘이 가장 센 부분

|교과 연계| 4학년 1학기 2. 물의 상태 변화 |키워드| 얼음, 물, 수증기

12 물의 변신

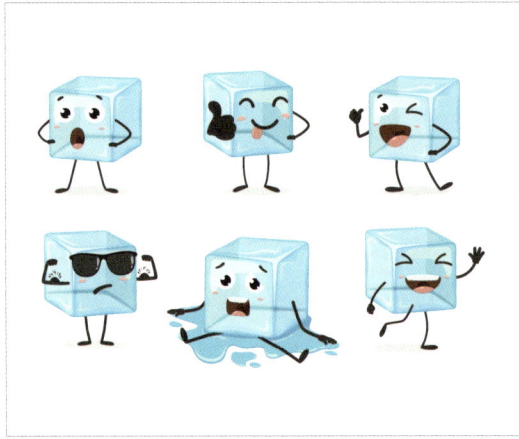

얼음과 물의 변화

얼음이랑 물이 서로 변할 수 있다는 것 알고 있나요? 여름에 얼음이 들어 있는 음료수를 생각해 보세요. 딱딱하고 차가운 얼음이 컵 속에서 조금씩 녹아서 시원한 물로 변하죠. 이 과정을 '녹는다'고 해요. 반대로, 겨울에 밖에 물을 내놓으면 금세 꽁꽁 얼어서 딱딱한 얼음이 되는 걸 볼 수 있어요. 이 과정을 '언다'라고 해요.

우리 집 냉동실 안에서도 물이 얼음으로, 얼음이 다시 물로 자유롭게 변할 수 있어요. 온도만 달라져도 얼음과 물은 이렇게 쉽게 모습을 바꾼답니다. '차가우면 얼음, 따뜻하면 물'이 된답니다. 정말 재미있는 변화죠?

수증기는 어디서 생길까?

물은 얼음이나 물의 형태로만 남아 있지 않아요. 주전자에 물을 넣고 끓이면 수증기로 상태가 변해 공기 중으로 날아가요. 이 현상을 증발이라고 해요. 욕실에서 뜨거운 물로 샤워하면 거울이 뿌옇게 변하는데, 이것도 수증기가 거울에 달라붙으면서 다시 작은 물방울이 되기 때문이에요. 물이 증발할 때도, 끓을 때도 모두 수증기 상태가 된답니다.

이렇게 얼음, 물, 수증기는 온도에 따라 자유롭게 서로 변할 수 있어요. 집, 학교, 밖에서 얼음, 물, 수증기를 찾아보세요. 3가지 모습의 물은 언제나 우리 곁에 있답니다.

❶ 얼음은 따뜻한 곳에 있으면 어떻게 변하나요?
❷ 물이 차가워지면 어떤 모습으로 바뀌나요?
❸ 주전자에 물을 넣고 끓였을 때 하얀 연기처럼 보이는 것은 무엇인가요?

 만만한 신문 활동

정답은 246쪽

 활동 1 다음 문장이 맞으면 ○, 틀리면 × 표시하세요.

1. 얼음은 따뜻한 곳에 두면 물로 변한다. (   )
2. 겨울에 물이 꽁꽁 얼면 얼음이 된다. (   )
3. 수증기는 차가운 곳에서 만들어진다. (   )

활동 2 기사를 보고 다음 낱말과 뜻이 알맞도록 이으세요.

녹는다 •　　　　　• 얼음이 따뜻해져서 물이 되는 것
언다 •　　　　　　• 물이 차가워져서 얼음이 되는 것
증발 •　　　　　　• 물이 뜨거워져서 공기 중으로 퍼지는 현상
수증기 •　　　　　• 물이 뜨거워져 기체 상태로 변하는 모습

 활동 3 기사를 보고 빈칸에 들어갈 알맞은 낱말을 보기에서 찾아 쓰세요.

보기 : 얼음, 물, 수증기, 증발

1. 여름에는 얼음이 녹아서 (　　　　)이 돼요.
2. 겨울에는 밖에 둔 물이 (　　　　)으로 변해요.
3. 주전자에 물을 끓이면 (　　　　)가 생겨요.
4. 물이 뜨거워지면 공기 중으로 퍼지는 현상을 (　　　　)이라고 해요.

 활동 4 초성 힌트를 보고 다음 빈칸에 공통으로 들어갈 말을 기사에서 찾아 쓰세요.

1. (　　　　)이 녹으면 물이 된다.
2. 겨울에 물이 얼면 (　　　　)이 된다.

ㅇ	ㅇ

| 교과 연계 | 4학년 1학기 3. 땅의 변화　　| 키워드 | 화산, 화산 활동, 화산 분출물, 화성암

13 지구의 뚜껑이 열렸다

 만만한 신문 읽기

불을 뿜는 산, 화산

산에서 연기와 불, 뜨거운 돌멩이가 솟아오르는 모습을 본 적이 있나요? 바로 이런 활동을 통해 만들어진 산을 '화산'이라고 해요. 화산은 지구 속 깊은 곳에서 뜨거운 마그마가 땅 위로 쏟아져 나오면서 생기는 산이에요. 평소에는 조용해 보이다가 어느 날 갑자기 '펑!' 하고 분출하는데, 이걸 '화산 활동'이라고 해요. 화산이 폭발할 때는 불덩이처럼 뜨거운 용암, 화산가스, 재, 돌멩이 등 다양한 것이 한꺼번에 하늘로 솟아올라요. 이런 화산의 분출물들은 때로는 마을을 덮기도 하고, 새로운 땅이나 섬을 만들기도 해요. 우리나라 제주도도 오랜 옛날에 화산 활동으로 생긴 섬이랍니다.

화산 분출물과 화성암의 비밀

화산에서 나온 뜨거운 것들은 모두 어디로 갈까요? 가장 먼저 용암은 산 아래로 흘러내리면서 식어서 단단한 돌로 변해요. 이 돌을 '화성암'이라고 불러요. 화산에서 나오는 뜨거운 재와 작은 돌멩이, 연기는 공기 중에 퍼졌다가 땅에 쌓이기도 해요.
이처럼 화산이 뿜어낸 분출물들은 시간이 지나면서 산, 언덕, 바위 같은 새로운 땅을 만들기도 해요. 세계 여러 나라에는 화산이 분출하고 남은 자리에 아름다운 호수나 기이한 모양의 산이 생기기도 한답니다.
다음에 제주도에서 한라산 백록담을 보게 되면 "아! 이곳이 화산 덕분에 생겼구나!" 하고 떠올려 보세요.

 생각해 보세요

❶ 화산이 폭발할 때 땅속에서 무엇이 나오나요?
❷ 화산이 분출하면 뜨거운 용암은 어떻게 변하나요?
❸ 우리나라 제주도는 무엇 때문에 생겼나요?

 만만한 신문 활동

정답은 246쪽

 활동 1 다음 문장이 맞으면 ○, 틀리면 × 표시하세요.

1. 화산은 땅속에서 뜨거운 마그마가 땅 위로 쏟아져 나와서 생기는 산이다. (　　)
2. 화산이 분출할 때 용암, 재, 돌멩이 등이 같이 나온다. (　　)
3. 화산 활동은 산이 조용할 때 일어나는 것이다. (　　)
4. 제주도는 옛날 화산 활동으로 생긴 섬이다. (　　)

활동 2 기사를 보고 다음 낱말과 뜻이 알맞도록 이으세요.

화산　　　　　　•　　　• 땅속 마그마가 분출하며 만들어진 산
화산 활동　•　　　• 마그마, 용암, 재 등이 땅 위로 쏟아져 나오는 현상
화성암　　•　　　• 화산이 폭발하며 밖으로 나온 용암, 재, 돌멩이 등
분출물　　•　　　• 용암이 식어서 단단한 돌이 된 것

 활동 3 기사를 보고 괄호 안에 들어갈 알맞은 낱말을 보기에서 찾아 쓰세요.

보기 : 마그마, 화성암, 용암, 분출물

1. 땅속 깊은 곳에 있는 뜨거운 액체를 (　　　　　)라고 해요.
2. 마그마가 땅 위로 나오면 (　　　　　)이라고 불러요.
3. 용암이 식어서 굳으면 (　　　　　)이 돼요.
4. 화산이 폭발할 때 나오는 것들을 (　　　　　)이라고 해요.

 활동 4 초성 힌트를 보고 다음 빈칸에 공통으로 들어갈 말을 기사에서 찾아 쓰세요.

1. (　　　　　)은 지구 속 깊은 곳에서 뜨거운 마그마가 땅 위로 쏟아져 나오면서 생기는 산이에요.
2. 제주도는 오랜 옛날 (　　　　　) 활동으로 생겼어요.

ㅎ	ㅅ

187

| 교과 연계 | 4학년 1학기 3. 땅의 변화 | 키워드 | 침식 작용, 운반 작용, 퇴적 작용

14 자연이 움직이면 땅 모양이 달라져요

만만한 신문 읽기

자연이 땅을 깎아 내요

바닷가 모래사장이나 강가, 산에 있는 바위들을 본 적이 있나요? 사실 우리가 보는 멋진 바위, 모래, 흙은 원래 그 자리에 가만히 있었던 게 아니에요. 비, 강물, 파도 같은 자연의 힘이 바위나 흙을 조금씩 깎아 냈답니다. 이것을 침식 작용이라고 해요. 예를 들어, 비가 내리면 산 위에 있던 흙이 조금씩 깎여 강이나 바다로 흘러가고, 바닷가 바위도 파도가 세게 치면 조금씩 잘려 나가요.

이처럼 바람, 물, 파도는 바위와 흙을 '조각가'처럼 열심히 깎아 낸답니다. 그런데 깎인 흙이나 모래는 어디로 갈까요? 바로 '운반 작용'으로 여기저기로 옮겨 다닌답니다.

흙과 모래가 쌓여 새로운 땅이 돼요

여기저기 옮겨 다니던 흙과 모래는 결국 어딘가에 쌓이게 되는데 이걸 '퇴적 작용'이라고 해요. 예를 들어, 강이 바다로 흘러가는 곳에 가면 강물이 느려지면서 그동안 같이 내려온 모래와 자갈, 흙이 바닥에 천천히 쌓여요. 이렇게 쌓인 모래와 흙이 모여 큰 섬이나 평평한 땅이 만들어지기도 해요.

바닷가에서는 파도가 가져온 조개껍데기와 모래가 쌓여서 넓은 해변이 생기고, 바람에 실려 온 모래가 언덕처럼 쌓이면 멋진 모래언덕(사구)이 만들어집니다. 침식, 운반, 퇴적 이 3가지 작용 덕분에 우리 지구에는 멋진 산, 강, 바다, 해변이 끊임없이 만들어지고 있답니다.

생각해 보세요

❶ 바위나 흙을 여기저기로 옮기는 작용을 무엇이라고 하나요?
❷ 운반된 흙과 모래가 한곳에 쌓이는 것을 무엇이라고 하나요?
❸ 강물이 바다로 흘러갈 때 모래와 흙은 어디에 쌓이나요?

정답은 246쪽

활동 1 다음 문장이 맞으면 ○, 틀리면 × 표시하세요.

1. 침식 작용은 비, 강물, 파도 등이 바위나 흙을 깎아 내는 것이다. (   )
2. 운반 작용은 흙과 모래를 여기저기로 옮기는 것이다. (   )
3. 퇴적 작용은 흙과 모래가 어딘가에 쌓이는 것이다. (   )
4. 바람은 흙이나 모래를 절대 옮길 수 없다. (   )

활동 2 기사를 보고 내용으로 알맞은 것을 고르세요.

① 침식, 운반, 퇴적 작용 덕분에 해변이나 산이 만들어진다.
② 퇴적 작용은 바람에 의해 바위가 깎이는 것이다.
③ 운반 작용은 흙과 모래가 쌓이는 것이다.
④ 침식 작용은 모래가 바람에 쌓여 언덕이 되는 것이다.

활동 3 기사를 보고 빈칸에 들어갈 알맞은 낱말을 보기에서 찾아 쓰세요.

> **보기** : 모래언덕, 침식, 운반, 퇴적

1. 비, 강물, 파도가 바위를 깎는 것은 (   ) 작용이다.
2. 바람과 강물이 흙과 모래를 옮기는 것은 (   ) 작용이다.
3. 모래와 흙이 한곳에 쌓이는 것은 (   ) 작용이다.
4. 바람에 모래가 쌓여 만들어진 것은 (   )이다.

활동 4 기사를 보고 주어진 낱말의 뜻을 참고하여 문장을 완성하세요.

1. 산이나 해변의 바위가 깎이는 것은 (   ) 작용 덕분이에요.
뜻 : 바람, 물, 파도 등이 바위나 흙을 깎아 내는 것

2. 해변에 모래가 쌓여서 넓은 땅이 만들어지는 것은 (   ) 작용이에요.
뜻 : 흙이나 모래 등이 일정한 곳에 쌓이는 것

| 교과 연계 | 4학년 1학기 4. 다양한 생물과 우리 생활 | 키워드 | 균류, 원생생물, 세균

15 하늘에서 음식이 내린다면?

만만한 신문 읽기

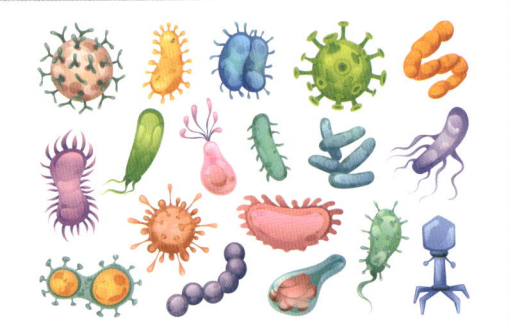

음식이 비처럼 내리면 누가 좋아할까?

하늘에서 피자, 빵, 치킨, 과일이 비처럼 내린다고 상상해 보세요. 모두 신나게 먹겠지만, 우리 눈에 잘 보이지 않는 작은 생물들도 정말 좋아할 거예요. 바로 곰팡이(균류), 아메바나 짚신벌레(원생생물), 그리고 세균들이에요. 이 친구들은 작아서 눈에 보이지 않지만, 음식이 떨어지면 '우와, 먹을 게 많다!' 하고 신나게 달려들 거예요.

곰팡이는 빵이나 과일에 푸르고 하얀 털 모양으로 자라며 음식을 썩게 만들어요. 원생생물은 물이 많은 곳에 나타나 움직이며 살아가고, 세균은 음식 속에서 뽕뽕 자라면서 음식을 상하게 만든답니다.

음식이 쌓이면 어떻게 될까요?

만약 음식이 땅 위에 계속 쌓이면 어떻게 될까요? 먹지 않고 그냥 두면 곰팡이와 세균, 원생생물들이 '이건 내 거야!' 하면서 쑥쑥 자라기 시작할 거예요. 곰팡이는 과일 위에서 피고, 세균은 냄새나는 물질을 만들어서 먹을 수 없게 한답니다. 원생생물은 물이 고인 곳에서 놀며, 음식에 붙어서 살아가겠죠? 음식이 썩으면 주변이 더러워져 벌레나 해로운 미생물도 몰려들 수 있답니다.

이렇게 작은 생물들은 음식이 썩는 데 꼭 필요하지만 우리 건강에는 해로울 수도 있어요. 하늘에서 음식이 내리면 처음엔 기쁘겠지만 곰팡이, 원생생물, 세균까지 잔치에 참여한다는 것을 꼭 기억해 주세요.

생각해 보세요

❶ 하늘에서 음식이 비처럼 내린다면 어떤 음식을 가장 먹고 싶나요?
❷ 음식이 땅에 계속 쌓이면 우리 주변에는 어떤 변화가 생길까요?
❸ 하늘에서 음식이 내리면 우리가 꼭 지켜야 할 규칙이나 약속은 무엇이 있을까요?

정답은 246쪽

활동1 다음 문장이 맞으면 ○, 틀리면 × 표시하세요.

1. 하늘에서 음식이 내리면 곰팡이, 세균, 원생생물도 좋아한다. (   )
2. 곰팡이는 음식이 썩는 데 필요하다. (   )
3. 세균은 음식을 깨끗하게 만든다. (   )
4. 음식이 많이 쌓이면 해로운 미생물도 올 수 있다. (   )

활동2 기사를 보고 내용으로 알맞은 것을 고르세요.

곰팡이(균류) •   • 빵이나 과일에 푸르고 하얀 털 모양으로 자라는 생물
원생생물   •   • 물이 많은 곳에서 움직이며 살아가는 작은 생물
미생물   •   • 우리 눈에 잘 보이지 않는 작은 생물들

활동3 기사를 보고 빈칸에 들어갈 알맞은 낱말을 보기에서 찾아 쓰세요.

| **보기** : 곰팡이, 세균, 원생생물, 미생물 |

1. 음식이 땅 위에 쌓이면 (   ), (   ), (   )들이 잘 자란다.
2. 우리 눈에 보이지 않는 생물들을 (   )이라고 한다.

활동4 다음 문장을 원고지에 따라 써 보세요.

하늘에서 음식이 내리면 곰팡이, 세균, 원생생물들이 신나게 자라기 시작해요.

	하	늘	에	서		음	식	이		내	리	면		곰
팡	이	,	세	균	,	원	생	생	물	들	이		신	나
게		자	라	기		시	작	해	요	.				

| 교과 연계 | 4학년 2학기 1. 밤하늘 관찰 | 키워드 | 태양계, 태양계 행성

16 태양계에는 어떤 행성들이 있을까?

 만만한 신문 읽기

우리 집 우주, 태양계는 뭘까?

밤하늘에 별이 가득한 걸 본 적 있나요? 그중에서도 우리 지구가 속해 있는 '집'이 바로 태양계예요. 태양계란 태양을 중심으로 여러 행성과 작은 천체가 함께 도는 우주 가족을 말해요. 태양은 아주 뜨겁고 밝은 별로 태양계의 엄청난 에너지 덕분에 지구에 빛과 따뜻함이 전해진답니다.

태양은 태양계 가족의 중심이자 모두를 끌어당기는 리더 같은 존재예요. 그래서 태양 주위에는 여러 행성이 차례차례 돌고 있답니다. 우리 지구도 그중 하나이지요.

태양계 행성 가족을 소개합니다

태양계에는 총 8개의 행성이 있어요. 크기, 색깔, 모양, 특징이 모두 다르지만 태양을 중심으로 한 가족처럼 돌고 있답니다. 태양에서 가까운 순서로 특징을 알아볼게요.

가장 가까운 수성은 가장 작고 태양과 가장 가까워 낮과 밤의 온도 차이가 엄청나요. 두 번째로 가까운 금성은 평균 온도가 470℃로 가장 뜨거워 지구에서 보면 매우 밝게 빛나 보인답니다. 세 번째로 가까운 지구는 우리가 사는 푸른 행성이에요. 네 번째로 가까운 화성은 붉게 보여 '붉은 행성'이라고도 불려요. 다섯 번째로 가까운 목성은 행성 중 가장 크고, 멋진 줄무늬와 대기 소용돌이인 대적반이 있어요. 여섯 번째로 가까운 토성은 멋진 고리로 유명해요. 일곱 번째로 가까운 천왕성은 청록빛을 띠고 옆으로 누워 도는 특이한 행성이랍니다. 마지막 해왕성은 푸른빛을 띠며 태양에서 가장 멀리 떨어져 있어요.

 생각해 보세요

❶ 태양계에서 가장 중심에 있는 별은 무엇인가요?
❷ 태양계에는 모두 몇 개의 행성이 있을까요?
❸ 천왕성은 어떤 특별한 색깔과 움직임을 가지고 있나요?

 정답은 247쪽

 활동 1 다음 문장이 맞으면 ○, 틀리면 × 표시하세요.

1. 태양계의 중심에는 태양이 있다. (   )
2. 목성은 태양계에서 가장 큰 행성이다. (   )
3. 금성은 평균 온도가 낮아서 차갑다. (   )
4. 토성은 멋진 고리로 유명하다. (   )

활동 2 기사를 보고 내용으로 알맞은 것을 고르세요.

태양 •　　　　• 태양과 가장 가까운 작은 행성
수성 •　　　　• 태양계의 중심에 있는 밝고 뜨거운 별
화성 •　　　　• 줄무늬와 대적반이 있는 가장 큰 행성
목성 •　　　　• '붉은 행성'이라고 불리는 행성

 활동 3 기사를 보고 빈칸에 들어갈 알맞은 낱말을 보기에서 찾아 쓰세요.

| 보기 : 태양, 행성, 푸른, 붉은, 고리 |

1. 태양계는 (   )을 중심으로 여러 (   )이 돈다.
2. 목성은 태양계에서 가장 큰 행성이고, 토성은 멋진 (   )가 있다.
3. 지구는 우리가 사는 (   ) 행성이고, 화성은 (   ) 행성이라고도 불린다.

 **활동 4** 다음 문장을 원고지에 따라 써 보세요.

목성은 행성 중 가장 크고, 멋진 줄무늬와 대기 소용돌이인 대적반이 있어요.

	목	성	은		행	성		중		가	장		크	고,
멋	진		줄	무	늬	와		대	기		소	용	돌	이
인		대	적	반	이		있	어	요	.				

| 교과 연계 | 4학년 2학기 1. 밤하늘 관찰 | 키워드 | 달, 달의 표면, 달의 모양 변화

17 달, 달, 무슨 달?

달 표면에는 무엇이 있을까?

밤하늘을 올려다보면 밝게 빛나는 달이 보여요. 멀리서 보면 매끈해 보이지만, 실제로는 축구공처럼 매끄러운 부분도 있고 울퉁불퉁한 부분도 있답니다. 왜 그럴까요? 달 표면에는 다양한 크기의 바위와 '크레이터'라는 동그란 구덩이가 많기 때문이에요. 크레이터는 아주 오래전에 우주에서 날아온 운석이 달에 부딪혀서 만들어진 상처랍니다.

달에는 흙과 바위는 있지만, 바람과 공기가 없어서 한 번 생긴 자국은 오랫동안 그대로 남아 있어요. 밤하늘에서 달을 보면 밝은 부분과 어두운 부분이 보이는데, 어두운 곳을 '달의 바다'라고 불러요. 하지만 이곳은 진짜 바다가 아니라 넓고 평평한 땅이랍니다.

달의 모양은 왜 변할까?

달은 매일 밤 조금씩 모양이 달라져요. 어떤 날은 초승달처럼 가느다랗고, 어떤 날은 동그란 보름달이 되지요. 그 이유는 달이 지구를 한 바퀴 도는 동안 태양빛을 받는 부분이 달라지기 때문이에요.

지구와 달, 태양이 서로 다른 위치에 있을 때마다 우리가 볼 수 있는 달의 밝은 부분이 달라져서 초승달, 반달, 보름달처럼 다양한 모양이 보이는 거랍니다. 약 한 달 동안 달의 모양은 '초승달-상현달-보름달-하현달-그믐달' 순서로 바뀌어요. 밤마다 달을 관찰하면서 "오늘은 무슨 달일까?" 살펴보는 것도 재미있겠지요?

❶ 달 표면에는 바람과 공기가 있을까요?
❷ 밤하늘에서 달을 보면 밝은 부분과 어두운 부분이 보여요. 어두운 곳을 뭐라고 부르나요?
❸ 달에 있는 크고 작은 동그란 구멍은 어떻게 만들어졌나요?

활동 1 다음 문장이 맞으면 ○, 틀리면 × 표시하세요.

1. 달에는 바람과 공기가 없다. (   )
2. 달의 어두운 부분은 진짜 바다이다. (   )
3. 달 표면에는 크레이터가 있다. (   )
4. 달의 모양은 매일 조금씩 바뀐다. (   )

활동 2 기사를 보고 내용으로 알맞은 것을 고르세요.

1. 달 표면의 특징으로 알맞은 것은 무엇인가요?
① 다양한 크기의 바위와 크레이터가 있다.　② 나무와 풀이 자란다.
③ 깊은 바다로 가득하다.　④ 매끄럽고 아무것도 없다.

2. 달의 어두운 부분을 부르는 이름은 무엇인가요?
① 달의 숲　② 달의 바다　③ 달의 산　④ 달의 들판

활동 3 기사를 보고 빈칸에 들어갈 알맞은 낱말을 보기에서 찾아 쓰세요.

> **보기** : 바람, 크레이터, 상처, 보름달

1. 달 표면에는 다양한 크기의 (   )가 있다.
2. 크레이터는 운석이 달에 부딪혀 생긴 (   )이다.
3. 달에는 (   )과 공기가 없어 자국이 오랫동안 남아 있다.
4. 달의 모양은 어떤 날은 초승달, 어떤 날은 (   )이 된다.

활동 4 기사를 보고 빈칸에 들어갈 말을 찾아 쓰세요.

약 한 달 동안 달의 모양은 '초승달 - (   ) - 보름달 - (   ) - 그믐달' 순서로 바뀌어요.

| 교과 연계 | 4학년 2학기 1. 밤하늘 관찰 | 키워드 | 밴타블랙, 초흑색, 빛의 성질

18 그냥 블랙 아니고 밴타블랙

 만만한 신문 읽기

다이아몬드가 사라졌어요

미국 MIT 과학자들이 다이아몬드에 특수한 새까만 옷을 입혔더니 반짝이던 다이아몬드가 눈앞에서 '쏙' 사라졌어요. 정말로 다이아몬드가 없어진 걸까요? 아닙니다. 이 옷의 이름은 '초흑색(울트라블랙)'이에요. 빛의 99.995%를 삼켜 버려 빛이 전혀 반사되지 않아서 다이아몬드 특유의 반짝임이 완전히 사라진 거죠. 그 결과, 세상에서 가장 빛나는 보석도 그저 까만 점처럼 보이게 되었답니다.

원래 세상에서 가장 어두운 색은 '밴타블랙'이었어요. 빛의 99.965%를 흡수해 과학과 예술 분야에서 널리 쓰이며 유명세를 탔지요. 하지만 이제 검은색 세계의 왕관이 바뀌었어요.

밴타블랙도 졌다! 더 어두운 색의 비밀

밴타블랙은 2014년 영국에서 개발됐습니다. 당시만 해도 "이보다 더 어두울 수 없다."는 말을 들었어요. 이 색은 탄소 나노튜브라는 아주 작은 관 모양의 구조로 만들어져 들어오는 빛을 대부분 가둬 버립니다. 그래서 둥근 물체에 밴타블랙을 칠하면 입체감이 사라지고 평평한 그림자처럼 보이게 되죠.

하지만 MIT 연구팀은 이보다 훨씬 촘촘하고 효율적인 나노 구조를 만들어 냈고, 그 결과 더 어두운 색이 탄생했습니다. 이 초흑색으로 칠한 물체는 모양도, 반짝임도, 그림자마저도 사라져 마치 우주의 블랙홀처럼 보인답니다. 과학자들은 이 놀라운 색을 이용해 우주의 희미한 별빛까지 찾아낼 수 있다고 해요.

 생각해 보세요

❶ 만약 초흑색 옷을 입고 숨바꼭질을 한다면 어떻게 될까요?
❷ 우주에서 희미한 별빛을 보려면 어떤 색을 쓰는 게 좋을까요?
❸ '세상에서 가장 어두운 색'에 이름을 붙여 주세요.

정답은 247쪽

활동 1 다음 문장이 맞으면 ○, 틀리면 × 표시하세요.

1. 초흑색은 빛의 99.995%를 흡수한다. (   )
2. 밴타블랙은 2024년에 개발되었다. (   )
3. 밴타블랙은 탄소 나노튜브 구조로 만들어졌다. (   )
4. 초흑색을 사용하면 물체의 반짝임이 더 잘 보인다. (   )

활동 2 기사를 보고 다음 낱말과 뜻이 알맞도록 이으세요.

초흑색　　　　•　　　•　빛의 99.995%를 흡수하는 가장 어두운 색
밴타블랙　　　•　　　•　2014년 영국에서 개발된 아주 어두운 색
탄소 나노튜브　•　　　•　빛조차 빠져나올 수 없는 우주의 공간
블랙홀　　　　•　　　•　아주 작은 관 모양의 구조

 활동 3 기사를 보고 빈칸에 들어갈 알맞은 낱말을 보기에서 찾아 쓰세요.

보기 : 반짝임, 블랙홀, 초흑색

1. 다이아몬드에 (　　　　　)을 입히면 반짝임이 사라진다.
2. 초흑색을 칠한 물체는 (　　　　　)이 완전히 없어진다.
3. 초흑색으로 칠한 물체는 마치 우주의 (　　　　　)처럼 보인다.

 활동 4 기사를 보고 주어진 낱말의 뜻을 참고하여 문장을 완성하세요.

1. (　　　　　)은 물체의 모양과 그림자마저 사라지게 만들 수 있어요.
뜻 : 빛의 99.995%를 흡수하는 가장 어두운 색

2. (　　　　　)은 한때 "이보다 더 어두울 수 없다."는 말을 들었어요.
뜻 : 2014년 영국에서 개발된 어두운 색

| 교과 연계 | 4학년 2학기 2. 생물과 환경　　| 키워드 | 생태계, 먹이사슬, 먹이그물

19 누가 누구를 먹을까?

물고기와 새, 모두 친구가 되는 생태계

우리 주변에는 수많은 생물이 서로 어울려 살고 있어요. 산에는 토끼·다람쥐·여우·독수리 같은 동물이 살고, 연못에는 물고기·개구리·잠자리·오리 등이 살지요. 이렇게 많은 생물이 한곳에 모여 서로 도움을 주고받으며 살아가는 곳을 '생태계'라고 해요.

생태계에서는 식물도, 동물도, 곤충도, 미생물도 모두 중요한 역할을 해요. 풀과 나무는 햇빛을 받아 먹이를 만들고, 초식동물은 식물을 먹고, 육식동물은 다른 동물을 잡아먹으면서 서로 연결되어 있답니다. 그래서 생태계를 '함께 살아가는 큰 집'이라고 부를 수 있어요.

누가 누구를 먹을까?

생태계에서 동물과 식물이 살아가는 방법 중 가장 중요한 게 바로 '먹이'예요. 누가 누구를 먹는지 이어 보면 '먹이사슬'이 만들어져요. 예를 들어, 풀을 토끼가 먹고, 토끼를 여우가 잡아먹는 식이에요.

실제 자연에서는 여러 동물이 다양한 먹이를 먹기도 하고, 서로 연결되어 있어서 '먹이사슬'이 여러 개 엮여 있는 모습을 볼 수 있는데 이것을 '먹이그물'이라고 해요. 예를 들어, 풀은 토끼뿐 아니라 메뚜기도 먹고, 메뚜기는 토끼뿐 아니라 개구리의 먹이가 될 수 있어요.

만약 한 동물이 없어지면 다른 동물에게도 큰 영향을 주어요. 그래서 건강한 생태계를 유지하게 위해서는 우리 주변의 모든 생물이 꼭 필요하답니다.

❶ 풀을 먹는 동물을 찾아보세요.
❷ '먹이사슬'이란 무엇인지 쉽게 설명해 보세요.
❸ 여러 동물과 식물, 곤충, 미생물들이 함께 살아가는 자연을 무엇이라고 부르나요?

정답은 247쪽

활동 1 다음 문장이 맞으면 ○, 틀리면 × 표시하세요.

1. 생태계는 여러 생물이 서로 도우며 살아가는 큰 집이다. (   )
2. 초식동물은 다른 동물을 잡아먹는다. (   )
3. 풀은 햇빛을 받아 먹이를 만든다. (   )
4. 먹이사슬은 동물과 식물이 누가 누구를 먹는지 이어서 보는 것이다. (   )

활동 2 기사를 보고 다음 낱말과 뜻이 알맞도록 이으세요.

생태계 •　　　　　　• 여러 생물이 함께 어울려 살아가는 세상
초식동물 •　　　　　　• 다른 동물을 잡아먹는 동물
육식동물 •　　　　　　• 식물을 먹고 살아가는 동물
먹이그물 •　　　　　　• 여러 개의 먹이사슬이 서로 엮여 있는 것

활동 3 기사를 보고 빈칸에 들어갈 알맞은 낱말을 보기에서 찾아 쓰세요.

> **보기** : 먹이사슬, 초식동물, 육식동물, 먹이그물, 메뚜기

1. (　　　　)은 식물을 먹고, (　　　　)은 다른 동물을 잡아먹는다.
2. (　　　　)은 누가 누구를 먹는지 이어서 본 것이고, 여러 개가 연결된 것은 (　　　　) 이다.
3. 여우는 토끼를 잡아먹고, 개구리는 (　　　　)를 잡아먹는다.

활동 4 기사를 보고 주어진 낱말의 뜻을 참고하여 문장을 완성하세요.

1. 산, 연못, 숲 등에는 많은 생물이 서로 도우며 살아가는 (　　　　)가 있다.
뜻 : 여러 생물이 어울려 살아가는 곳

2. 자연에서는 다양한 동물과 식물이 연결된 (　　　　)이 만들어진다.
뜻 : 여러 개의 먹이사슬이 서로 엮여 있는 것

3. 토끼와 메뚜기는 풀을 먹는 (　　　　)이다.
뜻 : 식물을 먹고 살아가는 동물

| 교과 연계 | 4학년 2학기 3. 여러 가지 기체　　| 키워드 | 기체의 무게, 기체의 부피, 기체의 성질

20 기체도 무게가 있다고?

보이지 않아도 무게가 있어요

기체는 눈에 보이지 않아서 무게가 없을 것처럼 느껴지지만 사실은 무게가 있어요. 예를 들어, 바람이 빠진 축구공과 바람을 가득 넣은 축구공을 들어 보면 바람이 들어간 공이 더 무거운 걸 느낄 수 있지요. 그 이유는 공기, 즉 기체가 공 안에 들어가 있기 때문이에요. 과학자들은 비어 있는 통과 공기를 넣은 통의 무게를 비교해서 기체의 무게를 직접 확인하기도 해요.

공기 외에도 풍선에 들어 있는 헬륨, 자동차 바퀴 속의 공기처럼 우리 주변에는 다양한 기체가 무게를 가지고 자리하고 있답니다. 기체는 보이지 않지만 무게를 가진 '보이지 않는 물질'인 거예요.

온도가 높아지면 기체는 더 활발해져요

기체는 무게뿐 아니라 부피도 있어요. 이 부피는 온도에 따라 달라져요. 기체는 따뜻해질수록 안에 있는 입자들이 더 빠르게 움직이고 사방으로 퍼지면서 부피가 커져요. 반대로, 기온이 낮아지면 기체 입자들의 움직임이 느려져서 부피가 작아져요. 예를 들어, 풍선을 추운 겨울날 밖에 내놓으면 쪼그라들고, 다시 따뜻한 방 안에 두면 빵빵해지는 걸 볼 수 있어요. 이처럼 기체는 온도에 따라 크기도 달라지는 신기한 성질을 가지고 있답니다. 어떤 기체는 불에 잘 붙거나, 독성이 있어 몸에 해로운 경우도 있어요. 그래서 기체의 성질을 잘 알고, 안전하게 다루는 것이 아주 중요하답니다.

❶ 공기가 들어간 축구공이 더 무거운 이유는 무엇일까요?
❷ 풍선을 추운 곳에 두면 어떻게 될까요? 왜 그럴까요?
❸ 몸에 해로운 기체는 왜 조심해야 할까요?

정답은 248쪽

활동 1 다음 문장이 맞으면 ○, 틀리면 × 표시하세요.

1. 기체는 눈에 보이지 않지만 실제로 무게가 있어요. (   )
2. 따뜻한 곳에 두면 기체의 부피는 줄어들어요. (   )
3. 바람이 빠진 공보다 바람이 들어간 공이 더 무거운 이유는 기체가 들어 있기 때문이에요. (   )
4. 기체는 모두 냄새가 나고, 눈에 보여서 쉽게 알아볼 수 있어요. (   )

활동 2 기사를 보고 다음 낱말과 뜻이 알맞도록 이으세요.

기체 •　　　　• 눈에 보이지 않지만 무게와 부피가 있는 물질
헬륨 •　　　　• 아주 작고 빠르게 움직이는 물질의 알갱이
입자 •　　　　• 풍선을 띄우는 데 쓰이는 가벼운 기체
부피 •　　　　• 물질이 차지하는 공간의 크기

활동 3 기사를 보고 내용으로 알맞은 것을 고르세요.

① 기체는 차가울수록 더 빠르게 움직이고 부피가 커져요.
② 공기가 들어간 공이 더 무거운 이유는 고무 때문이에요.
③ 기체는 불에 잘 붙거나 몸에 해로운 성질을 가질 수 있어요.
④ 기체는 눈으로 볼 수 있고, 냄새도 꼭 나요.

활동 4 초성 힌트를 보고 다음 빈칸에 공통으로 들어갈 말을 기사에서 찾아 쓰세요.

1. (　　　)는 보이지 않지만 무게가 있는 물질이에요.
2. (　　　)는 온도에 따라 부피가 달라지는 물질이에요.

ㄱ	ㅊ

201

| 교과 연계 | 4학년 2학기 4. 기후 변화와 우리 생활 | 키워드 | 기후 변화, 평균기온 변화, 해수면 상승

21 지구가 점점 뜨거워져요

 만만한 신문 읽기

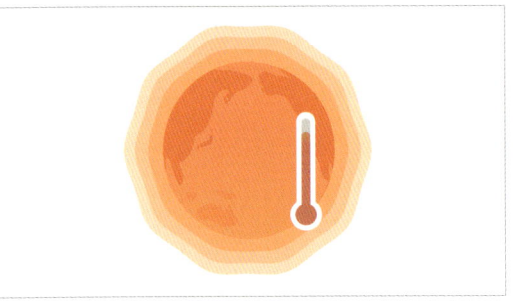

물러나는 겨울, 더워지는 지구

요즘 겨울이 점점 짧아지고, 여름이 길어진 것 같다고 느낀 적 있나요? 사실 이건 단순한 느낌이 아니라 지구의 평균 기온이 조금씩 올라가고 있기 때문이에요. 이 현상을 '지구 온난화'라고 부르지요. 자동차, 공장, 비행기 등에서 나오는 이산화탄소 같은 온실가스가 많아지면서 생기는 현상이에요. 그래서 겨울은 점점 짧아지고, 여름은 더 길고 더워지는 거랍니다.
실제로 북극의 얼음이 녹아 북극곰이 살 곳이 줄어들고 있어요. 우리나라에서도 겨울에 눈이 적게 오거나 벚꽃이 평소보다 빨리 피는 등 기후 변화가 눈에 띄게 나타나고 있어요.

바닷물이 점점 올라와요

지구가 따뜻해지면서 바다에도 큰 변화가 생겼어요. 바로 '해수면 상승'이에요. 해수면이란 바다의 높이를 말해요. 지구 온도가 올라가면 극지방의 얼음과 빙하가 녹아 바다로 흘러 들어가고, 바닷물도 따뜻해지면서 부피가 더 커져요. 이러한 이유로 전 세계적으로 바다의 높이가 점점 높아지고 있답니다.
해수면이 오르면 섬이나 해안가에 사는 사람들이 물에 잠길 위험이 커지고, 바닷가 근처의 숲이나 논밭이 사라질 수도 있어요. 그래서 세계 여러 나라에서는 나무를 심거나, 자동차 대신 대중교통을 이용하는 등 지구를 지키기 위한 작은 실천들을 하고 있답니다. 우리도 일상 속에서 전기를 아끼고, 쓰레기를 줄이는 등 작은 노력을 한다면 지구를 더 건강하게 지킬 수 있겠죠?

 생각해 보세요

❶ '지구 온난화'란 무엇을 말하나요?
❷ 지구가 따뜻해지면 바다에는 어떤 변화가 생기나요?
❸ 해수면이 올라가면 우리 주변에는 어떤 일이 생길 수 있을까요

 만만한 신문 활동

정답은 248쪽

 활동1 다음 문장이 맞으면 ○, 틀리면 × 표시하세요.

1. 지구 온난화 때문에 겨울이 점점 짧아지고 여름이 길어지고 있다. (   )
2. 해수면이 내려가면 해안가에 사는 사람들이 물에 잠길 위험이 커진다. (   )
3. 이산화탄소 같은 온실가스는 지구를 따뜻하게 만든다. (   )
4. 전기를 아끼는 것도 지구를 지키는 방법 중 하나이다. (   )

활동2 기사를 보고 내용으로 알맞은 것을 고르세요.

1. 지구 온난화로 인해 생기는 계절의 변화로 맞는 것을 고르세요.
① 지구 온난화 때문에 겨울이 짧아지고 여름이 길어진다.
② 지구 온난화 때문에 겨울이 길어지고 여름이 짧아진다.
③ 지구 온난화와 해수면은 아무 관련이 없다.
④ 해수면이 올라가면 바닷가 근처에 사는 사람들이 더 안전해진다.

2. 북극의 얼음이 녹으면 북극곰에게 어떤 변화가 생기나요?
① 북극의 얼음이 녹으면 북극곰이 살 곳이 줄어든다.
② 북극의 얼음이 녹으면 북극곰이 더 많이 모인다.
③ 북극의 얼음이 녹아도 북극곰에게는 변화가 없다.
④ 북극의 얼음이 녹으면 북극에 나무가 많이 자란다.

 활동3 기사를 보고 빈칸에 들어갈 알맞은 낱말을 보기에서 찾아 쓰세요.

> **보기** : 겨울, 해수면, 여름, 이산화탄소

1. 지구 온난화 때문에 (   )이 짧아지고 (   )이 길어졌어요.
2. (   ) 같은 온실가스가 많아지면 지구가 더 따뜻해져요.
3. 지구 온도가 올라가면 (   )도 함께 높아져요.

| 교과 연계 | 3학년 음악 1. 음악이 궁금해 | 키워드 | 악기, 리듬, 빗소리 오케스트라

01 비 오는 날 최고의 배경음악은?

 만만한 신문 읽기

빗방울의 연주를 들어 보자

'뚜두두둑! 똑똑똑!' 창문을 두드리는 이 소리는 무엇일까요? 바로 빗방울들이 만들어 내는 자연의 음악이에요. 빗방울은 하늘에서 내려오면서 지붕, 창문, 나뭇잎 위에 떨어져 각기 다른 소리를 낸답니다. 음악 시간에 배웠던 악기들처럼 말이에요. 지붕은 북처럼 낮고 깊은 소리를 내고, 나뭇잎은 트라이앵글처럼 맑은 소리를 들려주어요. 창문 위의 빗방울들은 마치 실로폰을 연주하는 듯한 소리를 내지요. 이 모든 소리가 모여 멋진 빗소리 합주곡이 완성된답니다. 여러분도 한 번 귀를 기울여 보세요. 이 빗방울 음악회를 듣다 보면 어느새 마음이 편안해질 거예요.

빗소리를 음악으로 표현해 볼까요?

여러 가지 악기 소리가 다 다르듯 빗소리도 다양한 리듬으로 표현할 수 있어요. 가볍게 내리는 비는 빠르고 경쾌한 리듬이 되고, 세게 내리는 비는 천둥과 함께 커다란 북소리처럼 힘찬 느낌을 주지요. 여러분은 빗소리를 어떻게 표현하고 싶나요?

손뼉을 치며 '짝짝짝', 책상을 두드리며 '쿵쿵쿵', 입으로는 '뚜두두둑' 빗소리를 따라 해 보세요. 가족들과 함께 각자 다른 소리를 맡아 빗소리 오케스트라를 만들어 봐도 재밌겠지요? 비 오는 날에는 이렇게 자연의 음악을 듣고 직접 연주해 보면서 음악과 더욱 친해질 수 있어요. 자, 모두 준비됐나요? "뚜두두둑! 비야, 우리 함께 연주하자!"

 생각해 보세요

❶ 여러분이 만약 빗방울이라면 어디에 '톡' 하고 떨어지고 싶나요?
❷ 빗소리를 의성어, 의태어로 표현해 보세요.
❸ 빗소리는 어떤 악기 소리와 비슷한 것 같나요?

정답은 248쪽

활동 1 다음 문장이 맞으면 ○, 틀리면 × 표시하세요.

1. 빗방울은 모두 똑같은 소리를 낸다. (   )
2. 지붕에 떨어지는 빗방울은 북처럼 들린다. (   )
3. 비 오는 날에는 가족들과 빗소리 오케스트라를 만들어 볼 수 있다. (   )

활동 2 기사를 보고 내용으로 알맞은 것을 고르세요.

1. 창문 위에 떨어지는 빗방울 소리는 어떤 악기 소리와 비슷하다고 했나요?
① 실로폰   ② 기타   ③ 피아노   ④ 나팔

2. 세게 내리는 빗소리는 무엇과 비슷하다고 했나요?
① 트라이앵글   ② 북   ③ 플루트   ④ 바이올린

활동 3 기사를 보고 빈칸에 들어갈 알맞은 낱말을 보기에서 찾아 쓰세요.

보기 : 빗소리 오케스트라, 지붕, 실로폰

① 빗방울은 (   ), 창문, 나뭇잎 위에 떨어지며 소리를 낸다.
② 가족들과 함께 (   )를 만들어 볼 수 있다.
③ 창문 위의 빗방울 소리는 (   )을 연주하는 소리와 비슷하다.

활동 4 기사를 보고 주어진 낱말의 뜻을 참고하여 문장을 완성하세요.

1. 우리 가족은 비 오는 날 (   )처럼 빗소리를 함께 연주했다.
뜻 : 여러 악기가 모여서 연주하는 것

2. 가볍게 내리는 비는 빠르고 경쾌한 (   )을 만들어 준다.
뜻 : 일정한 규칙에 따라 반복되는 소리의 흐름

| 교과 연계 | 3학년 음악 3. 음악과 손잡고 | 키워드 | 채소 오케스트라, 테레민, 채소로 만든 악기

02 세계에서 가장 이상한 악기들

만만한 신문 읽기

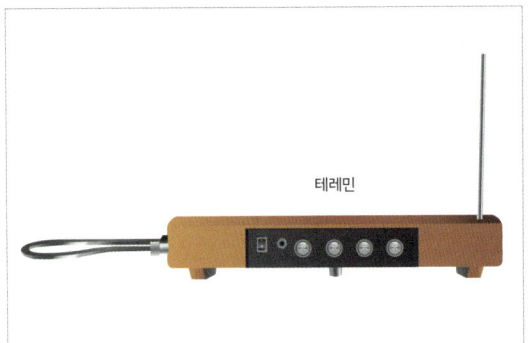
테레민

채소로 만든 오케스트라가 있다고?

당근이나 호박으로 음악을 연주할 수 있다는 사실을 알고 있나요? 놀랍게도 실제로 채소로 만든 악기가 있답니다. 오스트리아에는 '채소 오케스트라'라는 특별한 음악단이 있어요. 이 음악단에서는 당근으로 만든 플루트, 호박으로 만든 북, 오이로 만든 트럼펫을 사용해서 멋진 음악을 연주해요. 신기하게도 우리가 평소에 듣는 플루트나 북과 비슷한 소리가 난다고 하네요.

공연이 끝나면 이 채소 악기들을 어떻게 할까요? 바로 맛있는 수프를 끓여 먹거나 퇴비로 활용한다고 합니다. 음악도 듣고, 배도 든든해지고, 정말 재미있는 악기죠?

연주할 때 손을 대지 않는 악기가 있다

손을 대지 않고도 연주할 수 있는 악기가 있어요. 바로 '테레민'이라는 악기예요. 이 악기는 손을 가까이 대기만 해도 '위잉~' 하고 신비로운 소리가 나요. 손을 움직이는 위치에 따라 높은 소리도 나고, 낮은 소리도 난답니다. 마치 공기 속에서 손이 춤을 추듯 움직이면 소리도 따라 춤을 추는 것처럼 바뀌어요. 테레민은 손을 대지 않고도 음의 높낮이를 자유롭게 바꿔 가며 연주할 수 있어서 정말 마법 같은 악기예요. 손짓 하나만으로 음악을 만들 수 있다니 상상만 해도 신기하지 않나요? 여러분도 언젠가 테레민을 연주할 기회가 온다면 손을 멋지게 흔들며 음악 마법사가 되어 보세요.

생각해 보세요

❶ 채소로 악기를 만든다면 어떤 채소로 어떤 악기를 만들고 싶나요?
❷ 공연이 끝나고 연주했던 채소로 만든 수프를 먹는다면 기분이 어떨 것 같나요?
❸ 여러분이 음악 마법사라면 어떤 신기한 악기를 발명해 보고 싶나요?

정답은 248쪽

활동 1 다음 문장이 맞으면 ○, 틀리면 × 표시하세요.

1. 오스트리아에는 당근, 오이 등 채소로 만든 악기로 연주하는 오케스트라가 있다. (   )
2. 테레민은 손으로 악기를 꼭 잡아야 소리가 나는 악기이다. (   )
3. 채소로 만든 악기는 연주가 끝나면 수프를 끓이거나 퇴비로 쓴다. (   )
4. 테레민은 손을 전혀 움직이지 않아야 소리가 나는 악기이다. (   )

활동 2 다음 낱말과 뜻이 알맞도록 이으세요.

오케스트라 •　　　　　　• 손을 대지 않고 연주하는 신기한 악기
테레민　　 •　　　　　　• 여러 사람이 함께 연주하는 음악단
퇴비　　　 •　　　　　　• 식물이나 음식 찌꺼기로 만든 거름
플루트　　 •　　　　　　• 길고 가느다란 관악기

활동 3 기사를 보고 빈칸에 들어갈 알맞은 낱말을 보기에서 찾아 쓰세요.

보기 : 채소, 수프, 손, 오스트리아

1. 오스트리아에는 (　　　　　　)로 악기를 만들어 연주하는 오케스트라가 있다.
2. 채소 오케스트라는 (　　　　　)에 있다.
3. 테레민은 (　　　　　)을 대지 않고도 연주할 수 있다.
4. 공연이 끝나면 악기로 만든 채소로 (　　　　　)를 끓여 먹는다.

활동 4 초성 힌트를 보고 다음 빈칸에 공통으로 들어갈 말을 기사에서 찾아 쓰세요.

테레민은 (　　　　　)을 가까이 대기만 해도 소리가 난다.
테레민은 (　　　　　)의 움직임에 따라 소리가 달라진다.
테레민은 (　　　　　)을 대지 않고도 연주할 수 있다.

|교과 연계| 4학년 음악 2. 음악으로 자라나 |키워드| 음악과 맛, 오감, 초콜릿

03 음악을 들으면 초콜릿이 더 맛있다고?

만만한 신문 읽기

귀로 맛을 느낄 수 있어!

여러분은 초콜릿을 먹을 때 어떤 음악을 듣나요? 신나는 노래? 아니면 부드러운 노래? 음악은 우리의 마음과 기분을 변화시키는 특별한 힘이 있어요. 그래서 음악과 함께라면 같은 초콜릿도 더 맛있게 느껴질 수 있답니다. 빠르고 즐거운 음악을 들으면 초콜릿 맛이 더 달콤하게 느껴지고, 느리고 조용한 음악을 들으면 초콜릿이 더 부드럽고 진하게 느껴진다고 해요. 믿기 어렵겠지만 정말이에요. 이제 초콜릿을 먹을 때 신나는 음악을 들어 보세요. 입 안에서 초콜릿이 춤추는 듯한 기분을 느낄 수 있을 거예요.

음악과 맛의 신기한 연결

우리 몸은 오감을 가지고 있어요. 오감이란 눈(시각), 귀(청각), 코(후각), 혀(미각), 피부(촉각)로 느끼는 감각이에요. 음악은 듣는 감각(청각)뿐 아니라 맛을 느끼는 감각(미각)에도 영향을 준대요. 음악을 들으면 뇌가 신호를 보내 우리가 먹는 음식의 맛을 조금 다르게 느끼도록 도와준답니다. 예를 들어, 높은 음을 들으면 달콤한 맛이 더 강하게 느껴지고, 낮은 음을 들으면 쓴맛이나 짠맛이 더 강하게 느껴진대요. 그래서 음악이 초콜릿을 더 달콤하고 맛있게 느끼게 하는 거예요.

오늘부터 맛있는 간식을 먹을 때는 좋아하는 음악을 함께 들어 보세요. 신기한 맛의 세계가 여러분을 기다리고 있답니다.

생각해 보세요

❶ 초콜릿과 어울리는 최고의 음악은 뭐라고 생각하나요?
❷ 초콜릿이 내게 한마디 한다면 무슨 말을 할 것 같나요?
❸ 초콜릿 외에 음악을 들으면서 먹으면 더 맛있을 것 같은 음식은 무엇이 있을까요?

정답은 249쪽

 활동 1 다음 문장이 맞으면 ○, 틀리면 × 표시하세요.

1. 음악을 들으면 우리가 먹는 음식의 맛이 달라질 수 있다. (　　)
2. 초콜릿을 먹을 때는 아무 음악이나 들어도 항상 똑같이 느껴진다. (　　)
3. 높은 음을 들으면 초콜릿이 더 달콤하게 느껴질 수 있다. (　　)
4. 오감에는 눈, 귀, 코, 혀, 피부가 포함된다. (　　)

활동 2 기사를 보고 빈칸에 들어갈 알맞은 낱말을 보기에서 찾아 쓰세요.

> **보기** : 오감, 음악, 낮은 음

1. 우리가 느끼는 맛은 (　　　　)과 함께하면 달라질 수 있다.
2. (　　　　)을 들으면 쓴맛이나 짠맛이 더 강하게 느껴진다.
3. 우리 몸에는 (　　　　)이 있어서 여러 감각을 느낄 수 있다.

 활동 3 기사의 내용과 다른 것을 찾아 번호를 쓰세요.

① 빠르고 신나는 음악을 들으면 초콜릿이 더 달콤하게 느껴진다.
② 낮은 음을 들으면 쓴맛이 더 강하게 느껴진다.
③ 오감에는 손, 눈, 발, 코, 피부가 포함된다.
④ 음악을 들으면서 간식을 먹으면 더 맛있게 느낄 수 있다.

 활동 4 초성 힌트를 보고 다음 빈칸에 공통으로 들어갈 말을 기사에서 찾아 쓰세요.

1. (　　　　)을 들으면 초콜릿 맛이 더 달콤하게 느껴질 수 있어요.
2. (　　　　)은 우리 뇌에 신호를 보내서 맛을 다르게 느끼게 해요.

ㅇ	ㅇ

211

| 교과 연계 | 4학년 음악 3. 음악을 느끼며 | 키워드 | 데시벨, 소리, 자연의 소리

04 세상에서 가장 시끄러운 소리는?

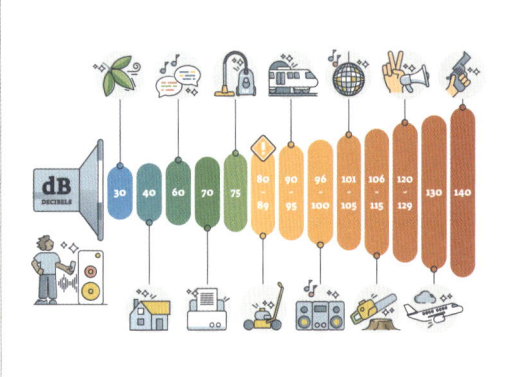

쿵쾅쿵쾅! 얼마나 시끄러울까?

세상에서 가장 시끄러운 소리가 뭔지 생각해 본 적 있나요? 소리에도 크기가 있어요. 그 크기를 '데시벨'이라고 해요. 작게 속삭이는 목소리는 약 20데시벨, 친구들과 떠드는 소리는 약 60데시벨이에요. 우리가 듣는 소리는 데시벨로 크기를 나타낼 수 있답니다. 소리가 크면 클수록 우리 몸이 더 크게 느끼게 되고, 때로는 깜짝 놀라기도 해요.

세상에서 가장 시끄러운 소리는 무려 180데시벨이나 된대요. 바로 로켓이 우주로 발사될 때 나는 소리랍니다. 이 소리는 정말 크고 시끄러워서 가까이 있으면 귀가 아프고 몸이 흔들릴 정도라고 해요. 상상만 해도 정말 놀랍지요?

귀를 위한 안전한 소리 여행

시끄러운 소리를 계속 들으면 귀가 아프고 잘 안 들리게 될 수 있어요. 그래서 귀를 안전하게 지켜야 해요. 귀는 우리 몸에서 아주 소중한 역할을 하니까요. 좋은 음악을 계속 들으려면 귀를 잘 보호해야 한답니다. 그래서 이어폰으로 음악을 들을 때는 소리를 작게 줄이고, 오래 듣지 않는 게 좋아요.

가끔씩은 숲속이나 공원에 가서 나무가 흔들리는 소리, 새가 지저귀는 소리를 들어 보세요. 이런 자연의 소리는 귀를 편안하게 해 주고 기분까지 좋게 해 준답니다. 우리 친구들도 귀를 위한 안전한 소리 여행을 시작해 보세요.

생각해 보세요

❶ 지금까지 들어 본 소리 중에서 제일 시끄러웠던 것은 무슨 소리였나요?
❷ 만약 여러분의 목소리를 데시벨로 측정한다면 몇 데시벨일까요?
❸ 속삭이는 소리를 한 번 들려주세요.

정답은 249쪽

활동 1 다음 문장이 맞으면 ○, 틀리면 × 표시하세요.

1. 소리의 크기를 '데시벨'이라고 한다. (   )
2. 로켓이 우주로 발사될 때 나는 소리는 약 60데시벨이다. (   )
3. 시끄러운 소리를 오래 들으면 귀가 아플 수 있다. (   )
4. 자연의 소리는 귀를 편안하게 해 줄 수 있다. (   )

활동 2 기사를 보고 내용으로 알맞은 것을 고르세요.

1. '데시벨'은 무엇을 나타내는 단위인가요?
① 소리의 모양   ② 소리의 색깔   ③ 소리의 크기   ④ 소리의 맛

2. 귀를 안전하게 지키는 방법으로 알맞은 것은 무엇인가요?
① 이어폰 소리를 크게 듣기   ② 이어폰을 오래 끼고 있기
③ 소리를 작게 듣고, 오래 듣지 않기   ④ 항상 시끄러운 곳에 있기

활동 3 기사를 보고 빈칸에 들어갈 알맞은 낱말을 보기에서 찾아 쓰세요.

| **보기** : 데시벨, 로켓, 귀 |

1. 세상에서 가장 시끄러운 소리는 (   )이 우주로 발사될 때 나는 소리이다.
2. 좋은 음악을 계속 들으려면 (   )를 잘 보호해야 한다.
3. 소리의 크기를 나타내는 단위는 (   )이다.

활동 4 기사를 보고 주어진 낱말의 뜻을 참고하여 문장을 완성하세요.

1. '데시벨'은 소리의 (   )를 나타내는 단위예요.
뜻 : 사물이나 소리 등이 얼마나 큰지, 작은지 나타내는 정도

2. 숲속이나 공원에서 (   )의 소리를 들으면 귀가 편안해져요.
뜻 : 사람의 힘이 닿지 않은 원래의 모습. 숲, 바람, 새소리 등

| 교과 연계 | 4학년 음악 3. 음악을 느끼며 | 키워드 | 우리나라의 타악기, 세계의 타악기

05 쿵쿵! 둥둥! 신기한 타악기 여행

만만한 신문 읽기

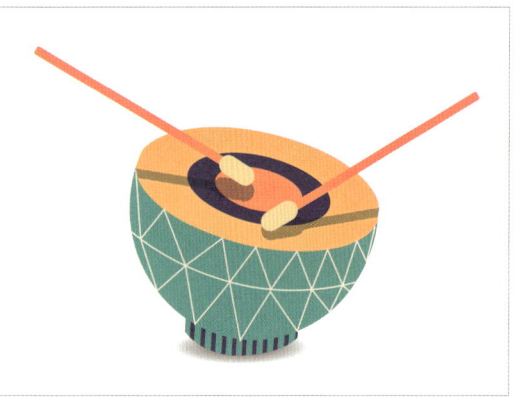

우리나라 타악기, 전통을 울리다

우리나라에는 오랜 역사와 멋을 담은 특별한 타악기들이 있어요. '편종'과 '편경'은 궁궐에서 왕이 있을 때나 큰 잔치에서 사용했던 악기예요. 편종은 여러 개의 작은 종이 줄에 매달려 있어 막대기로 치면 맑은 종소리가 퍼져요. 편경은 돌로 만든 여러 장의 판을 두드려서 고운 소리를 내지요. 건고와 진고는 소리가 우렁차며 우리나라 북 중 가장 크고 화려해요. 장구, 꽹과리, 징도 우리나라에서 자주 볼 수 있는 타악기예요. 이렇게 다양한 타악기 덕분에 우리나라의 음악은 더 신나고 특별해졌답니다.

세계 타악기, 지구촌 소리를 모으다

세계에는 신기하고 독특한 타악기가 많아요. 아프리카에는 '젬베'라는 북이 있어요. 젬베는 손으로 두드리면 빠르고 강한 소리가 나서 모두 함께 모여 춤추고 노래하는 데 어울리는 악기예요. 남미에서는 '봉고'가 유명해요. 봉고는 2개의 작은 북을 연결해서 손으로 치는데, 가볍고 경쾌한 소리가 매력적이랍니다. 아프리카에는 '발라폰'이라는 악기도 있어요. 발라폰은 나무 막대기를 줄에 묶고, 속이 빈 열매를 달아서 치는데 맑고 신기한 소리가 나요. 이외에도 서양의 팀파니, 마림바, 카혼 등 다양한 타악기가 있어요. 악기는 다르지만 우리 모두는 음악으로 하나가 될 수 있답니다.

생각해 보세요

❶ 우리나라 타악기 중에서 종을 두드려 소리를 내는 악기는 무엇일까요?
❷ 아프리카에서 온 '젬베'라는 악기는 어떻게 소리를 낼까요?
❸ '봉고'는 어떤 나라에서 많이 쓰이고, 어떤 소리가 날까요?

정답은 249쪽

활동1 다음 문장이 맞으면 ○, 틀리면 × 표시하세요.

1. 편종과 편경은 궁궐이나 잔치에서 쓰던 우리나라 타악기이다. (   )
2. 젬베는 아프리카에서 쓰이는 북이다. (   )
3. 봉고는 손으로 두드려서 경쾌한 소리를 내는 남미의 악기이다. (   )
4. 팀파니와 마림바는 모두 우리나라 전통 악기이다. (   )

활동2 기사를 보고 내용으로 알맞은 것을 고르세요.

① 편종, 장구, 꽹과리는 우리나라에서 볼 수 있는 타악기이다.
② 발라폰은 북이 아니라 현악기이다.
③ 봉고는 소리가 크고 무거운 악기이다.
④ 편경은 입으로 불어서 소리를 낸다.

활동3 기사를 보고 빈칸에 들어갈 알맞은 낱말을 보기에서 찾아 쓰세요.

보기 : 발라폰, 봉고, 젬베, 징

1. 2개의 작은 북을 연결해서 손으로 치는 남미 악기는 (   )이다.
2. 손으로 두드리면 빠르고 강한 소리가 나는 아프리카 북은 (   )이다.
3. 나무 막대기에 속이 빈 열매를 달아서 치는 아프리카 악기는 (   )이다.
4. 우리나라에서 자주 볼 수 있는 커다란 원형의 금속 타악기는 (   )이다.

활동4 뜻을 참고하여 알맞은 단어에 동그라미표를 하세요.

1. (편경 / 발라폰) : 궁궐이나 잔치에서 돌로 만든 판을 두드리는 우리나라 악기
2. (팀파니 / 젬베) : 아프리카에서 손으로 두드리는 북
3. (봉고 / 징) : 2개의 북이 연결된 남미 타악기
4. (전통 / 발라폰) : 오랫동안 한 나라에서 이어져 온 것

| 교과 연계 | 4학년 음악 4. 음악과 하나 되어 | 키워드 | 사물놀이, 뮤직비디오, 전통악기

06 내가 감독! 신나는 사물놀이 영상 만들기

 **만만한 신문 읽기**

내 뮤직비디오의 주인공은 꽹과리

뮤직비디오를 만든다면 어떤 악기를 주인공으로 삼고 싶나요? 오늘의 주인공은 바로 신나고 맑은 소리를 내는 '꽹과리'예요. 꽹과리는 사물놀이에서 흥을 돋우고 빠르게 연주되는 특별한 악기랍니다. 손에 작고 동그란 꽹과리를 잡고, 채로 가볍게 두드리면 짜릿하고 신나는 소리가 퍼져 나가요.

만약 꽹과리로 뮤직비디오를 찍는다면 화려한 무대 위에서 친구들과 함께 춤추며 즐거운 모습이 가득 담길 거예요. 꽹과리 소리에 맞춰 친구들이 어깨춤을 덩실덩실 춘다면 정말 멋진 장면이 펼쳐지겠죠?

북과 장구, 징까지! 사물놀이 친구들 총출동

뮤직비디오에는 꽹과리 혼자만 등장하지 않아요. 북, 장구, 징 같은 친구들도 함께 나와요. 그런데 이 4가지 사물놀이 악기에는 특별한 비밀이 있답니다. 바로 자연의 모습을 닮았다는 거예요. 징은 '바람', 꽹과리는 '천둥 벼락', 북은 '구름', 장구는 '비'를 상징해요. 그래서 사물놀이를 연주하면 마치 자연의 변화가 무대 위에 펼쳐지는 것 같아요.

북은 힘차게 '둥둥둥' 소리를 내고, 장구는 부드럽고 다양한 소리로 우리의 마음을 설레게 하고, 징은 깊고 넓은 소리로 음악을 더욱 풍성하게 만들어 준답니다. 이렇게 자연을 닮은 4가지 악기가 힘을 합치면 모두가 함께 즐길 수 있는 최고의 무대가 완성된답니다.

 **생각해 보세요**

❶ 여러분이 뮤직비디오 주인공이라면 어떤 악기를 고르고 싶나요?
❷ 꽹과리 소리를 입으로 표현해 볼 수 있나요
❸ 4가지 자연(바람, 천둥, 구름, 비) 중 어떤 소리가 제일 좋나요?

 만만한 신문 활동

정답은 249쪽

활동 1 다음 문장이 맞으면 O, 틀리면 × 표시하세요.

1. 꽹과리는 사물놀이에서 흥을 돋우고 빠르게 연주되는 악기이다. (   )
2. 북은 비를 상징하는 악기이다. (   )
3. 사물놀이에는 꽹과리, 북, 장구, 징이 모두 등장한다. (   )
4. 징은 '바람'을 상징한다. (   )

활동 2 기사를 보고 단어가 의미하는 것에 알맞도록 이으세요.

꽹과리 •   • 천둥 벼락
징   •   • 구름
북   •   • 바람
장구   •   • 비

활동 3 기사를 보고 빈칸에 들어갈 알맞은 낱말을 보기에서 찾아 쓰세요.

 보기 : 상징, 무대, 연주, 변화

1. 징은 바람을 (   )한다.
2. 사물놀이를 (   )하면 무대가 즐거워진다.
3. 4가지 악기가 힘을 합치면 멋진 (   )가 완성된다.
4. 사물놀이를 들으면 자연의 (   )가 떠오른다.

활동 4 기사를 보고 내용으로 알맞은 것을 고르세요.

1. 사물놀이 4가지 악기가 모두 함께 모이면 어떤 느낌이 드나요?
① 모두 조용해진다.   ② 자연의 변화가 느껴진다.
③ 한 악기만 소리가 난다.   ④ 슬픈 음악이 된다.

2. 다음 중 기사에서 설명한 사물놀이 악기가 아닌 것은?
① 꽹과리   ② 피아노   ③ 북   ④ 장구

| 교과 연계 | 3학년 미술 4. 색과 친구 되기 | 키워드 | 색깔 섞기, 나만의 색, 기본색(빨간색, 노란색, 파란색)

07 색의 변신, 세상이 더 알록달록해져요

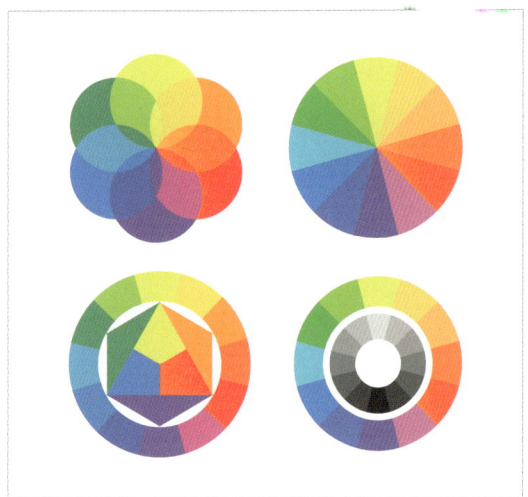

초록색처럼 우리 주변에 있는 많은 색이 사실은 다양한 색이 만난 덕분에 만들어졌답니다. 색연필이나 물감을 꺼내 직접 섞어 보면 나만의 멋진 색을 만들 수 있어요. 2가지 색을 조금씩 섞으면서 "이번엔 무슨 색이 나오지?" 하고 상상해 보세요. 알록달록 더 예쁜 그림을 만들 수 있어요.

색깔 친구들이 만났을 때

색깔들은 혼자 있을 때도 예쁘지만 서로 만나면 더 예뻐져요. 노란색과 빨간색이 손을 잡으면 맛있는 귤처럼 예쁜 주황색이 되고, 노란색과 초록색이 만날 때는 연두색이 튀어나와요. 이렇게 색깔이 만나서 새로운 색으로 변하는 것은 마치 마술 같아요. 빨간색과 파란색이 만나면 보라색, 파란색과 노란색이 만나면 초

세상에 하나뿐인 나만의 색 만들기

색을 섞다 보면 누구나 미술가가 될 수 있어요. 빨간색, 노란색, 파란색은 '색깔 삼총사'라고 불리는 기본색이에요. 이 색들로 여러 가지 색을 만들 수 있지요. 예를 들어, 파란색에 흰색을 섞으면 하늘색, 빨간색에 흰색을 섞으면 분홍색이 돼요. 여러 색을 조금씩 섞어서 직접 이름도 붙일 수 있어요. 딸기우유색, 바다파도색처럼 말이죠.

색은 마음대로 섞어 보세요. 실패해도 괜찮아요. 다음에는 더 멋진 색이 나올 수 있으니까요.

❶ 노란색과 빨간색을 섞으면 어떤 색이 되나요?
❷ 색연필이나 물감으로 나만의 색을 만들어 본 적이 있나요? 어떤 색이었나요?
❸ 세상에 없는 상상 속 색을 만든다면 어떤 색이 나올까요? 어디에 쓰고 싶나요?

정답은 250쪽

 활동 1 다음 문장이 맞으면 ○, 틀리면 × 표시하세요.

1. 노란색과 빨간색이 만나면 주황색이 만들어진다. (   )
2. 색을 섞어도 절대 새로운 색이 나오지 않는다. (   )
3. 빨간색, 노란색, 파란색은 기본색이라고 불린다. (   )

활동 2 기사를 보고 내용으로 알맞은 것을 고르세요.

① 색깔을 섞으면 새로운 색을 만들 수 있다.　② 빨간색과 초록색을 섞으면 주황색이 나온다.
③ 색연필이나 물감은 절대 섞으면 안 된다.　④ 색을 섞으면 모두 까만색이 된다.

활동 3 기사를 보고 빈칸에 들어갈 알맞은 낱말을 보기에서 찾아 쓰세요.

| 보기 : 주황색, 연두색, 분홍색, 하늘색 |

1. 노란색과 빨간색을 섞으면 (   )이 돼요.
2. 노란색과 초록색을 섞으면 (   )이 돼요.
3. 빨간색에 흰색을 섞으면 (   )이 돼요.
4. 파란색에 흰색을 섞으면 (   )이 돼요.

활동 4 기사를 보고 주어진 낱말의 뜻을 참고하여 문장을 완성하세요.

1. 빨간색, 노란색, 파란색은 (   )이에요.
뜻 : 여러 색을 만들어 내는 가장 처음의 색

2. 색을 섞으면서 '무슨 색이 나올까?' (   )해 보세요.
뜻 : 머릿속으로 어떤 모습을 떠올리는 것

 활동 5 뜻을 참고하여 알맞은 단어에 동그라미표를 하세요.

1. (기본색 / 색연필) : 빨간색, 노란색, 파란색처럼 다른 색을 만들 수 있는 색
2. (상상 / 설명) : '이번엔 무슨 색이 나올까?' 하고 머릿속으로 떠올리는 것
3. (주황색 / 파란색) : 노란색과 빨간색이 만나서 만들어진 색

| 교과 연계 | 3학년 미술 12. 미술 문화에 참여해요. | 키워드 | 메타버스, 미술관

08 메타버스 미술관에서 과거의 예술 작품을 만난다면?

만만한 신문 읽기

그림 속 주인공이 말을 건다면?

혹시 '메타버스 미술관'이라고 들어 본 적 있나요? 컴퓨터 안에 있는 가상공간에서 미술 작품을 구경할 수 있는 멋진 미술관이에요. 한 번 상상해 보세요. 메타버스 미술관에 들어갔더니 그림 속 주인공이 갑자기 말을 거는 거예요. "안녕? 나는 렘브란트가 그린 기사야. 여기서 400년째 말없이 서 있었어. 좀 심심했지 뭐야!" 친구들은 깜짝 놀라겠지만 동시에 웃음이 나올 거예요. 모나리자가 윙크를 하고, 「절규」 그림 속 아저씨가 "요즘 너무 덥지 않니?" 하고 말하는 장면을 상상하면 정말 재미있겠죠? 미술 시간에 배운 명화들을 메타버스 안에서 이렇게 살아 있는 듯 만난다면 지루할 틈이 없겠지요.

내가 작품 속으로 들어간다면?

이번에는 반대로 그림 속으로 들어가 볼까요? 미술관의 풍경화 속으로 쏙 들어가 시원한 바닷가에서 모래성을 쌓거나, 정물화 속 사과를 집어 들고 '아삭' 하고 한 입 먹는 상상도 해 보세요. 혹은 추상화 속으로 들어가 알록달록한 선과 점 사이를 미끄럼틀처럼 타고 내려오는 것도 재미있을 거예요.

메타버스 미술관에서는 이런 상상이 진짜처럼 느껴져요. 그림 속에서 놀고, 뛰고, 대화할 수도 있으니까요. 여러분도 미술 작품들을 찾아보고, '내가 이 그림에 들어간다면?' 하고 상상해 보세요. 웃음과 상상이 넘치는 미술 여행이 될 거예요.

생각해 보세요

❶ 그림 속 주인공이 말을 걸면 어떤 기분이 들까요?
❷ 그림 속 사과는 무슨 맛일까요?
❸ 만약 그림 속으로 들어간다면 어떤 작품에 들어가고 싶나요?

정답은 250쪽

활동 1 다음 문장이 맞으면 ○, 틀리면 × 표시하세요.

1 메타버스 미술관에서는 실제 미술관처럼 그림을 만질 수 있다. (　　)
2 그림 속 주인공이 말을 거는 상상을 하면 미술관이 더 재미있어진다. (　　)
3 메타버스 미술관에서는 그림 속으로 들어가는 상상을 할 수 있다. (　　)
4 「절규」 그림 속 아저씨가 "요즘 너무 덥지 않니?" 하고 말한다고 상상할 수 있다. (　　)

활동 2 기사를 보고 보기의 내용으로 알맞은 것을 고르세요.

① 메타버스 미술관에서 그림 속 주인공과 이야기할 수 있다.
② 메타버스 미술관에서 사과를 직접 먹어 볼 수 있다.
③ 메타버스 미술관에서 바닷가에 진짜로 갈 수 있다.
④ 메타버스 미술관에서 그림을 집에 가져갈 수 있다.

활동 3 기사를 보고 빈칸에 들어갈 알맞은 낱말을 보기에서 찾아 쓰세요.

보기 : 상상, 선, 점, 윙크, 말하는

1. 모나리자가 (　　　　)하고, 「절규」 그림 속 아저씨가 "요즘 너무 덥지 않니?" 하고
　(　　　　) 장면을 상상할 수 있어요.
2. 정물화 속 사과를 집어 들고 한 입 먹는 (　　　　)도 할 수 있어요.
3. 추상화 속에서는 알록달록한 (　　　　)과 (　　　　) 사이를 미끄럼틀처럼 타고
　내려오는 것도 재미있어요.

활동 4 기사를 보고 주어진 낱말의 뜻을 참고하여 문장을 완성하세요.

1. 메타버스 미술관에서는 명화 속 주인공과 이야기하는 (　　　　)을 할 수 있어요.
뜻 : 실제로 일어나지 않았지만 머릿속으로 그려 보는 일

2. 웃음과 상상이 넘치는 미술 (　　　　)을 시작해 보세요.
뜻 : 집을 떠나 다른 곳으로 놀러 가거나 구경하러 가는 것

| 교과 연계 | 4학년 미술 6. 좋아하는 작품이 생긴 날 | 키워드 | 레오나르도 다빈치, 고흐, 피카소

09 유명 그림 속에 숨은 개그 찾기

 만만한 신문 읽기

그림 속 숨바꼭질, 재밌는 비밀 찾기

여러분은 유명한 그림을 볼 때 그냥 멋있다고만 생각했나요? 사실 그림 속에는 화가가 숨겨 놓은 재밌는 비밀이 가득하답니다. 예를 들어, 레오나르도 다빈치의 「모나리자」는 신비한 미소로 유명한 그림이에요. 그런데 이 그림을 자세히 보면 모나리자에게 눈썹이 없다는 것을 알 수 있어요. 왜 없을까요? 어쩌면 다빈치가 일부러 재미있게 표현한 것일지도 몰라요. 빈센트 반 고흐의 「별이 빛나는 밤」에도 신기한 재미가 숨어 있어요. 별들이 마치 살아 움직이듯이 소용돌이치고 있는데, 고흐는 이렇게 밤하늘이 춤추는 듯한 느낌을 표현하고 싶었던 것 같아요. 여러분도 그림을 볼 때 화가의 마음을 상상하며 감상해 보세요.

엉뚱한 피카소와 재미있는 상상력

얼굴과 몸이 이상하게 비뚤어져 있는 피카소의 그림을 본 적이 있나요? 사실 피카소는 엉뚱하고 재미있는 상상력으로 독특한 그림을 그렸답니다. 피카소의 「우는 여인」을 보면 여인이 너무 슬퍼서 손수건을 입에 꽉 문 채 울고 있어요. 어쩌면 손수건 때문에 입이 이상하게 표현된 것처럼 보일 수 있죠. 피카소는 여인의 슬픈 감정을 더욱 강렬하고 특별하게 나타내고 싶었던 건지도 몰라요. 또한 다양한 색깔과 독특한 모양을 그림 속에 넣어 보는 사람이 상상력을 마음껏 펼칠 수 있도록 만들었답니다. 여러분도 피카소의 작품에 숨겨진 특별한 재미를 찾아보세요.

 생각해 보세요

❶ 모나리자에게는 왜 눈썹이 없을까요?
❷ 고흐의 「별이 빛나는 밤」의 별들은 어떻게 보이나요?
❸ 피카소의 「우는 여인」은 왜 손수건을 물고 있었을까요?

정답은 250쪽

활동1 다음 문장이 맞으면 ○, 틀리면 × 표시하세요.

1. 모나리자에게는 눈썹이 없다. (　　)
2. 「별이 빛나는 밤」은 고흐의 작품이다. (　　)
3. 피카소의 「우는 여인」은 손수건을 머리에 쓰고 있다. (　　)
4. 피카소는 그림을 못 그려서 엉뚱한 그림을 그렸다. (　　)

활동2 다음 낱말과 뜻이 알맞도록 이으세요.

신비한　　•　　　　　• 보통과 달리 색다르고 특이하다.
소용돌이　•　　　　　• 무엇인가를 마음속으로 그려 보는 힘
엉뚱하다　•　　　　　• 쉽게 알 수 없고 신기하다.
상상력　　•　　　　　• 빙글빙글 도는 모양

활동3 기사를 보고 빈칸에 들어갈 알맞은 낱말을 보기에서 찾아 쓰세요.

| 보기 : 눈썹, 손수건, 소용돌이 |

1. 모나리자에게는 (　　　　　)이 없다.
2. 고흐의 「별이 빛나는 밤」에서 별들은 (　　　　　)처럼 보인다.
3. 피카소의 「우는 여인」은 (　　　　　)을 입에 물고 있다.

활동4 초성 힌트를 보고 다음 빈칸에 공통으로 들어갈 말을 기사에서 찾아 쓰세요.

1. 화가들은 그림 속에 다양한 (　　　　)을 숨겨 놓기도 한다.
2. 피카소의 그림에는 특별한 (　　　　)이 숨어 있다.

| ㅂ | ㅁ |

| 교과 연계 | 4학년 미술 12. 작품과 이야기해요. | 키워드 | 거리미술, 스트리트 아트

10 거리 위의 미술관

만만한 신문 읽기

파리에서는 거리도 예술 작품

'미술관' 하면 어떤 모습이 떠오르나요? 멋진 그림들이 액자에 담겨 조용한 전시실에 걸린 모습을 생각할 수 있죠. 그런데 프랑스 파리에서는 미술관이 따로 없어도 될 정도로 길거리, 건물 벽, 지하철역, 심지어 전봇대까지 어디에서나 멋진 그림과 색들을 볼 수 있답니다. 이것을 '거리미술' 또는 '스트리트 아트'라고 불러요.

파리에서는 '낙서 금지' 대신 예술가들이 거리에 자유롭게 그림을 그려요. 그리고 그림 앞에서 사진을 찍거나 이야기를 나누기도 해요. 그래서 파리의 거리는 마치 커다란 미술관 같답니다. 길을 걷다가 멋진 그림을 발견하면 마치 보물찾기를 하는 기분이 들겠죠?

우리 동네 벽에도 숨겨진 이야기가 있다

거리미술은 단순한 낙서가 아니에요. 우리나라에서도 파리의 거리처럼 동네 벽이나 골목에서 멋진 그림을 찾을 수 있어요. 어떤 그림은 평화를 바라는 메시지, 어떤 그림은 동물 친구들을 지키자는 마음을 담고 있어요. 가끔은 마을 사람들이 함께 그린 커다란 벽화도 있는데, 동네의 자랑이나 추억을 담아 모두가 소중하게 여긴답니다.

거리미술은 예술가가 하고 싶은 말을 색깔과 그림으로 표현한 거예요. 길을 걷다가 알록달록한 그림을 만나면 그 그림에 담긴 이야기와 예술가의 마음을 상상해 보세요. 여러분이 상상하는 그림도 언젠가 멋진 거리의 작품이 될 수 있어요.

생각해 보세요

❶ 파리의 거리에서 볼 수 있는 그림에는 어떤 특징이 있을까요?
❷ 우리 동네에도 거리미술이나 벽화가 있다면 어떤 것인가요?
❸ 거리미술과 미술관의 그림은 어떤 점이 같고, 어떤 점이 다를까요?

정답은 250쪽

활동 1 다음 문장이 맞으면 ○, 틀리면 × 표시하세요.

1. 파리에서는 길거리와 전봇대에도 멋진 그림이 있다. (   )
2. 거리미술은 꼭 미술관 안에서만 볼 수 있다. (   )
3. 거리미술에는 예술가의 마음이 담겨 있다. (   )
4. 파리의 사람들은 벽에 그림 그리는 것을 모두 싫어한다. (   )

활동 2 다음 낱말과 뜻이 알맞도록 이으세요.

거리미술 •　　　　• 동네나 길에서 볼 수 있는 예술
벽화　　 •　　　　• 그림이나 음악을 만드는 사람
예술가　 •　　　　• 여러 사람이 벽에 그린 큰 그림
메시지　 •　　　　• 마음이나 생각을 전하는 글이나 그림

활동 3 기사를 보고 빈칸에 들어갈 알맞은 낱말을 보기에서 찾아 쓰세요.

> **보기** : 거리미술, 미술관, 벽화

1. 파리의 거리는 마치 커다란 (   ) 같다.
2. 벽에 그린 큰 그림을 (   )라고 한다.
3. (   )은 예술가가 하고 싶은 말을 거리나 건물 벽 등에 그림으로 표현한 것이다.

활동 4 초성 힌트를 보고 다음 빈칸에 공통으로 들어갈 말을 기사에서 찾아 쓰세요.

1. 길을 걷다가 알록달록한 (   )을 만나면 그 안에 담긴 이야기와 마음을 상상해 보세요.
2. 여러분이 상상하는 (   )도 언젠가 멋진 거리의 작품이 될 수 있어요.

ㄱ	ㄹ

1교시 국어

01 시가 뭐길래? 이렇게 어려워?

활동1 다음 문장이 맞으면 ○, 틀리면 × 표시하세요.
1. 시에는 눈으로 보고, 손으로 만지는 감각적인 표현이 들어 있다. (○)
2. 시의 한 줄을 '연'이라고도 부른다. (×)
3. "달빛이 내 창문을 톡톡"은 시의 한 행이 될 수 있다. (○)
4. 감각적인 표현은 오감을 자극하는 말을 말한다. (○)

활동2 다음 낱말과 뜻이 알맞도록 이으세요.
- 비유 ― 어떤 사물이나 현상을 다른 것에 빗대어 표현하는 방법
- 행 ✕ 시의 여러 줄이 모여 이루는 덩어리
- 연 ― 시의 한 줄

활동3 기사를 보고 빈칸에 들어갈 알맞은 낱말을 보기에서 찾아 쓰세요.
1. 시인은 (감각)적인 표현으로 평범한 것도 특별하게 만든다.
2. 시의 한 줄을 (행)이라고 한다.
3. 여러 줄의 행이 모이면 (연)이 된다.

활동4 초성 힌트를 보고 다음 빈칸에 공통으로 들어갈 말을 기사에서 찾아 쓰세요.
1. 시인은 오감을 자극하는 말을 써서 (감각)적인 표현을 한다.
2. "초록 풀잎이 부드럽게 내 손끝을 간질여요"는 (감각)적인 표현이다.

02 보인다, 보여! 관찰한 대로 표현하기

활동1 다음 문장이 맞으면 ○, 틀리면 × 표시하세요.
1. 컵이 떨어질 때 나는 '쨍그랑'은 의태어이다. (×)
2. '살금살금'은 고양이가 조용히 다가가는 모습을 나타내는 의태어이다. (○)
3. '멍멍'은 개가 짖는 소리를 흉내 낸 의성어이다. (○)
4. 의성어를 쓰면 글이 더 생생해진다. (○)

활동2 기사를 보고 다음 낱말과 뜻이 알맞도록 이으세요.
- 의성어 ✕ 모양, 움직임, 상태를 흉내 내는 말
- 의태어 ― 실제 나는 소리를 흉내 내는 말
- 활짝 ✕ 가볍게 뛰는 모양
- 깡충깡충 ― 꽃이 크게 피어나는 모양

활동3 기사를 보고 빈칸에 들어갈 알맞은 낱말을 보기에서 찾아 쓰세요.
1. 컵이 바닥에 떨어질 때 나는 '쨍그랑'은 (의성어)이다.
2. 토끼가 귀엽게 뛰는 모양을 나타낸 '깡충깡충'은 (의태어)이다.
3. 빗방울이 (후드득) 떨어졌다.
4. 아기가 웃는 모양을 나타낸 말은 (방긋)이다.

활동4 기사를 보고 주어진 낱말의 뜻을 참고하여 문장을 완성하세요.
1. '따르릉'은 전화벨이 울리는 소리를 나타내는 (의성어)이다.
뜻: 실제 나는 소리를 흉내 내는 말

2. '솔솔'은 바람이 부드럽게 부는 모습을 나타내는 (의태어)이다.
뜻: 모양, 움직임, 상태를 흉내 내는 말

03 말장난의 끝판왕! 우리말 속 개그 코드

활동1 다음 문장이 맞으면 ○, 틀리면 × 표시하세요.
1. 말장난은 여러 가지 뜻을 가진 단어로 재미있는 농담을 만드는 놀이이다. (○)
2. '밤'은 먹는 밤과 하늘이 어두워지는 밤, 두 가지 뜻이 있다. (○)
3. 말장난은 친구들과 친해지는 데 도움이 될 수 있다. (○)
4. 사람의 다리는 건널 수 있는 다리이다. (×)

활동2 기사를 보고 내용으로 알맞은 것을 고르세요.
① 말장난은 친구를 놀릴 때만 쓰는 말이다.
② **말장난은 단어의 여러 가지 뜻을 이용하는 놀이이다.**
③ 말장난은 어려운 단어만 사용해야 한다.
④ 말장난은 아무 뜻이 없다.

활동3 기사를 보고 빈칸에 들어갈 알맞은 낱말을 보기에서 찾아 쓰세요.
1. 말장난은 여러 가지 뜻을 가진 (단어)로 하는 놀이예요.
2. 먹을 수 없는 밤은 (어두운) 밤이에요.
3. 사람의 (다리)는 건널 수 없어요.

활동4 초성 힌트를 보고 다음 빈칸에 공통으로 들어갈 말을 기사에서 찾아 쓰세요.
1. 강을 건널 때 쓰는 (다리)는 우리가 걸어 다닐 수 있는 곳이다.
2. 사람의 (다리)는 몸의 한 부분이다.

04 빵 터지는 실수! 엉뚱한 맞춤법 대회

활동1 다음 문장이 맞으면 ○, 틀리면 × 표시하세요.
1. '귀띔'은 누군가에게 몰래 알려 주는 것을 뜻한다. (○)
2. '칠흑'은 아주 새까만 어둠을 말한다. (○)
3. '밥주거기'가 맞는 표현이다. (×)
4. '장아치'가 맞는 표현이다. (×)

활동2 기사를 보고 내용으로 알맞은 것을 고르세요.
① **친구들은 '엉뚱한 맞춤법 대회'에서 헷갈리는 단어 때문에 웃었다.**
② 맞춤법 대회에서 영어 단어를 외웠다.
③ 선생님은 오답을 내면 혼을 내셨다.
④ 친구들은 문제를 풀 때 하나도 틀리지 않았다.

활동3 기사를 보고 빈칸에 들어갈 알맞은 낱말을 보기에서 찾아 쓰세요.
1. 친구가 시험 문제를 (귀띔)해 주었다.
2. 어젯밤은 (칠흑) 같이 어두웠다.
3. 나는 (밥주걱)으로 밥을 푸고, (장아찌)를 먹었다.

활동4 기사를 보고 주어진 낱말의 뜻을 참고하여 문장을 완성하세요.
1. 시험 보기 전에 친구가 정답을 (귀띔)해 줬다.
뜻: 몰래 살짝 알려 주는 것

2. 전기가 나가서 방 안이 (칠흑)처럼 어두웠다.
뜻: 아주 까만 어둠

3. 할머니는 (밥주걱)으로 맛있게 밥을 퍼 주셨다.
뜻: 밥을 푸는 데 쓰는 도구

05 교과서 속 주인공이 우리 반에 전학 온다면?

 다음 문장이 맞으면 ○, 틀리면 × 표시하세요.
1. 중심 문장은 글에서 꼭 하고 싶은 말을 나타내는 아주 중요한 문장이다. (○)
2. 중심 문장이 없으면 글을 쓸 때 길을 잘 찾을 수 있다. (×)
3. 뒷받침 문장은 중심 문장을 도와주고 내용을 풍성하게 해 준다. (○)
4. 중심 문장과 뒷받침 문장은 나무의 줄기와 가지처럼 서로 연결되어 있다. (○)

활동2 다음 낱말과 뜻이 알맞도록 이으세요.

중심 문장 ─────── 글의 줄기처럼 꼭 하고 싶은 말을 나타내는 문장
뒷받침 문장 ───── 중심 문장을 도와서 내용을 풍성하게 만드는 문장

활동3 기사를 보고 빈칸에 들어갈 알맞은 낱말을 보기에서 찾아 쓰세요.
1. 글을 쓸 때 '이 글에서 꼭 하고 싶은 말'을 먼저 생각하는 것이 (중심 문장)을 정하는 것이다.
2. (뒷받침 문장)이 없으면 중심 문장은 외로워진다.
3. 중심 문장은 생각의 (줄기), 뒷받침 문장은 생각을 도와주는 (가지)이다.
4. 뒷받침 문장은 중심 문장을 도와주는 (도우미)이다.

활동4 초성 힌트를 보고 다음 빈칸에 공통으로 들어갈 말을 기사에서 찾아 쓰세요.
1. 글을 쓸 때 꼭 하고 싶은 말은 바로 (중심 문장)이다.
2. 글의 생각을 딱 잡아 주는 것은 (중심 문장)이다.
3. 나침반처럼 글의 방향을 알려 주는 것은 (중심 문장)이다.

06 드라마보다 재미있는 사자성어 이야기

 다음 문장이 맞으면 ○, 틀리면 × 표시하세요.
1. '토사구팽'은 착한 일을 많이 한 사람을 칭찬하는 말이다. (×)
2. '형설지공'은 옛날 사람들이 어려운 환경에서도 열심히 공부했다는 뜻이다. (○)
3. '배은망덕'은 은혜를 잊고 고마워하지 않는다는 뜻이다. (○)
4. '관포지교'는 마음을 깊이 이해해 주는 진짜 친구를 뜻한다. (○)

활동2 다음 낱말과 뜻이 알맞도록 이으세요.

토사구팽 ─── 어려운 환경에서도 열심히 공부한다.
형설지공 ─── 마음을 이해해 주는 진짜 친구
관포지교 ─── 착한 일을 권하고, 나쁜 일을 벌한다.
권선징악 ─── 필요할 때만 쓰고 버린다.

 기사를 보고 빈칸에 들어갈 알맞은 사자성어를 보기에서 찾아 쓰세요.
1. 필요할 때만 쓰고 필요 없으면 버리는 행동을 비유하는 사자성어는 (토사구팽)이다.
2. 은혜를 받고도 고마움을 모르는 사람을 꾸짖는 말은 (배은망덕)이다.
3. 착한 일을 권하고, 나쁜 일을 벌하는 뜻의 사자성어는 (권선징악)이다.
4. 반딧불이와 눈빛으로 공부해 성공한 이야기를 담은 사자성어는 (형설지공)이다.

활동4 초성 힌트를 보고 다음 빈칸에 공통으로 들어갈 말을 기사에서 찾아 쓰세요.
1. (사자성어)에는 우리 생활과 연결된 이야기가 많다.
2. (사자성어)는 단순한 말이 아니라, 사람의 마음과 삶의 지혜가 담긴 보물이다.

07 귀 쫑긋! 똑똑히 듣기 비법 대공개

 다음 문장이 맞으면 ○, 틀리면 × 표시하세요.
1. 듣기는 귀로만 하는 것이다. (×)
2. 듣기 전에 주제를 미리 생각하면 도움이 된다. (○)
3. 중요한 내용은 머릿속으로만 기억하면 된다. (×)
4. 메모와 정리를 하면 다시 확인할 때 도움이 된다. (○)

활동2 다음 낱말과 뜻이 알맞도록 이으세요.

메모 ─── 들은 내용을 한 번 더 생각하고 정돈하는 것
정리 ─── 중요한 내용을 간단히 적는 것
주제 ─── 체험학습 등에 가져가야 할 것
준비물 ─── 이야기의 가장 중요한 내용

 기사를 보고 빈칸에 들어갈 알맞은 낱말을 보기에서 찾아 쓰세요.
1. 듣기 전에 '내가 왜 이 이야기를 듣는 걸까?' 하는 (목적)을 생각해 본다.
2. 선생님이 '내일 (준비물)을 이야기하면 빠뜨리지 않도록 해야 한다.
3. 중요한 내용은 종이에 (메모)해 둔다.
4. '듣기 (고수)'가 되려면 듣기 전-중-후 단계를 기억해야 한다.

08 마라탕도 척척! 설명 꿀잼왕 탄생

 다음 문장이 맞으면 ○, 틀리면 × 표시하세요.
1. 마라탕을 친구에게 설명할 때 그림을 함께 보여 주면 이해하기 쉽다. (○)
2. 그림 없이 글로만 설명하면 친구가 잘 이해하지 못할 수도 있다. (○)
3. 글과 그림을 같이 사용하면 설명이 더 어렵다. (×)
4. 요리 레시피도 그림이 있으면 더 쉽고 재미있게 느껴질 수 있다. (○)

 기사를 보고 내용으로 알맞은 것을 고르세요.
① 마라탕 재료를 그림으로 보여 주면 이해하기 쉽다.
② 게임 설명서에 그림은 필요 없다.
③ 그림과 글을 같이 쓰면 설명이 어렵다.
④ 교실 정리 방법을 그림으로 보면 따라 하기 어렵다.

활동3 기사를 보고 빈칸에 들어갈 알맞은 낱말을 보기에서 찾아 쓰세요.
1. 마라탕을 처음 먹는 친구에게 (그림)과 (글)로 설명하면 이해하기 쉽다.
2. 요리 레시피를 쓸 때 (재료)를 (그림)으로 보여 주면 이해하기 쉽다.

 뜻을 참고하여 알맞은 단어에 동그라미표를 하세요.

뜻 : 설명할 때 글과 함께 쓰면 이해가 쏙쏙 되는 것

| 마라탕 | (그림) | 색종이 | 게임 |

09 이야기를 이어 주는 다리 : 그리고, 그러나, 그래서

활동1 다음 문장이 맞으면 ○, 틀리면 ×표시하세요.
1. '이어주는 말'을 쓰면 문장과 생각을 자연스럽게 이어 줄 수 있다. (○)
2. '그러나'는 앞과 반대되는 내용을 이어 줄 때 쓴다. (○)
3. '이어주는 말'이 없으면 이야기가 더 길어진다. (×)
4. '그리고'는 반대되는 내용을 이어 줄 때 쓴다. (×)

활동2 기사를 보고 다음 낱말과 뜻이 알맞도록 이으세요.
그리고 ─── 앞과 반대되는 내용을 이어 줄 때
그러나 ─── 2가지 일을 자연스럽게 이어 줄 때
그래서 ─── 앞의 원인으로 결과를 이어 줄 때

활동3 기사를 보고 내용으로 알맞은 것을 고르세요.
① '나는 떡볶이를 좋아해. 그리고 어묵도 좋아해.'에서 '그리고'는 2가지 일을 이어 준다.
② '나는 배가 고팠어. 그래서 라면을 끓여 먹었어.'에서 '그래서'는 앞뒤가 반대될 때 쓴다.
③ '이어주는 말'을 쓰면 이야기가 끊겨서 이해하기 어렵다.
④ '그러나'는 원인과 결과를 이어 줄 때 쓴다.

활동4 기사를 보고 빈칸에 들어갈 알맞은 낱말을 보기에서 찾아 쓰세요.
1. 나는 학교에 갔다. (그리고) 친구를 만났다.
2. 나는 아이스크림을 좋아한다. (그러나) 엄마는 못 먹게 한다.
3. 비가 왔어요. (그래서) 운동회를 하지 못했어요.

10 말이 옷을 갈아입어요! 동사와 형용사의 변신 쇼

활동1 다음 문장이 맞으면 ○, 틀리면 ×표시하세요.
1. 동사는 문장에 따라 모습이 달라진다. (○)
2. '뛰다'는 항상 같은 모습으로만 쓸 수 있다. (×)
3. '맛있다'는 '맛있었어', '맛있을까'로 바꿀 수 없다. (×)
4. 동사와 형용사는 모두 상황에 따라 변신한다. (○)

활동2 기사를 보고 다음 낱말과 뜻이 알맞도록 이으세요.
동사 ─── 움직임을 나타내는 말
형용사 ─── 음식의 맛이 좋을 때 쓰는 말
맛있다 ─── 성질이나 상태를 나타내는 말
맑다 ─── 하늘이나 날씨가 깨끗할 때 쓰는 말

활동3 기사를 보고 빈칸에 들어갈 알맞은 낱말을 보기에서 찾아 쓰세요.
1. "오늘 먹은 피자는 정말 (맛있었어)."
2. "날씨가 (맑으면) 밖에 나가 놀 수 있어."
3. "나는 어제 운동장에서 (뛰었어)."
4. "날씨가 (맑아서) 기분이 좋아."

활동4 기사를 보고 내용으로 알맞은 것을 고르세요.
① 동사는 문장에서 항상 같은 모습으로 쓰인다.
② 형용사는 상황에 따라 모양이 변할 수 있다.
③ '뛰다'는 절대로 다른 말로 변하지 않는다.
④ '맛있다'는 변하지 않는 성질을 나타내는 말이다.

11 만화 영화와 드라마를 재미있게 보는 꿀팁

활동1 다음 문장이 맞으면 ○, 틀리면 ×표시하세요.
1. 만화 영화에서는 표정과 말투에 주목하면 감정을 더 잘 알 수 있다. (○)
2. 드라마를 볼 때는 인물의 말과 행동에 주목하는 것이 좋다. (○)
3. 만화 영화는 교훈이나 주제와는 상관이 없다. (×)
4. 드라마를 본 뒤에는 장면에 대해 이야기해 보는 것이 도움이 된다. (○)

활동2 기사를 보고 다음 낱말과 뜻이 알맞도록 이으세요.
표정 ─── 말할 때의 소리나 태도
말투 ─── 얼굴에 드러나는 감정
교훈 ─── 보고 느끼는 중요한 가르침
감동 ─── 마음이 크게 움직이는 느낌

활동3 기사를 보고 내용으로 알맞은 것을 고르세요.
① 만화 영화에서는 캐릭터의 표정과 말투에 주목하면 감정을 더 쉽게 알 수 있다.
② 드라마를 볼 때는 화면 색깔만 신경 쓰면 된다.
③ 만화 영화는 아무 생각 없이 보면 된다.
④ 드라마에서는 인물의 옷차림이 가장 중요하다.

활동4 기사를 보고 빈칸에 들어갈 알맞은 낱말을 보기에서 찾아 쓰세요.
1. 만화 영화에서는 (표정)과 말투를 살피고, 드라마에서는 인물의 (말과 행동)에 주목하면 좋다.
2. 영화를 다 본 뒤에는 (교훈)이나 (주제)에 대해 이야기해 보자.

12 초성 퀴즈의 달인! ㅎㄷㄷ 이게 무슨 단어야?

활동1 다음 문장이 맞으면 ○, 틀리면 ×표시하세요.
1. 초성 퀴즈는 단어의 첫 자음만 보고 맞히는 게임이다. (○)
2. 'ㅎㄷㄷ'의 정답은 오이이다. (×)
3. 'ㅇㅇ'로 시작하는 단어에는 오이, 아이, 우유가 있다. (○)
4. 초성 퀴즈를 하면 집중력과 상상력이 좋아진다. (○)

활동2 기사를 보고 내용으로 알맞은 것을 고르세요.
① '후덜덜'은 무섭거나 놀랄 때 쓰는 신조어이다.
② '오이'는 겨울에만 먹는 채소이다.
③ '아이'는 어른만 부르는 말이다.
④ 우유는 파란색 음료이다.

활동3 기사를 보고 괄호 안에 들어갈 알맞은 낱말을 보기에서 찾아 쓰세요.
1. 초성 퀴즈는 (자음) 만 보고 단어를 맞히는 놀이이다.
2. 여름에 먹으면 정말 시원하고, 초록색 껍질이 아삭아삭한 채소는 (오이)이다.
3. 부드럽고 하얀 (우유)는 매일 마시면 뼈가 튼튼해진다.

활동4 기사를 보고 주어진 낱말의 뜻을 참고하여 문장을 완성하세요.
1 'ㅇㅇ'는 '오이'의 (초성)이다.
뜻 : 단어에서 첫 번째로 오는 자음

2. 'ㅎ', 'ㄷ', 'ㅇ'은 모두 한글 (자음)이다.
뜻 : 한글에서 소리를 만드는 기본 글자

13 선생님 몰래 하는 말장난 배틀

활동1 다음 문장이 맞으면 ○, 틀리면 × 표시하세요.
1. 동형이의어는 소리와 글자가 같지만 뜻이 완전히 다른 단어이다. (○)
2. '배'라는 단어는 한 가지 뜻만 있다. (×)
3. '밤이 깊었어요.'의 '밤'과 '밤을 까먹었어요.'의 '밤'은 다른 뜻이다. (○)
4. '손이 크다.'는 손이 실제로 크다는 뜻만 있다. (×)

활동2 기사를 보고 다음 낱말과 뜻이 알맞도록 이으세요.
동형이의어 — 소리와 글자는 같지만 뜻이 전혀 다른 단어
다의어 — 몸의 한 부분 / 과일 / 교통 수단
배 — 한 단어에 여러 가지 서로 관련된 뜻이 있는 말
손 — 물건을 잡는 신체 / 음식을 넉넉하게 만든다

활동3 기사를 보고 괄호 안에 들어갈 알맞은 낱말을 보기에서 찾아 쓰세요.
1. "나는 오늘 배를 탔는데, 배가 아파서 배도 못 먹었어!"는 (동형이의어)를 이용한 말장난이다.
2. '머리가 좋다.', '머리를 자르다.'처럼 여러 뜻이 있지만 서로 관련 있는 단어를 (다의어)라고 한다.

활동4 기사를 보고 주어진 낱말의 뜻을 참고하여 문장을 완성하세요.
1. '배'는 몸, 과일, 탈것 등 뜻이 전혀 다른 (동형이의어)이다.
뜻 : 소리와 글자가 같지만 뜻이 전혀 다른 단어

2. '손이 크다.', '손을 씻다.'처럼 뜻은 여러 개지만 서로 관련 있는 말은 (다의어)이다.
뜻 : 2가지 이상의 뜻을 가진 단어

14 '국밥'이 아니라 '국빱', 소리의 마법

활동1 다음 문장이 맞으면 ○, 틀리면 × 표시하세요.
1. '국밥'은 소리 나는 대로 '국빱'이라고 써야 한다. (×)
2. '밥도둑'은 말할 때 '밥또둑'처럼 들린다. (○)
3. 된소리는 받침이 'ㄱ', 'ㄷ', 'ㅂ'일 때 다음 글자가 'ㅅ'이면 소리가 강해진다. (○)
4. '낙지'는 '낙찌'라고 써야 한다. (×)

활동2 기사를 보고 내용으로 알맞은 것을 고르세요.
1. '국밥'이 '국빱'처럼 들리는 이유는 무엇인가요?
① 발음이 틀려서
② 우리말의 소리 마법, 된소리 현상 때문
③ 친구들이 잘못 배워서

2. '밥도둑'을 말할 때 어떻게 들리나요?
① 밥도둑   ② 밥또둑   ③ 밥또뚝

활동3 기사를 보고 빈칸에 들어갈 알맞은 낱말을 보기에서 찾아 쓰세요.
1. 우리말에서는 앞글자의 받침이 'ㄱ', 'ㄷ', 'ㅂ'일 때 다음 글자가 'ㄱ', 'ㄷ', 'ㅂ', 'ㅅ', 'ㅈ'이면 (된소리) 현상이 나타나요.
2. '국밥'은 말할 때 '국빱'처럼 들리지만 (글씨)는 '국밥'으로 써야 해요.
3. '밥도둑'이 '밥또둑'처럼 들리는 것은 우리말의 (소리) 때문이에요.

활동4 기사를 보고 주어진 낱말의 뜻을 참고하여 문장을 완성하세요.
'밥도둑'에서 '밥' 받침 'ㅂ' 때문에 다음 글자 'ㄷ'이 (된소리)가 나요.
뜻 : 소리가 쌍자음처럼 더 강하게 나는 소리

15 'ㅋㅋㅋ' 이모티콘을 국어사전에 넣어도 될까?

활동1 다음 문장이 맞으면 ○, 틀리면 × 표시하세요.
1. 'ㅋㅋㅋ'는 아직 국어사전에 올라와 있지 않다. (○)
2. '우리말샘'은 외국 사람이 만드는 국어사전이다. (×)
3. 'ㅋㅋㅋ'는 많은 사람이 자주 쓰는 웃음 표현이다. (○)
4. 사전에 들어간 단어는 모두 꼭 사용해야 한다. (×)

활동2 기사를 보고 낱말과 뜻이 알맞도록 이으세요.
ㅋㅋㅋ — 국민이 참여해 만드는 사전
우리말샘 — 웃을 때 자주 쓰는 표현
국어사전 — 우리말을 모아 뜻을 정리한 책

활동3 기사를 보고 빈칸에 들어갈 알맞은 말을 순서대로 고르세요.
요즘은 친구끼리 문자할 때도 (ㅋㅋㅋ)를 많이 써요. 'ㅋㅋㅋ'는 (의미)가 분명하고, (사람들)도 많이 쓰기 때문에 사전에 들어갈 수도 있어요.

① 'ㅋㅋㅋ', 의미, 사람들
② 'ㅋㅋㅋ', 사람들, 의미
③ 의미, 'ㅋㅋㅋ', 사람들
④ 의미, 사람들, 'ㅋㅋㅋ'

활동4 기사를 보고 내용으로 알맞은 것을 고르세요.
① 'ㅋㅋㅋ'는 울 때 쓰는 표현이다.
② '우리말샘'은 영어 단어만 들어가는 사전이다.
③ 'ㅋㅋㅋ'는 많은 사람이 쓰고, 의미가 분명하다.
④ 사전에 들어간 단어는 반드시 사용해야 한다.

16 돼지가 튼튼한 집을 지은 이유는?

활동1 다음 문장이 맞으면 ○, 틀리면 × 표시하세요.
1. 아기 돼지 삼형제는 늑대가 무서워서 집을 짓기로 했다. (○)
2. 셋째 돼지는 짚으로 집을 지었다. (×)
3. 늑대가 바람을 불자 벽돌집이 무너졌다. (×)
4. 셋째 돼지가 지은 집 덕분에 모두 안전하게 살 수 있었다. (○)

활동2 기사를 보고 내용으로 알맞은 것을 고르세요.
① 첫째 돼지는 놀고 싶어서 짚으로 집을 지었다.
② 셋째 돼지는 시간을 아끼려고 집을 대충 지었다.
③ 늑대는 돼지들을 도와주려고 했다.
④ 벽돌집이 쉽게 무너졌다.

활동3 기사를 보고 빈칸에 들어갈 알맞은 낱말을 보기에서 찾아 쓰세요.
1. 돼지 삼형제가 집을 짓기로 한 (원인)은 (늑대)가 나타나서 위험을 느꼈기 때문이다.
2. 첫째 돼지는 (짚)으로 집을 지었고, 둘째 돼지는 (나무)로 집을 지었다.
3. 셋째 돼지는 (벽돌)로 집을 지었다.

활동4 기사를 보고 주어진 낱말의 뜻을 참고하여 문장을 완성하세요.
1. 늑대가 나타난 것이 돼지들이 집을 짓게 된 (원인)이었다.
뜻 : 어떤 일이 일어나게 된 이유

2. 돼지들이 벽돌집에 모여서 안전하게 살게 된 것은 좋은 (결과)이다.
뜻 : 어떤 일의 끝에 나타난 일

229

17 한글은 똑똑해

 다음 문장이 맞으면 ○, 틀리면 × 표시하세요.
1. 문자는 멀리 있는 친구에게도 내 마음을 전해 줄 수 있다. (○)
2. 한글은 소리와 글자가 규칙적으로 연결되어 있다. (○)
3. 자음과 모음은 모두 동물 모양을 본떠 만들었다. (×)
4. 한글은 읽고 쓰기가 어려운 문자이다. (×)

 기사를 보고 내용으로 알맞은 것을 고르세요.
① 한글은 소리 나는 대로 글자를 만들 수 있다.
② 한글은 규칙이 없이 아무렇게나 만든 글자이다.
③ 한글은 자음과 모음을 섞을 수 없다.
④ 한글은 점이나 선을 더해도 새로운 글자가 되지 않는다.

 기사를 보고 빈칸에 들어갈 알맞은 낱말을 보기에서 찾아 쓰세요.
1. 'ㄱ'과 'ㅏ'를 합치면 (가)가 되고, 'ㄱ'과 'ㅗ'를 합치면 (고)가 된다.
2. 한글은 (소리)와 (글자)가 규칙적으로 연결되어 있다.
3. 기본 글자에 (선)을 더하면 새로운 글자가 될 수 있다.

 한글의 모음은 무엇의 모양을 본떠서 만들어졌는지 알맞은 단어에 모두 동그라미표를 하세요.

 하늘   땅   사람   동물

18 사이좋게 의견 나누기

다음 문장이 맞으면 ○, 틀리면 × 표시하세요.
1. 토의란 여러 사람이 모여 서로 생각을 나누고 좋은 방법을 찾아가는 과정이다. (○)
2. 토의 주제는 꼭 선생님만 정해야 한다. (×)
3. 친구의 의견을 들을 때 집중해서 듣는 것이 중요하다. (○)
4. 토의에서 마지막 절차는 의견을 결정하는 것이다. (○)

기사를 보고 다음 낱말과 뜻이 알맞도록 이으세요.
토의 — 여러 사람이 모여 문제를 해결하는 과정
주제 — 다른 사람의 의견을 들어보고 모으는 것
의견 모으기 — 토의에서 이야기할 내용을 정하는 것
의견 결정하기 — 모두가 좋다고 생각하는 것을 정하는 것

기사를 보고 빈칸에 들어갈 알맞은 낱말을 보기에서 찾아 쓰세요.
1. 친구들과 문제를 해결할 때는 (토의) 방법을 쓸 수 있다.
2. 토의의 첫 절차는 (주제)를 정하는 것이다.
3. 토의할 때는 자신의 (의견)과 이유를 준비해야 한다.
4. 토의의 마지막 의견은 (결정)하는 것이다.

 기사를 보고 주어진 낱말의 뜻을 참고하여 문장을 완성하세요.
1. 토의의 첫 번째 절차는 (주제) 정하기이다.
뜻: 어떤 글, 이야기, 그림, 연설, 토론 등에서 중심이 되는 생각이나 말하려는 내용

2. 의견을 모은 뒤에는 모두가 좋다고 생각하는 것을 (결정)한다.
뜻: 여러 가지 가능성 중에서 하나를 골라서 확실히 정하는 것

19 물음표와 느낌표 쓰는 방법

 다음 문장이 맞으면 ○, 틀리면 × 표시하세요.
1. 설명하는 글은 내 생각이나 느낌을 많이 써야 한다. (×)
2. 설명하는 글을 읽을 때는 어떤 정보를 주는지 생각하며 읽으면 좋다. (○)
3. 의견을 제시하는 글은 내 생각이나 주장을 밝히는 글이다. (○)
4. 의견을 제시하는 글에는 이유가 제대로 나와 있어야 한다. (○)

기사를 보고 다음 낱말과 뜻이 알맞도록 이으세요.
설명하는 글 — 자신의 생각이나 주장을 밝히는 글
의견을 제시하는 글 — 내 생각을 넣지 않고 사실만을 전하는 것
객관적 — 이유나 근거가 충분히 들어가 상대가 믿게 하는 힘
설득력 — 지식이나 정보를 쉽게 알려 주는 글

기사를 보고 빈칸에 들어갈 알맞은 낱말을 보기에서 찾아 쓰세요.
1. 설명하는 글은 새로운 (정보)를 쉽게 알 수 있도록 알려 주는 글이에요.
2. 의견을 제시하는 글에는 내 생각과 (이유)가 잘 드러나야 해요.
3. 의견을 제시하는 글을 읽을 때는 글쓴이의 (목적)이 무엇인지 살피는 게 중요해요.
4. 설명하는 글에서는 (사실)만을 객관적으로 전해야 해요.

 기사를 보고 주어진 뜻을 참고하여 문장을 완성하세요.
1. (설명하는 글)은 바람이 어떻게 만들어지는지 차근차근 알려 줄 수 있어요.
뜻: 새로운 지식이나 정보를 쉽게 알려 주는 글

2. (의견을 제시하는 글)에서는 학교에 휴게 공간을 늘려야 한다는 내 생각을 이유와 함께 쓸 수 있어요.
뜻: 어떤 문제나 상황에 대해 생각이나 주장을 밝히는 글

20 모이면 짱! 흩어지면 꽝!

다음 문장이 맞으면 ○, 틀리면 × 표시하세요.
1. '티끌 모아 태산'은 한 번에 많은 것을 모아야 한다는 뜻이다. (×)
2. '백지장도 맞들면 낫다'는 속담은 협동의 중요성을 알려 준다. (○)
3. 작은 노력이라도 꾸준히 하면 큰 결과를 얻을 수 있다. (○)
4. 속담은 긴 문장으로 쓰여 있어 이해하기 어렵다. (×)

기사를 보고 다음 낱말과 뜻이 알맞도록 이으세요.
티끌 모아 태산 — 작은 것도 모이면 큰 힘이 된다
백지장도 맞들면 낫다 — 포기하지 않고 계속하는 태도
꾸준함 — 함께하면 일이 더 쉬워진다
협동 — 힘을 합쳐 함께 하는 것

기사를 보고 내용으로 알맞은 것을 고르세요.
① 하루에 10분씩 책을 읽으면 1년 뒤 약 60시간을 읽을 수 있다.
② 속담은 우리 생활과 아무 관련이 없다.
③ '백지장도 맞들면 낫다'는 속담은 혼자서 노력하라는 뜻이다.
④ 속담은 길고 어려운 글로만 이루어져 있다.

 기사를 보고 주어진 뜻을 참고하여 문장을 완성하세요.
1. (속담)은 짧지만 우리가 현명하게 살아가는 방법을 알려 준다.
뜻: 옛날부터 전해 내려오는 짧은 말로 생활의 지혜나 교훈을 담고 있는 말

2. 운동회에서 반 친구들이 (협동)하여 줄다리기에서 이겼다.
뜻: 여러 사람이 힘을 합쳐 함께 일하는 것

2교시 수학

01 덧셈, 뺄셈 마법사 되기

 다음 문장이 맞으면 ○, 틀리면 × 표시하세요.

1. 덧셈과 뺄셈을 잘하면 수학 마법사가 될 수 있다. (○)
2. 마트에서 덧셈과 뺄셈은 쓸모가 없다. (×)
3. 뺄셈은 남은 숫자를 찾는 마법이다. (○)
4. 실수해도 마법사는 연습으로 더 강해질 수 있다. (○)

 기사를 보고 빈칸에 들어갈 알맞은 낱말을 보기에서 찾아 쓰세요.

1. 과자 2개의 가격이 1,500원과 2,000원이면 합은 (3,500원)이다.
2. 마트에서 1,500원짜리 젤리를 사고 10,000원을 내면 거스름돈은 (8,500원)이다.

 기사를 보고 내용으로 알맞은 것을 고르세요.

① 덧셈은 숫자를 모으는 마법이다.
② 뺄셈은 모은 숫자를 모두 나누는 것이다.
③ 수학 마법사가 되려면 퍼즐을 잘 맞춰야 한다.
④ 마법사의 모자는 아무나 쓸 수 있다.

 기사를 보고 주어진 낱말의 뜻을 참고하여 문장을 완성하세요.

1. (덧셈)과 뺄셈을 잘하면 누구나 수학 마법사가 될 수 있다.
뜻 : 어떤 수에다 어떤 수를 모으는 셈

2. 마트에서 물건을 사고 (뺄셈)으로 남은 돈을 알 수 있다.
뜻 : 어떤 수에서 어떤 수를 덜어 내는 셈

02 곱셈 나라의 비밀 코드

 다음 문장이 맞으면 ○, 틀리면 × 표시하세요.

1. 곱셈은 같은 수를 여러 번 더하는 방법이다. (○)
2. 곱셈은 순서를 바꾸면 답이 달라진다. (×)
3. 3×4는 3+4와 같다. (×)
4. 곱셈을 알면 더하기보다 문제를 더 빨리 풀 수 있다. (○)

 기사를 보고 빈칸에 들어갈 알맞은 낱말을 보기에서 찾아 쓰세요.

1. 곱셈은 같은 수를 여러 번 (더하기)하는 방법이다.
2. 꽃이 6송이씩 담긴 꽃바구니가 5개라면, 꽃은 모두 (30)송이이다.
3. 4×3은 (3×4)와 같다.

 초성 힌트를 보고 다음 빈칸에 공통으로 들어갈 말을 기사에서 찾아 쓰세요.

1. 곱셈에서는 숫자의 (순서)를 바꿔도 답이 같다.
예 : 2×3=6, 3×2=6
예 : 4×5=20, 5×4=20

2. 나눗셈에서는 숫자의 (순서)를 바꾸면 답이 다르다.
예 : 4÷2=4, 2÷8=0.25

 다음 중 곱셈의 답이 같은 것을 모두 고르세요.

① 4×5   ② 2×10   ③ 7×2   ④ 7×7

03 나눗셈 : 피자 나누기 작전

 다음 문장이 맞으면 ○, 틀리면 × 표시하세요.

1. 피자를 똑같이 나누려면 나눗셈이 필요하다. (○)
2. 15개의 사탕을 5명에게 나누어 주면 1명당 5개씩 받는다. (×)
3. 나눗셈은 나누고 싶은 것을 똑같이 나눠 주는 방법이다. (○)

 기사를 보고 내용으로 알맞은 것을 고르세요.

① 나눗셈을 사용하면 피자를 모두가 공평하게 나눌 수 있다.
② 나눗셈은 피자를 혼자 다 먹을 때 쓰는 방법이다.
③ 사탕을 덧셈을 사용하면 한 사람만 가질 수 있다.
④ 나눗셈은 숫자를 더하는 계산이다.

 기사를 보고 빈칸에 들어갈 알맞은 낱말을 보기에서 찾아 쓰세요.

1. 피자가 8조각이고 친구가 4명이면 (2)조각씩 먹을 수 있다.
2. 15개의 사탕을 5명에게 나누어 주면 1명당 (3)개씩 받을 수 있다.
3. 공평하게 나누는 계산을 (나눗셈)이라고 한다.

 뜻을 참고하여 알맞은 단어에 동그라미표를 하세요.

뜻 : 피자를 모두가 똑같이 나누고 싶을 때 사용하는 계산은?

 덧셈   뺄셈   나눗셈   곱셈

04 분수와 소수 : 케이크 나누기

 다음 문장이 맞으면 ○, 틀리면 × 표시하세요.

1. 분수는 전체를 똑같은 크기로 나누어 한 부분을 나타낼 때 쓴다. (○)
2. 4분의 1은 소수로 0.25와 같다. (○)
3. 소수는 1보다 큰 수만 나타낼 수 있다. (×)
4. 0.5는 2분의 1과 같다. (○)

 기사를 보고 내용으로 알맞은 것을 고르세요.

① 분수는 전체를 똑같이 나눈 중 한 부분을 나타낼 쓴다.
② 분수는 무조건 큰 수만 나타낸다.
③ 소수는 분수와 아무 상관이 없다.
④ 분수와 소수는 숫자 나누기와 관련이 없다.

기사를 보고 빈칸에 들어갈 알맞은 낱말을 보기에서 찾아 쓰세요.

1. 케이크를 4조각으로 나누면 1조각은 (4분의 1)이다.
2. 케이크 1판을 10조각으로 자르면 1조각은 소수로 (0.1)이다.
3. 1보다 작은 수를 편하게 나타낼 때는 (소수)를 쓴다.

 기사를 보고 주어진 낱말의 뜻을 참고하여 문장을 완성하세요.

1. 피자를 8조각으로 나누면 1조각은 (분수)로 8분의 1이다.
뜻 : 전체를 똑같이 나누어 한 부분을 나타내는 수

2. 0.5는 (소수)로 분수 2분의 1과 같다.
뜻 : 1보다 작은 수를 소수점으로 나타내는 수

05 평면도형 탐정단 출동

활동1 다음 문장이 맞으면 ○, 틀리면 × 표시하세요.
1. 네모는 4개의 변과 4개의 꼭짓점을 가지고 있다. (○)
2. 삼각형은 변이 4개이고, 꼭짓점이 4개다. (×)
3. 원은 변도, 꼭짓점도 없다. (○)
4. 정사각형은 네 변의 길이가 모두 같다. (○)

활동2 기사를 보고 다음 낱말과 뜻이 알맞도록 이으세요.

네모 ──── 변이 3개, 꼭짓점도 3개다.
삼각형 ──── 4개의 변과 4개의 꼭짓점이 있다.
원 ──── 변도, 꼭짓점도 없는 둥근 도형
정사각형 ──── 네 변의 길이와 네 각의 크기가 모두 같은 사각형

활동3 기사를 보고 빈칸에 들어갈 알맞은 낱말을 보기에서 찾아 쓰세요.
1. 삼각형은 변이 (3)개, 꼭짓점도 (3)개이다.
2. 정사각형은 (4)개의 변과 (4)개의 꼭짓점이 있다.
3. 원은 (둥근)테두리만 있고, 변도 꼭짓점도 없다.

활동4 기사를 보고 주어진 낱말의 뜻을 참고하여 문장을 완성하세요.
1. 사각형은 4개의 (변)으로 이루어진다.
뜻 : 도형을 이루는 선

2. 삼각형에는 3개의 (꼭짓점)이 있다.
뜻 : 변이 만나는 점

06 원은 왜 둥글까?

활동1 다음 문장이 맞으면 ○, 틀리면 × 표시하세요.
1. 원을 그릴 때 쓰는 도구는 컴퍼스다. (○)
2. 원은 모서리가 많아서 뾰족하다. (×)
3. 컴퍼스를 사용하면 쉽게 원을 그릴 수 있다. (○)
4. 원은 중심에서부터 반지름이 모두 다르다. (×)

활동2 기사를 보고 다음 낱말과 뜻이 알맞도록 이으세요.

원 ──── 원의 한가운데
중심 ──── 시작과 끝이 만나는 둥근 모양
반지름 ──── 원을 그릴 때 쓰는 도구
컴퍼스 ──── 원의 중심에서 원의 선까지의 거리

활동3 기사를 보고 괄호 안에 들어갈 낱말을 보기에서 찾아 쓰세요.
1. 원에는 (모서리)가 하나도 없다.
2. 원을 그릴 때는 (컴퍼스)를 사용한다.
3. 원의 한가운데는 (중심)이라고 부르고, 중심에서 원의 선까지의 거리를 (반지름)이라고 한다.

활동4 초성 힌트를 보고 다음 빈칸에 공통으로 들어갈 말을 기사에서 찾아 쓰세요.
(원)의 모든 점은 중심에서 같은 거리에 있다.
피자, 도넛, 공의 공통된 모양은 (원)이다.

07 들이와 무게 : 물컵과 저울 이야기

활동1 다음 문장이 맞으면 ○, 틀리면 × 표시하세요.
1. '들이'는 물이나 우유처럼 얼마나 많이 담을 수 있는지를 나타내는 단위이다. (○)
2. 무게는 물건이 얼마나 무거운지를 알려 준다. (○)
3. 우유 팩에 적힌 '200ml(밀리리터)'는 무게를 나타내는 단위이다. (×)
4. 같은 들이라도 내용물에 따라 무게가 달라질 수 있다. (○)

활동2 기사를 보고 내용으로 알맞은 것을 고르세요.
① 들이는 물건의 길이를 재는 단위이다.
② **그램(g)과 킬로그램(kg)은 무게의 단위이다.**
③ 들이는 모든 컵에서 항상 똑같다.
④ 저울은 물건의 색을 알려 주는 도구이다.

활동3 기사를 보고 빈칸에 들어갈 알맞은 낱말을 보기에서 찾아 쓰세요.
1. 우유 팩에는 '200ml(밀리리터)'라고 적혀 있다.
2. 사과를 (저울)에 올려서 무게를 쟀으며.
3. (무게)는 사물이 얼마나 무거운지 나타내는 말이다.

활동4 기사를 보고 주어진 낱말의 뜻을 참고하여 문장을 완성하세요.
1. 시장에 가서 사과의 무게를 재기 위해 (저울) 위에 올렸다.
뜻 : 물건의 무게를 재는 도구

2. (들이)는 물이나 우유, 주스처럼 '얼마나 많이 담을 수 있을까?'를 알려 주는 아주 특별한 단위예요.
뜻 : 그릇이나 용기 안에 담을 수 있는 부피의 크기를 나타내는 말

08 큰 수의 왕국을 정복하라

활동1 다음 문장이 맞으면 ○, 틀리면 × 표시하세요.
1. 만은 10,000을 뜻한다. (○)
2. 억은 만이 10,000번 모인 숫자이다. (○)
3. 세 자리마다 쉼표를 찍으면 큰 수를 읽기 쉽다. (○)
4. 1,000,000은 '억'이라고 부른다. (×)

활동2 기사를 보고 내용으로 알맞은 것을 고르세요.
① **만은 10,000이고, 억은 100,000,000이다.**
② 억은 10,000이고, 만은 1,000이다.
③ 만과 억은 같은 뜻이다.
④ 큰 수는 쉼표가 없으면 읽을 수 없다.

활동3 기사를 보고 빈칸에 들어갈 알맞은 낱말을 보기에서 찾아 쓰세요.
1. 10,000은 (만)이라고 읽는다.
2. 만이 10,000번 모이면 (억)이 된다.
3. 큰 수를 쉽게 읽으려면 (쉼표)를 세 자리마다 찍는다.

활동4 기사를 보고 다음 낱말과 뜻이 알맞도록 이으세요.

만 ──── 10,000을 나타내는 수
억 ──── 100,000,000을 나타내는 수
조 ──── 1,000,000,000,000을 나타내는 수

09 삼각형 속에 숨은 친구들

 다음 문장이 맞으면 ○, 틀리면 × 표시하세요.
1. 삼각형은 3개의 변과 3개의 각을 가진 도형이다. (○)
2. 모든 삼각형은 변의 길이가 똑같다. (×)
3. 삼각형은 일상에서 쉽게 찾을 수 있다. (○)
4. 삼각형은 건축물에 잘 쓰이지 않는다. (×)

기사를 보고 내용으로 알맞은 것을 고르세요.
① 삼각형은 3개의 변과 3개의 각을 가진 도형이다.
② 삼각형에는 4개의 각이 있다.
③ 삼각형은 오직 정삼각형 한 가지만 있다.
④ 삼각형은 변의 길이가 모두 같아야 한다.

기사를 보고 빈칸에 들어갈 알맞은 낱말을 보기에서 찾아 쓰세요.
1. 3개의 점을 선으로 이으면 (삼각형)이 된다.
2. 삼각형에는 3개의 (변)과 3개의 (각)이 있다.
3. 모든 변의 길이가 똑같은 삼각형은 (정삼각형)이라고 한다.
4. 삼각형은 (건축물)에도 많이 쓰인다.

뜻을 참고하여 알맞은 단어에 동그라미표를 하세요.
뜻: 한 각이 90도인 삼각형은?

  정삼각형   둔각삼각형   (직각삼각형)

10 사각형 탐험대 : 네모의 비밀

 다음 문장이 맞으면 ○, 틀리면 × 표시하세요.
1. 사각형은 변이 4개, 꼭짓점도 4개인 도형이다. (○)
2. 정사각형은 네 변의 길이가 다르다. (×)
3. 직사각형은 마주 보는 두 변의 길이가 같다. (○)
4. 모든 사각형은 네 각의 크기를 합하면 360도가 된다. (○)

 기사를 보고 내용으로 알맞은 것을 고르세요.
① 사각형은 네 변과 네 꼭짓점이 있다.
② 사각형은 세 변으로 이루어진 도형이다.
③ 사각형에는 모서리가 없다.
④ 사각형은 모두 같은 모양만 있다.

 기사를 보고 빈칸에 들어갈 알맞은 낱말을 보기에서 찾아 쓰세요.
1. 칠판, 창문, 공책은 모두 (사각형) 모양이에요.
2. 네 변의 길이와 네 각의 크기가 모두 같은 것은 (정사각형)이다.
3. 모든 사각형은 네 각의 크기를 합하면 (360도)가 된다.

 뜻을 참고하여 알맞은 단어에 동그라미표를 하세요.
뜻: 네 변이 모두 같고, 네 각의 크기가 모두 같은 도형은?

  (정사각형)   삼각형   평행사변형   원

11 다각형 마을에서 벌어진 사건

 다음 문장이 맞으면 ○, 틀리면 × 표시하세요.
1. 다각형은 변이 3개 이상인 도형이다. (○)
2. 변이 많아질수록 다각형의 모양이 더 뾰족해진다. (×)
3. 육각형은 변과 꼭짓점이 6개이다. (○)

기사를 보고 다음 낱말과 뜻이 알맞도록 이으세요.

삼각형 — 변과 꼭짓점이 6개인 다각형
사각형 — 변과 꼭짓점이 4개인 다각형
오각형 — 변과 꼭짓점이 5개인 다각형
육각형 — 변과 꼭짓점이 3개인 다각형

 기사를 보고 빈칸에 들어갈 알맞은 낱말을 보기에서 찾아 쓰세요.
1. 다각형은 (변)과 (꼭짓점)이 3개 이상인 도형이에요.
2. 변이 많아질수록 다각형의 모양이 점점 (동그랗게) 보여요.
3. 육각형 할머니의 보석은 (육각형) 무늬가 있는 (화단)에서 찾았어요.

12 도형이 움직이면 뭐가 될까?

 다음 문장이 맞으면 ○, 틀리면 × 표시하세요.
1. 평행이동은 도형이 모양이나 크기가 변하면서 이동하는 것을 말한다. (×)
2. 회전은 도형이 중심점을 기준으로 빙글빙글 도는 것이다. (○)
3. 대칭은 거울에 비친 것처럼 반대쪽 모양이 똑같은 것이다. (○)
4. 평행이동을 하면 도형의 방향이 바뀐다. (×)

기사를 보고 다음 낱말과 뜻이 알맞도록 이으세요.
평행이동 — 모양과 크기를 바꾸지 않고 도형을 그대로 옮기는 것
회전 — 거울에 비친 것처럼 반대쪽 모양이 똑같은 것
대칭 — 중심점을 기준으로 도형을 돌리는 것

기사를 보고 빈칸에 들어갈 알맞은 낱말을 보기에서 찾아 쓰세요.
1. 도형이 방향을 바꾸지 않고 그대로 옮겨 가는 것은 (평행이동)이다.
2. 도형이 놀이기구처럼 중심점을 기준으로 빙글빙글 도는 것은 (회전)이다.
3. 거울을 보듯 반대쪽이 딱 맞는 모습은 (대칭)이다.

 기사를 보고 주어진 낱말의 뜻을 참고하여 문장을 완성하세요.
나는 종이에 그린 하트 모양을 오른쪽으로 한 칸 (평행이동)했다.
뜻: 도형을 모양과 크기 변화 없이 옮기는 것

13 꺾은선 그래프로 날씨 일기 쓰기

 다음 문장이 맞으면 ○, 틀리면 × 표시하세요.
1. 꺾은선 그래프는 점을 찍고 선으로 이어서 만든다. (○)
2. 선이 위로 올라가면 날씨가 추워진다. (×)
3. 꺾은선 그래프를 보면 기온 변화를 한눈에 알 수 있다. (○)
4. 날씨 일기는 하루에 한 번만 쓰면 된다. (○)

기사를 보고 다음 낱말과 뜻이 알맞도록 이으세요.

꺾은선 그래프 ─── 변하는 모습을 선으로 나타낸 그림
날씨 일기 ─── 날씨를 전해 주는 사람
기상캐스터 ─── 하루의 기온과 날씨를 적는 기록

기사를 보고 빈칸에 들어갈 알맞은 낱말을 보기에서 찾아 쓰세요.
1. 그래프에서 변하는 모습을 선으로 나타낸 그림을 (꺾은선 그래프)라고 한다.
2. 화요일에는 햇빛이 쨍쨍, (기온)은 15℃였다.
3. 매일 아침 오늘의 (날씨)와 기온을 기록했다.

초성 힌트를 보고 다음 빈칸에 공통으로 들어갈 말을 기사에서 찾아 쓰세요.
1. 꺾은선 그래프를 그리면 하루하루 달라지는 (기온) 변화를 알 수 있다.
2. (기온) 변화를 보면 추운 날과 더운 날을 구분할 수 있다.

14 각도의 세계, 각도기 탐험대

다음 문장이 맞으면 ○, 틀리면 × 표시하세요.
1. 각도는 두 선이 만날 때 생기는 벌어진 크기를 말한다. (○)
2. 90°는 문이 완전히 열린 상태이다. (×)
3. 각도기는 각도를 재는 특별한 도구이다. (○)
4. 팔을 위로 쭉 들어 올리면 180°가 된다. (○)

기사를 보고 내용으로 알맞은 것을 고르세요.
① 각도기는 삼각형의 넓이를 재는 도구이다.
② 0°는 문이 닫힌 상태를 뜻한다.
③ 180°는 문이 살짝 열린 모습이다.
④ 각도기는 원이나 삼각형 모양이다.

기사를 보고 빈칸에 들어갈 알맞은 낱말을 보기에서 찾아 쓰세요.
1. 두 선이 만날 때 생기는 벌어진 크기를 (각도)라고 한다.
2. 각도를 재는 특별한 도구를 (각도기)라고 한다
3. 수학에서 각도는 (°(도))라는 기호로 나타낸다.

뜻을 참고하여 알맞은 단어에 동그라미표를 하세요.

뜻 : 두 선이 만나 벌어진 크기

| 삼각형 | 각도 | 연필 | 창문 |

3교시 사회

01 여기는 뭐 하는 곳일까?

 다음 문장이 맞으면 ○, 틀리면 × 표시하세요.
1. 도서관에서는 조용히 책을 읽을 수 있다. (○)
2. 동물 병원은 빵을 파는 곳이다. (×)
3. 경찰서와 소방서는 위험한 일이 생길 때 우리를 도와준다. (○)
4. 마트, 문방구, 병원은 고마운 장소가 아니다. (×)

기사를 보고 내용으로 알맞은 것을 고르세요.
1. 아플 때 갈 수 있는 곳은 어디인가요?
① 공원   ② 병원   ③ 우체국   ④ 경찰서

2. 멀리 있는 친구에게 편지를 보내고 싶을 때 가는 곳은 어디인가요?
① 도서관   ② 마트   ③ 우체국   ④ 병원

기사를 보고 괄호 안에 들어갈 알맞은 낱말을 보기에서 찾아 쓰세요.
1. 책을 읽고 빌릴 수 있는 곳은 (도서관)이다.
2. 아플 때 치료를 받는 곳은 (병원)이다.
3. 위험한 일이 생기면 바로 달려와서 도와주는 곳은 (경찰서)이다.
4. 편지나 소포를 보낼 수 있는 곳은 (우체국)이다.

 기사를 보고 주어진 낱말의 뜻을 참고하여 문장을 완성하세요.
1. 나는 (도서관)에서 재미있는 책을 골라 읽었어요.
뜻 : 책을 읽고 빌릴 수 있는 곳

2. 어제 감기에 걸려서 (병원)에 다녀왔어요.
뜻 : 아플 때 치료받는 곳

02 조선통보, 상평통보가 뭐야?

다음 문장이 맞으면 ○, 틀리면 × 표시하세요.
1. 아주 오래전에는 사람들이 돈으로만 물건을 샀다. (×)
2. 조개껍데기, 곡식 등도 돈처럼 쓰인 적이 있다. (○)
3. '상평통보'는 조선시대에 쓰인 동전이다. (○)
4. 요즘에는 더 이상 물물교환이 이루어지지 않는다. (×)

기사를 보고 내용으로 알맞은 것을 고르세요.
1. 물물교환이 어려웠던 이유는 무엇인가요?
① 물건이 없어서   ② 물건의 가치를 정하기 힘들어서   ③ 먹을 것이 없어서

2. 사람들이 처음 돈처럼 사용한 것은 무엇인가요?
① 신발   ② 조개껍데기와 곡식   ③ 컴퓨터

기사를 보고 괄호 안에 들어갈 알맞은 낱말을 보기에서 찾아 쓰세요.
1. 아주 오래전에는 필요한 물건을 (물물교환)으로 구했어요.
2. 시간이 지나면서 썩지 않고 오래 보관할 수 있는 (금속)이 돈이 되었어요.
3. 조선시대에는 (상평통보)라는 동전이 쓰였어요.
4. 요즘에는 (중고거래) 앱에서도 교환이 이루어져요.

기사를 보고 주어진 낱말의 뜻을 참고하여 문장을 완성하세요.
1. 사람들은 옛날에 돈 대신 (물물교환)을 하며 필요한 것을 얻었어요.
뜻 : 물건과 물건을 직접 바꾸는 것

2. 우리나라 조선시대에는 (상평통보)라는 동전이 사용됐어요.
뜻 : 조선시대에 쓰인 동전

03 선사시대 사람들이 초콜릿을 먹었다면?

 다음 문장이 맞으면 ○, 틀리면 × 표시하세요.
1. 선사시대 사람들이 초콜릿을 먹었다는 증거가 있다. (×)
2. 유물은 옛날 사람들이 남긴 흔적이다. (○)
3. 고고학자는 옛날의 유물을 찾고 연구하는 사람이다. (○)
4. 미래에는 초콜릿 포장지가 유물이 될 수도 있다. (○)

 기사를 보고 내용으로 알맞은 것을 고르세요.
1. 고고학자는 무엇을 하는 사람인가요?
① 수학을 가르치는 사람   ② **유적을 발견해 연구하는 사람**
③ 초콜릿을 연구하는 사람   ④ 건물을 만드는 사람

2. 기사에서 '유물'이라고 부를 수 있는 것은 무엇인가요?
① 지금 먹는 아이스크림   ② **동굴에서 발견된 돌도끼**
③ 학교에서 쓰는 연필   ④ 집 앞의 놀이터 미끄럼틀

활동3 기사를 보고 괄호 안에 들어갈 알맞은 낱말을 보기에서 찾아 쓰세요.
1. 옛날 사람들이 남긴 물건을 (**유물**)이라고 해요.
2. 그런 유물이 발견된 장소를 (**유적**)이라고 해요.
3. 유적을 찾아내는 사람은 (**고고학자**)라고 해요.
4. 미래에는 (**초콜릿 포장지**)가 유물이 될 수 있어요.

활동4 기사를 보고 주어진 낱말의 뜻을 참고하여 문장을 완성하세요.
1. 동굴에서 발견된 돌도끼는 선사시대의 (**유물**)입니다.
뜻 : 옛날 사람들이 남긴 물건

2. (**고고학자**)는 돌도끼와 같은 유물을 발견했어요.
뜻 : 옛날의 유물을 찾고 연구하는 사람

04 오래된 물건이 들려주는 이야기

 다음 문장이 맞으면 ○, 틀리면 × 표시하세요.
1. 옛날 사람들이 물을 저장해 두던 곳은 우물이다. (○)
2. 오래전의 시간이나 시절을 미래라고 한다. (×)
3. 옛날에는 항아리에 맛있는 간장을 담았다. (○)

활동2 다음 낱말과 뜻이 알맞도록 이으세요.

우물 ── 과거에 간장을 담던 그릇
항아리 ── 옛날 사람들이 물을 저장해 두던 곳
시계 ── 오래전의 시간이나 시절
과거 ── 시간을 보는 기계

 기사를 보고 빈칸에 들어갈 알맞은 낱말을 보기에서 찾아 써 보세요.
1. 옛날 사람들이 맛있는 간장을 담던 그릇은 (**항아리**)이다.
2. (**오래된 물건**) 속에는 그 시대의 이야기와 역사가 숨어져 있다.
3. 마을 사람들이 모여서 이야기를 나누던 곳은 (**우물가**)이다.
4. 오래전의 시간이나 시절을 (**과거**)라고 한다.

 초성 힌트를 보고 다음 빈칸에 공통으로 들어갈 말을 기사에서 찾아 쓰세요.
1. 과거 사람들의 생활을 알려 주는 것은 바로 오래된 (**물건**)이다.
2. 우리가 매일 지나가는 길에도 오래된 (**물건**)이 숨어 있을 수 있다.

05 내가 100살이 되면 세상은 어떻게 변할까?

 다음 문장이 맞으면 ○, 틀리면 × 표시하세요.
1. 옛날에는 편지를 손으로 직접 써서 우편으로 주고받았다. (○)
2. 예전에는 시장에서 곡식으로 물건을 바꾸기도 했다. (○)
3. 옛날에도 로봇청소기와 자율주행 자동차가 있었다. (×)
4. 미래에는 동물이나 식물과 대화하는 기계가 나올 수도 있다. (○)

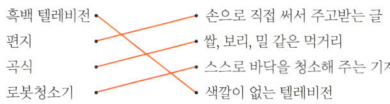

활동3 기사를 보고 빈칸에 들어갈 알맞은 낱말을 보기에서 찾아 쓰세요.
1. 시장에서는 돈 대신 (**곡식**)으로 물건을 바꾸기도 했다.
2. 오늘날에는 (**스마트폰**) 하나로 세계 어디든 바로 연락할 수 있다.
3. 집에서는 (**로봇청소기**)가 바닥을 깨끗하게 해 준다.
4. (**자율주행 자동차**)와 (**가상현실**) 같은 새로운 기술도 등장했다.

 기사를 보고 다음 빈칸에 들어갈 말을 찾아 쓰세요.
1. 미래에는 로봇이 (**선생님**)으로 수업을 할 수도 있다.
2. 집에서 말만 하면 (**밥**)이 나오는 기계가 생길 수 있다.
3. (**동물**)이나 (**식물**)과 대화하는 기계가 나올지도 모른다.

06 달라서 재미있는 세계의 인사

 다음 문장이 맞으면 ○, 틀리면 × 표시하세요.
1. 일본에서는 "곤니치와!"라고 하며 고개를 살짝 숙인다. (○)
2. 프랑스에서는 두 손을 가슴 앞에 모으고 "나마스테!"라고 한다. (×)
3. 태국에서는 두 손을 모아 얼굴 앞에 대고 "사와디캅!"이라고 인사한다. (○)
4. 서로 다른 인사법을 이상하게 생각하지 않아도 된다. (○)

활동2 다음 낱말과 뜻이 알맞도록 이으세요.

나마스테 ── 프랑스에서 하는 인사말
봉주르 ── 인도에서 두 손을 가슴 앞에 모으고 하는 인사
사와디캅 ── 태국에서 두 손을 얼굴 앞에 모으고 하는 인사
곤니치와 ── 일본에서 고개를 살짝 숙이며 하는 인사

 기사를 보고 빈칸에 들어갈 알맞은 낱말을 보기에서 찾아 쓰세요.
1. 일본에서는 "(**곤니치와**)"라고 인사해요.
2. 태국에서는 두 손을 얼굴 앞에 대고 "(**사와디캅**)"이라고 해요.
3. 인도에서는 두 손을 가슴 앞에 모으고 "(**나마스테**)"라고 인사해요.
4. 프랑스에서는 "(**봉주르**)"라고 인사해요.

 기사를 보고 다음 빈칸에 들어갈 말을 찾아 쓰세요.
1. 프랑스에서는 친한 친구끼리 (**볼**)을 맞대며 인사해요.
2. 나라가 다르면 (**인사법**)도 달라져요.
3. 서로의 다름을 (**인정**)하고 (**존중**)하면 더 즐거운 반이 될 수 있어요.

07 우리 동네에 무슨 일이? 아기가 사라졌어요!

 다음 문장이 맞으면 ○, 틀리면 × 표시하세요.
1. 요즘 우리나라에는 아기가 점점 태어나지 않고 있다. (○)
2. 저출산이란 아기가 많아지는 현상이다. (×)
3. 고령화란 할머니, 할아버지 같은 어른이 많아지는 것을 말한다. (○)
4. 예전에는 한집에 형제자매가 많았다. (○)

 기사를 보고 내용으로 알맞은 것을 고르세요.
1. 저출산이 계속되면 어떤 일이 생길 수 있나요?
① 학교와 놀이터가 점점 조용해진다.   ② 친구가 많아진다.
③ 아기가 너무 많아진다.   ④ 동네에 어린이집이 늘어난다.

2. 고령화가 되면 어떤 변화가 생길까요?
① 아이들을 위한 놀이 시설이 많아진다.   ② 어르신을 위한 시설이 많아진다.
③ 아기 전용 공간이 많아진다.   ④ 젊은 사람이 많아진다.

 기사를 보고 빈칸에 들어갈 알맞은 낱말을 보기에서 찾아 쓰세요.
1. 아기가 점점 태어나지 않는 현상을 (저출산)이라고 해요.
2. 할머니, 할아버지 같은 어른이 많아지는 것을 (고령화)라고 해요.
3. 저출산이 계속되면 (놀이터)나 학교가 조용해질 수 있어요.

활동4 기사를 보고 주어진 낱말의 뜻을 참고하여 문장을 완성하세요.
1. (저출산) 때문에 우리나라에 아기가 점점 줄고 있다.
뜻 : 아기가 적게 태어나는 현상

2. (고령화)가 되면 어르신 전용 좌석이 더 많아질 수 있다.
뜻 : 할머니, 할아버지 같은 어른이 많아지는 현상

08 초고속열차를 타고 하늘 위로 다녀요

 다음 문장이 맞으면 ○, 틀리면 × 표시하세요.
1. 옛날에는 사람들이 주로 걸어서 다녔다. (○)
2. 기차를 처음 봤을 때 '철마'라고 불렀다. (○)
3. 지금은 비행기를 타면 하루 종일 걸려야 다른 나라에 갈 수 있다. (×)
4. 미래에는 하늘을 나는 자동차나 자율주행 자동차가 나올 수도 있다. (○)

활동2 다음 낱말과 뜻이 알맞도록 이으세요.

철마 — 기차를 가리키는 옛날 말
비행기 — 스스로 움직이는 자동차
자율주행 자동차 — 하늘을 날아가는 교통수단
하이퍼루프 — 아주 빠른 미래형 교통수단

 기사를 보고 빈칸에 들어갈 알맞은 낱말을 보기에서 찾아 쓰세요.
1. 옛날에는 (소달구지)나 마차를 타고 먼 곳을 갔어요.
2. 쇠로 만든 말이라고 불린 (기차)가 처음 등장했어요.
3. 지금은 (비행기)를 타면 몇 시간 만에 다른 나라에 갈 수 있어요.
4. 미래에는 (자율주행 자동차)나 (하이퍼루프) 같은 새로운 교통수단이 등장할 거예요.

 초성 힌트를 보고 다음 빈칸에 공통으로 들어갈 말을 기사에서 찾아 쓰세요.
1. (교통수단)이 점점 똑똑해지고 편리해지고 있어요.
2. 앞으로 (교통수단)이 더 편리해지면 우리는 더 빠르고 쉽게 움직일 수 있어요.
3. 미래의 (교통수단)은 우리 생활을 더 편리하게 만들어 줄 거예요.

09 옛날 사람들은 어떻게 놀았을까?

 다음 문장이 맞으면 ○, 틀리면 × 표시하세요.
1. 세시는 1년 중 특별한 시기, 명절이나 절기 같은 날을 말한다. (○)
2. 세시풍속은 정해진 때마다 하는 특별한 풍습을 말한다. (○)
3. 설날에는 떡국을 먹고 윷놀이를 하며 복을 빌었다. (○)
4. 요즘에는 마을 사람들이 모두 모여 전통놀이를 즐긴다. (×)

 기사를 보고 내용으로 알맞은 것을 고르세요.
1. 세시풍속의 예로 알맞은 것은 무엇인가요?
① 설날에 떡국을 먹는 것   ② 매일 학교에 가는 것
③ 운동장에서 축구하는 것   ④ 떡볶이를 먹는 것

2. 오늘날 세시풍속의 변화로 알맞은 것은 무엇인가요?
① 전통놀이만 즐긴다.   ② 가족이 모두 모이기 쉽다.
③ 스마트폰 게임을 즐기는 친구들이 많아졌다.   ④ 매일 송편을 먹는다.

 기사를 보고 빈칸에 들어갈 알맞은 낱말을 보기에서 찾아 쓰세요.
1. 1년 중 명절이나 절기처럼 정해진 날을 (세시)라고 한다.
2. 정해진 때마다 하는 특별한 풍습을 (세시풍속)이라고 한다.
3. 설날에는 (떡국)을 먹으며 복을 빌었다.
4. 윷놀이, 널뛰기, 제기차기 같은 것은 (전통놀이)이다.

활동4 뜻을 참고하여 알맞은 단어에 동그라미표를 하세요.
1.(전통놀이)/ 떡국 : 옛날부터 전해 내려오는 우리나라의 놀이
2.(설날)/ 추석 : 음력 1월 1일, 한 해의 첫날

10 불빛에서 와이파이까지, 통신수단의 대변신

 다음 문장이 맞으면 ○, 틀리면 × 표시하세요.
1. 옛날에는 북을 쳐서 마을 사람들에게 위험을 알렸다. (○)
2. 봉수는 낮은 곳에서 불을 피워 신호를 보내는 방법이었다. (×)
3. 라디오는 많은 사람에게 소식을 전해 주는 기계이다. (○)
4. 지금은 스마트폰과 인터넷으로 아주 빠르게 소식을 전할 수 있다. (○)

 기사를 보고 내용으로 알맞은 것을 고르세요.
1. 옛날에 빠르게 중요한 소식을 알리는 방법으로 알맞은 것은 무엇인가요?
① 스마트폰   ② 편지   ③ 봉수   ④ 인터넷

2. 요즘에는 소식을 어떻게 전할 수 있나요?
① 북을 친다.   ② 라디오만 쓴다.
③ 인터넷과 스마트폰으로 바로 전한다.   ④ 편지만 쓴다.

 기사를 보고 빈칸에 들어갈 알맞은 낱말을 보기에서 찾아 쓰세요.
1. 마을 사람들에게 위험을 알리기 위해 (북)을 쳤다.
2. 높은 산에 불을 피워 신호를 보내는 것을 (봉수)라고 한다.
3. 한 번에 많은 사람에게 소식을 전해 준 기계는 (라디오)였다.
4. 버튼만 누르면 바로 소식을 보낼 수 있는 것은 (스마트폰)과 (인터넷)이다.

 뜻을 참고하여 알맞은 단어에 동그라미표를 하세요.
1. (편지 /봉수): 산에 불을 피워 신호를 보내는 것
2. (라디오/ 북) : 한 번에 많은 사람에게 소식을 전하는 기계

⑪ '내가 시장이라면?' 우리 마을 직접 만들기

활동1 다음 문장이 맞으면 O, 틀리면 × 표시하세요.
1. 지도를 그릴 때 방위표가 없으면 위쪽이 남쪽이다. (×)
2. 학교는 지도에서 깃발 모양 기호로 나타낼 수 있다. (O)
3. 축척이란 실제 거리를 지도에 작게 줄여 표시하는 방법이다. (O)
4. 병원은 보통 노란색 별 모양으로 표시한다. (×)

활동2 기사를 보고 내용으로 알맞은 것을 고르세요.
1. 지도를 그릴 때 필요한 것이 아닌 것은 무엇인가요?
① 방위   ② 기호   ③ 축척   **④ 수학책**

2. 축척을 정하는 이유는 무엇인가요?
① 마을을 더 크게 보이게 하려고
② 실제 마을의 크기를 줄여서 지도에 알맞게 그리기 위해서
③ 색칠 공부를 하기 위해서
④ 지도에 동물 그림을 넣으려고

활동3 기사를 보고 빈칸에 들어갈 알맞은 낱말을 보기에서 찾아 쓰세요.
1. 방향을 나타내는 위치는 (방위)라고 해요.
2. 지도에서 학교, 병원, 공원 같은 장소를 나타내는 그림 글자를 (기호)라고 해요.
3. 실제 거리를 작게 줄여서 지도에 나타내는 방법을 (축척)이라고 해요.

활동4 기사를 보고 주어진 낱말의 뜻을 참고하여 문장을 완성하세요.
(축척)을 사용하면 넓은 운동장도 지도에 쏙 들어가요.
뜻: 실제 거리를 지도에 작게 줄여서 나타내는 방법

⑫ 외국인 친구에게 한글 가르치기

활동1 다음 문장이 맞으면 O, 틀리면 × 표시하세요.
1. 한글은 세종대왕이 만든 글자이다. (O)
2. 판소리와 탈춤은 눈에 보이는 문화유산이다. (×)
3. 한글은 대한민국을 대표하는 소중한 보물이다. (O)
4. 국가유산은 나라에서 꼭 지켜야 할 소중한 문화이다. (O)

활동2 다음 낱말과 뜻이 알맞도록 이으세요.

한글 ─── 오래전부터 전해 내려오는 보물
문화유산 ─── 세종대왕이 만든 우리 글자
무형유산 ─── 눈에 보이지 않고 몸으로 전하는 전통
국가유산 ─── 나라에서 꼭 지켜야 할 소중한 문화

활동3 기사를 보고 빈칸에 들어갈 알맞은 낱말을 보기에서 찾아 쓰세요.
1. 세종대왕이 만든 글자는 (한글)이다.
2. 오래전부터 전해 내려오는 보물을 (문화유산)이라고 한다.
3. 눈에 보이지 않고 몸으로 전하는 전통을 (무형유산)이라고 한다.
4. 나라에서 꼭 지켜야 할 소중한 문화를 (국가유산)이라고 한다.

활동4 초성 힌트를 보고 다음 빈칸에 들어갈 말을 기사에서 찾아 쓰세요.
1. (한글)은 소리를 글자로 표현할 수 있어 배우기 쉽다.
2. (판소리)는 우리나라의 전통 노래이자 무형유산이다.

⑬ 태조 왕건의 인스타그램 대공개

활동1 다음 문장이 맞으면 O, 틀리면 × 표시하세요.
1. 왕건은 후삼국을 통일하고 고려를 세웠다. (O)
2. 왕건은 인스타그램에 신라와 백제가 함께 셀카를 올렸다. (×)
3. '훈요 10조'는 고려의 미래를 위해 만든 규칙이다. (O)
4. 왕건의 인스타그램 팔로워들은 퀴즈를 맞히면 기념품을 받았다. (O)

활동2 다음 낱말과 뜻이 알맞도록 이으세요.

후삼국 통일 ─── 고려의 미래를 위해 왕건이 만든 규칙
훈요 10조 ─── 신라와 후백제를 차례로 통일한 일
해시태그 ─── 인스타그램에 쓰는 특별한 표시(#)와 글
기념품 ─── 특별한 날이나 행사를 기념해서 주는 물건

활동3 기사를 보고 빈칸에 들어갈 알맞은 낱말을 보기에서 찾아 쓰세요.
1. 고려를 세운 사람은 (왕건)이다.
2. 왕건이 신라와 후백제를 차례로 (통일)했다.
3. 왕건이 만든 고려의 중요한 규칙은 (훈요 10조)이다.
4. 퀴즈를 맞힌 사람들은 왕건의 사인이 담긴 (기념품)을 받았다.

활동4 초성 힌트를 보고 다음 빈칸에 공통으로 들어갈 말을 기사에서 찾아 쓰세요.
왕건은 인스타그램에 셀카를 올리며 #(통일)완료라고 썼다.
왕건은 후삼국을 (통일)하고 새로운 나라를 세웠다.

⑭ 전통시장 vs 대형마트, 어디가 더 싸고 맛있을까?

활동1 다음 문장이 맞으면 O, 틀리면 × 표시하세요.
1. 전통시장에서는 농부나 어부가 직접 생산한 물건을 팔 수 있다. (O)
2. 바닷가 마을에서 잡은 물고기는 시장에서 살 수 없다. (×)
3. 대형마트에서는 전국 각지의 물건을 한곳에서 살 수 있다. (O)
4. 전통시장과 마트에서 물건을 사는 것은 소비에 해당한다. (O)

활동2 다음 낱말과 뜻이 알맞도록 이으세요.

생산 ─── 지역과 지역이 물건을 주고받는 것
소비 ─── 농부, 어부 등이 직접 키운 물건을 파는 곳
지역 간 교류 ─── 물건을 직접 만들거나 키우는 것
전통시장 ─── 물건을 사서 사용하는 것

활동3 기사를 보고 빈칸에 들어갈 알맞은 낱말을 보기에서 찾아 쓰세요.
1. 농부나 어부가 직접 물건을 만들어서 가져오는 것을 (생산)이라고 해요.
2. 우리가 시장이나 마트에서 물건을 사는 것을 (소비)라고 해요.
3. 지역과 지역이 물건을 주고받는 것을 (지역 간 교류)라고 해요.
4. 마을에서 키운 채소나 잡은 물고기를 파는 곳은 (전통시장)이라고 해요.

활동4 초성 힌트를 보고 다음 빈칸에 들어갈 말을 기사에서 찾아 쓰세요.
1. 우리가 시장이나 마트에서 물건을 사는 것은 모두 (소비)예요.
2. 농부 할머니가 호박을 키우고, 어부 아저씨가 오징어를 잡는 것은 (생산)이에요.

15 돈이 필요할 때마다 계속 찍어 내면 안 돼요?

활동1 다음 문장이 맞으면 ○, 틀리면 × 표시하세요.
1. 돈은 아무 때나 마음대로 많이 만들 수 있다. (×)
2. 돈을 너무 많이 만들면 물건 값이 올라갈 수 있다. (○)
3. 돈을 얻으려면 일을 해야 한다. (○)
4. 돈을 받은 뒤에는 아무 데나 막 써도 된다. (×)

활동2 기사를 보고 내용으로 알맞은 것을 고르세요.
1. 돈을 너무 많이 만들면 생기는 현상은 무엇인가요?
① 물건 값이 떨어진다.　**② 물건 값이 올라간다.**　③ 돈으로 무엇이든 살 수 있게 된다.

2. 받은 돈을 올바르게 쓰는 방법으로 알맞은 것은 무엇인가요?
① 모두 한 번에 다 써 버린다.　**② 필요한 곳에 알맞게 쓰고, 남은 돈은 저축한다.**
③ 친구에게 다 나눠 준다.　④ 맛있는 간식만 산다.

활동3 기사를 보고 빈칸에 들어갈 알맞은 낱말을 보기에서 찾아 쓰세요.
1. 돈은 (**한국은행**)에서 만들어진다.　2. 돈을 너무 많이 만들면 (**물가 상승**)이 일어난다.
3. 우리는 (**일**)을 해서 돈을 번다.　4. 남은 돈은 (**저축**)하는 습관이 필요하다.

활동4 기사를 보고 주어진 낱말의 뜻을 참고하여 문장을 완성하세요.
1. 돈을 많이 만들면 (**물가 상승**)이 생길 수 있다.
뜻 : 물건 값이 점점 올라가는 것

2. 남은 돈을 (**저축**)하면 미래에 도움이 된다.
뜻 : 쓰지 않고 모아 두는 것

3. (**한국은행**)에서 지폐와 동전을 만든다.
뜻 : 우리나라에서 돈을 만드는 곳

16 우리 반 회장은 누가 될까?

활동1 다음 문장이 맞으면 ○, 틀리면 × 표시하세요.
1. 우리 반 회장을 투표로 뽑는 것이 민주주의이다. (○)
2. 회장이 되고 싶은 친구는 아무 말 없이 앉아만 있어야 한다. (×)
3. 대통령도 투표로 뽑는다. (○)
4. 의견이 다를 때에는 토론도 할 수 있다. (○)

활동2 기사를 보고 내용으로 알맞은 것을 고르세요.
1. 민주주의에서 대표를 뽑을 때 쓰는 법으로 알맞은 것은 무엇인가요?
① 선생님이 골라 준다.　② 가위바위보로 정한다.
③ 모두가 직접 투표를 한다.　④ 제비뽑기로 뽑는다.

2. 학급 회의에서 의견이 다를 때는 어떻게 해야 하나요?
① 자기 의견만 말한다.　② 싸운다.
③ 왜 그렇게 생각하는지 서로 물어본다.　④ 아무도 대답하지 않는다.

활동3 기사를 보고 빈칸에 들어갈 알맞은 낱말을 보기에서 찾아 쓰세요.
1. 모두가 모여서 서로 의견을 나누는 것을 (**회의**)라고 해요.
2. 회장이 되고 싶은 친구가 발표하는 약속을 (**공약**)이라고 해요.
3. 서로 의견이 다를 때 이야기로 풀어 가는 것을 (**토론**)이라고 해요.

활동4 뜻을 참고하여 알맞은 단어에 동그라미표를 하세요.
1. (**토론** / 투표) : 서로 다른 의견을 주고받으며 생각을 나누는 것
2. (**공약** / 민주주의) : 회장이 되고 싶은 친구가 하는 약속

17 동네 고민, 우리가 해결해요

활동1 다음 문장이 맞으면 ○, 틀리면 × 표시하세요.
1. 공원이 더러워지면 환경 문제가 생길 수 있다. (○)
2. 집이 부족해서 이사 오고 싶은 사람이 들어올 수 없는 것은 주택 문제이다. (○)
3. 지역 문제는 우리와 상관없는 일이다. (×)
4. 지역 문제는 해결하지 않아도 된다. (×)

활동2 기사를 보고 내용으로 알맞은 것을 고르세요.
1. 지역에서 만날 수 있는 대표적인 문제는 무엇인가요?
① 교통, 환경, 주택 문제　② 음식, 옷, 놀이 문제
③ 숙제, 시험, 공부 문제　④ 텔레비전, 컴퓨터, 스마트폰 문제

2. 지역 문제를 해결하는 좋은 방법으로 알맞은 것은 무엇인가요?
① 혼자 조용히 생각만 한다.　**② 모두 함께 불편한 점을 찾아 이야기한다.**
③ 아무 관심도 갖지 않는다.　④ 그냥 참는다.

활동3 기사를 보고 빈칸에 들어갈 알맞은 낱말을 보기에서 찾아 쓰세요.
1. 버스가 잘 오지 않거나 도로가 불편한 것은 (**교통**) 문제이다.
2. 강이나 하천이 더러워지거나 공원에 쓰레기가 쌓이는 것은 (**환경**) 문제이다.
3. 집이 부족해서 이사 오기 어려운 것은 (**주택**) 문제이다.
4. 주민들이 (**캠페인**)을 열어 쓰레기 줍는 활동을 할 수 있다.

활동4 뜻을 참고하여 알맞은 단어에 동그라미표를 하세요.
1. (**주택 문제** / 교통 문제) : 집이 부족해 생기는 문제
2. (**건의** / 캠페인) : 시청이나 구청에 바라는 점을 알리는 것

18 도시의 두 얼굴

활동1 다음 문장이 맞으면 ○, 틀리면 × 표시하세요.
1. 도시에는 다양한 편의 시설과 문화 시설이 많다. (○)
2. 도시는 항상 조용하고 별을 보기 쉽다. (×)
3. 도시에는 다양한 회사와 공장이 있다. (○)
4. 도시는 교통이 불편해서 여러 가지 직업을 가질 수 없다. (×)

활동2 다음 낱말과 뜻이 알맞도록 이으세요.
편의점 — 집 가까이에 있어서 필요한 물건을 쉽게 살 수 있는 곳
동물원 — 책을 읽고 빌릴 수 있는 곳
도서관 — 호랑이, 기린 등 동물을 볼 수 있는 곳
교통 — 버스, 자동차 등 사람들이 이동하는 수단

활동3 기사를 보고 빈칸에 들어갈 알맞은 낱말을 보기에서 찾아 쓰세요.
1. 호랑이와 기린을 볼 수 있는 곳은 (**동물원**)이다.
2. 물건을 만드는 곳은 (**공장**)이다.
3. 다양한 책을 읽고 빌릴 수 있는 곳은 (**도서관**)이다.
4. 버스, 자동차 같은 이동 수단을 (**교통수단**)이라고 한다.

활동4 초성 힌트를 보고 다음 빈칸에 공통으로 들어갈 말을 기사에서 찾아 쓰세요.
1. 도시에는 다양한 (**시설**)이 있어서 지루할 틈이 없다.
2. 편의 (**시설**)이 많아 언제든 원하는 것을 즐길 수 있다.
3. 여러 가지 문화 (**시설**) 덕분에 즐거운 경험을 할 수 있다.

19 세상에서 가장 재미있는 박물관 여행

 다음 문장이 맞으면 ○, 틀리면 × 표시하세요.
1. 도라에몽 박물관에서는 만화 속 비밀도구를 체험할 수 있다. (○)
2. 레고 하우스에서는 진짜 공룡 뼈를 볼 수 있다. (×)
3. 용인 교통박물관에는 오래된 자동차가 전시되어 있다. (○)
4. 국립과천과학관에서는 오직 로봇만 전시되어 있다. (×)

기사를 보고 내용으로 알맞은 것을 고르세요.
1. 일본 도라에몽 박물관에서 할 수 있는 일은 무엇인가요?
① 오래된 자동차를 볼 수 있다. ② 공룡 뼈를 만져 볼 수 있다.
③ **만화 속 비밀도구와 만화책, 애니메이션 영상을 체험할 수 있다.**
④ 살아 있는 곤충을 관찰할 수 있다.

2. 국립과천과학관에서 할 수 있는 일로 알맞은 것은 무엇인가요?
① 레고 블록을 만들 수 있다. ② **로봇, 우주, 공룡 등 다양한 전시와 체험 활동을 할 수 있다.**
③ 만화 캐릭터와 사진을 찍을 수 있다. ④ 바다 동물을 직접 만질 수 있다.

기사를 보고 빈칸에 들어갈 알맞은 낱말을 보기에서 찾아 쓰세요.
1. 일본 도라에몽 박물관에서는 만화 속 (비밀도구)를 체험할 수 있다.
2. 용인 교통박물관에는 오래된 (자동차)가 전시되어 있다.
3. 여주 곤충박물관에서는 살아 있는 (곤충)을 볼 수 있다.
4. 국립과천과학관에서는 (로봇)과 (공룡) 전시를 볼 수 있다.

초성 힌트를 보고 다음 빈칸에 공통으로 들어갈 말을 기사에서 찾아 쓰세요.
1. 세계 곳곳에는 상상력을 키워 주는 (박물관)이 많이 있다.
2. 용인의 교통(박물관)에는 오래된 자동차가 전시되어 있다.

20 우리를 둘러싼 환경들

 다음 문장이 맞으면 ○, 틀리면 × 표시하세요.
1. 자연환경은 사람이 만든 것이 아니라 원래부터 지구에 있던 것이다. (○)
2. 인문환경은 사람들이 편리하게 살아가기 위해 만든 것이다. (○)
3. 동네를 흐르는 맑은 개천은 자연환경에 해당한다. (○)
4. 도서관, 학교, 아파트는 모두 자연환경이다. (×)

 다음 낱말과 뜻이 알맞도록 이으세요.
자연환경 —— 사람이 만들지 않고 원래부터 지구에 있던 것
인문환경 ×× 책을 읽고 빌릴 수 있는 곳
도서관 —— 사람이 편리하게 살기 위해 만든 것

기사를 보고 빈칸에 들어갈 알맞은 낱말을 보기에서 찾아 쓰세요.
1. 사람이 만들지 않은, 원래부터 있던 것은 (자연환경)이다.
2. 사람이 편리하게 살기 위해 만든 것은 (인문환경)이다.
3. 책을 읽고 빌릴 수 있는 곳은 (도서관)이다.

초성 힌트를 보고 다음 빈칸에 공통으로 들어갈 말을 기사에서 찾아 쓰세요.
1. 산, 개천, 큰 나무는 모두 (자연환경)이다.
2. 인문환경과 (자연환경)은 모두 우리 생활을 풍요롭게 해 준다.

4교시 도덕

01 나도 아이돌이 될 테야!

 다음 문장이 맞으면 ○, 틀리면 × 표시하세요.
1. 아이돌이 되기 위해서는 목표, 노력, 성실함이 모두 필요하다. (○)
2. 하루 연습을 쉬어도 상관없으니 재능만 있으면 된다. (×)
3. 오디션에서는 SNS 팔로워 수보다 연습 태도를 더 중요하게 본다. (○)
4. 연습이 힘들고 지쳐도 꾸준히 하는 것이 실력을 키운다. (○)

 기사를 보고 내용으로 알맞은 것을 고르세요.
① **아이돌이 되려면 분명한 목표와 꾸준한 노력이 필요하다.**
② 오디션에서는 SNS 팔로워 수가 제일 중요하다.
③ 아이돌이 되는 길은 언제나 쉽고 화려하다.
④ 좌절하면 도전을 멈추는 게 좋다.

 기사를 보고 빈칸에 들어갈 알맞은 낱말을 보기에서 찾아 쓰세요.
1. "나는 꼭 아이돌이 될 거야"라고 다짐하는 것이 (목표)예요.
2. 목표를 위해 매일 춤과 노래를 연습하는 것은 (노력)이에요.
3. 피곤해도 쉬지 않고 조금씩 연습하는 것을 (성실함)이라고 해요.
4. 노력은 (실력)을 키우는 가장 확실한 방법이에요.

 기사를 보고 주어진 낱말의 뜻을 참고하여 문장을 완성하세요.
1. 매일 연습을 계속하는 것은 (성실함)입니다.
뜻 : 맡은 일을 꾸준히, 빠짐없이 하는 태도

2. '아이돌이 되고 싶다.'는 (목표)가 있으면 힘들 때도 참고 나아갈 수 있어요.
뜻 : 이루고자 하는 꿈이나 방향

02 어른들은 왜 맨날 "밥 먹어라!"라고 할까?

 다음 문장이 맞으면 ○, 틀리면 × 표시하세요.
1. 어른들이 "밥 먹어라!"라고 하는 것은 배만 채우라는 뜻이다. (×)
2. 밥상에는 가족의 사랑이 담겨 있다. (○)
3. 밥을 먹으며 가족끼리 대화를 할 수 있다. (○)
4. 밥상 앞에서 먼저 앉는 것이 예절이다. (×)

기사를 보고 내용으로 알맞은 것을 고르세요.
① **밥상은 가족이 서로의 마음을 나누는 시간이다.**
② 밥 먹는 시간은 게임을 하기 위한 시간이다.
③ 밥상에는 아무런 의미가 없다.
④ 밥을 먹으며 아무 말도 하지 않는다.

 기사를 보고 빈칸에 들어갈 알맞은 낱말을 보기에서 찾아 쓰세요.
1. 밥상에는 가족의 (사랑)이 가득 담겨 있어요.
2. "오늘 어땠어?"라는 한마디는 (대화)의 시작이 될 수 있어요.
3. 부모님을 기다리고 인사하는 것은 (예절)이에요.

기사를 보고 주어진 낱말의 뜻을 참고하여 문장을 완성하세요.
1. 밥상에는 엄마, 아빠의 (사랑)이 담겨 있어요.
뜻 : 누군가를 소중하게 여기고 아끼는 마음

2. "잘 먹겠습니다!"라고 인사하는 것은 (예절)입니다.
뜻 : 지켜야 할 바른 태도나 행동

03 부모님은 나한테 왜 잔소리를 할까?

활동1 다음 문장이 맞으면 ○, 틀리면 × 표시하세요.
1. 부모님의 잔소리에는 사랑이 담겨 있다. (○)
2. 숙제를 미루면 책임감을 키울 수 있다. (×)
3. "방 좀 치워라!"는 깨끗한 공간에서 쉬는 습관을 기르라는 뜻이다. (○)
4. 자주 듣는 말은 더 오래 기억되고 행동으로 옮기기 쉽다. (○)

활동2 기사를 보고 다음 낱말과 뜻이 알맞도록 이으세요.

책임감 ——— 부모님이 우리를 아끼는 마음
습관 ——— 자주 해서 몸에 익은 행동
사랑 ——— 맡은 일을 끝까지 해내는 마음
표현 ——— 마음이나 생각을 말이나 행동으로 드러내는 것

활동3 기사를 보고 빈칸에 들어갈 알맞은 낱말을 보기에서 찾아 쓰세요.
1. 부모님의 잔소리에는 (사랑)이 담겨 있어요.
2. 숙제를 제대로 하는 것은 (책임감)을 기르는 일이에요.
3. 잔소리는 우리에게 좋은 습관을 만들게 해 주는 (훈련) 과정이에요.

활동4 초성 힌트를 보고 다음 빈칸에 공통으로 들어갈 말을 기사에서 찾아 쓰세요.
1. 부모님의 (잔소리)는 우리를 사랑해서 하시는 말이에요.
2. (잔소리) 속에는 좋은 습관을 만들기 위한 마음이 들어 있어요.
3. (잔소리)를 듣고 행동으로 옮기면 더 나은 사람이 될 수 있어요.

04 친구와 다르면 틀린 걸까?

활동1 다음 문장이 맞으면 ○, 틀리면 × 표시하세요.
1. 친구와 다르다고 해서 틀린 것은 아니다. (○)
2. 친구의 기분을 살피는 것은 따뜻한 배려이다. (○)
3. 친구가 슬퍼 보이면 내 얘기만 하는 게 좋다. (×)

활동2 기사를 보고 내용으로 알맞은 것을 고르세요.
① 친구와 생각이 다르다고 틀린 것은 아니다.
② 친구와 생각이 다르면 반드시 틀린 것이다.
③ 친구가 슬퍼 보이면 친구의 이야기를 들어주지 않는다.
④ 친구의 말을 듣지 않고 내 생각만 한다.

활동3 기사를 보고 빈칸에 들어갈 알맞은 낱말을 보기에서 찾아 쓰세요.
1. 친구와 (다르다)고 해서 틀린 것이 아니에요.
2. 친구의 얼굴 표정과 몸짓을 살피는 것은 (감정) 읽기라고 해요.
3. 친구가 슬퍼할 때는 친구의 마음을 들여다보고 (공감)해 주세요.
4. 친구의 기분을 살펴보는 것은 따뜻한 (배려)예요.

활동4 뜻을 참고하여 알맞은 단어에 동그라미표를 하세요.
1. (배려) / 놀람 : 친구의 기분을 살펴보는 따뜻한 마음
2. (공감) / 무관심 : 친구의 슬픔이나 기쁨을 함께 느끼는 것
3. (인정) / 거절 : 친구가 나와 다른 생각일 때 받아들이는 것
4. (감정) / 게임 : 친구의 얼굴 표정이나 행동에서 알 수 있는 마음

05 동물이 사라진다면?

활동1 다음 문장이 맞으면 ○, 틀리면 × 표시하세요.
1. 바다거북은 바다 쓰레기 때문에 다치거나 죽고 있다. (○)
2. 쓰레기를 아무 데나 버려도 자연은 괜찮다. (×)
3. 자연과 동물은 우리와 함께 살아가는 소중한 이웃이다. (○)
4. 자원을 아끼지 않고 낭비해도 지구는 건강하다. (×)

활동2 기사를 보고 다음 낱말과 뜻이 알맞도록 이으세요.

멸종 ——— 어떤 동물이 모두 사라져 더 이상 볼 수 없는 것
보호 ——— 물, 전기, 종이처럼 우리가 아껴 써야 하는 것
자원 ——— 다치지 않게 지켜주는 것
실천 ——— 생각한 것을 행동으로 옮기는 것

활동3 기사를 보고 빈칸에 들어갈 알맞은 낱말을 보기에서 찾아 쓰세요.
1. 숲이 없어지면서 많은 동물이 (멸종) 위기에 놓였어요.
2. 물, 전기, 종이 같은 (자원)을 아껴 써야 해요.
3. 동물을 괴롭히지 않고 (보호)하는 법을 지켜야 해요.
4. 작은 (실천)들이 모이면 자연을 지킬 수 있어요.

활동4 초성 힌트를 보고 다음 빈칸에 공통으로 들어갈 말을 기사에서 찾아 쓰세요.
1. 쓰레기를 아무 데나 버리지 않는 것이 (자연)을 지키는 첫걸음이에요.
2. (자연)이 파괴되면 많은 동물이 살기 어려워져요.
3. (자연)을 깨끗하게 유지해야 해요.

06 나쁜 말을 하면 입에서 개구리가 튀어나온다고?

활동1 다음 문장이 맞으면 ○, 틀리면 × 표시하세요.
1. 정직한 말은 사람들 사이의 믿음을 쌓아 준다. (○)
2. 나쁜 말을 해도 듣는 사람의 기분에는 아무런 변화가 없다. (×)
3. 좋은 말을 들으면 기분이 좋아진다. (○)
4. 한 번 무너진 믿음은 다시 쉽게 쌓을 수 있다. (×)

활동2 기사를 보고 내용으로 알맞은 것을 고르세요.
① 정직하게 말하면 친구들이 믿지 않는다.
② 정직하게 말하면 사람들 사이가 더 가까워진다.
③ 정직하게 말하면 항상 혼난다.
④ 정직하게 말하면 개구리가 튀어나온다.

활동3 기사를 보고 빈칸에 들어갈 알맞은 낱말을 보기에서 찾아 쓰세요.
1. 정직한 말은 사람들 사이의 (마음)을 더 가깝게 만들어요.
2. 좋은 말은 마음을 (따뜻한) 온기로 가득 채워 줘요.
3. "숙제 다 했어!"라고 거짓말하면 (믿음)이 무너질 수 있어요.

활동4 뜻을 참고하여 알맞은 단어에 동그라미표를 하세요.
1. (거짓말) / 정직한 말 : 다른 사람을 속이는 말
2. (좋은 말) / (나쁜 말) : 듣는 사람의 마음을 아프게 하는 말
3. (믿음) / 의심 : 솔직한 말을 계속 들으면 생기는 마음
4. (따뜻한 마음) / 차가운 마음 : "고마워!", "미안해!" 같은 말을 들었을 때 느껴지는 마음

07 선생님 몰래 하는 착한 행동 톱 3

활동1 다음 문장이 맞으면 ○, 틀리면 ×표시하세요.
1. 선생님이 안 계실 때 조용히 실천하는 착한 행동이 학급을 따뜻하게 만든다. (○)
2. 누가 볼 때만 착한 행동을 해도 된다. (×)
3. 떨어진 연필을 조용히 주워 주는 것은 배려이다. (○)
4. 칠판에 응원의 메시지를 쓰면 친구와 선생님의 기분이 좋아질 수 있다. (○)

활동2 기사를 보고 내용으로 알맞은 것을 고르세요.
① 조용히 물건을 주워 주거나 칠판에 응원 메시지를 남기는 행동은 모두 따뜻한 배려이다.
② 교실 화분은 물을 주지 않아도 괜찮다.
③ 선생님이 없을 때는 아무것도 하지 않아야 한다.
④ 배려는 친구에게 꼭 티가 나게 보여 주어야 한다.

활동3 기사를 보고 빈칸에 들어갈 알맞은 낱말을 보기에서 찾아 쓰세요.
1. 칠판에 (응원) 메시지를 남기면 모두가 힘을 얻어요.
2. 떨어진 물건을 조용히 주워 주는 것은 (배려)예요.
3. 작은 행동들이 모이면 큰 (변화)가 생겨요.
4. "오늘도 화이팅!" 같은 (메시지)는 기분 좋은 하루를 만들어 주어요.

활동4 기사를 보고 주어진 낱말의 뜻을 참고하여 문장을 완성하세요.
1. 떨어진 연필을 조용히 주워 주는 것은 (배려)입니다.
뜻 : 남을 먼저 생각하고 도와주는 마음

2. 작은 실천이 학급에 큰 (변화)를 가져와요.
뜻 : 달라지는 새로운 모습

08 거짓말이 꼭 나쁜 건 아닐 수도 있다고?

활동1 다음 문장이 맞으면 ○, 틀리면 ×표시하세요.
1. 착한 거짓말은 다른 사람을 배려하는 마음에서 할 수 있다. (○)
2. 모든 거짓말은 좋은 행동이다. (×)
3. 솔직하게 말해야 친구가 실망하지 않는다. (○)
4. 거짓말은 언제나 다른 사람을 기분 좋게 만든다. (×)

활동2 기사를 보고 다음 낱말과 뜻이 알맞도록 이으세요.

착한 거짓말 — 다른 사람을 배려하기 위해 하는 말
배려 — 다른 사람의 마음을 먼저 생각하는 것
솔직함 — 숨기지 않고 사실대로 말하는 것
실망 — 기대에 어긋나 속상한 마음이 드는 것

활동3 기사를 보고 빈칸에 들어갈 알맞은 낱말을 보기에서 찾아 쓰세요.
1. 친구가 선물을 주고 물어볼 때 "정말 예뻐!"라고 말한 것은 (착한 거짓말)이에요.
2. 친구와의 약속을 지키지 않으면 (실망)할 수 있어요.
3. 동생에게 "정말 예쁘다!"라고 해 주면 (기분)이 좋아져요.

활동4 초성 힌트를 보고 다음 빈칸에 공통으로 들어갈 말을 기사에서 찾아 쓰세요.
1. 거짓말도 때로는 (배려)가 될 수 있어요.
2. (배려)하는 거짓말은 누군가를 기분 좋게 만들 수 있어요.
3. 친구의 마음을 (배려)하는 것이 중요해요.

09 작은 히어로들이 사는 교실

활동1 다음 문장이 맞으면 ○, 틀리면 ×표시하세요.
1. '마니또 프로젝트'는 정해진 친구에게 들키지 않게 친절을 건네는 활동이다. (○)
2. 남이 보지 않을 때 나쁜 일을 하는 건 괜찮다. (×)
3. '마니또 프로젝트' 덕분에 교실이 더 따뜻해졌다. (○)

활동2 기사를 보고 다음 낱말과 뜻이 알맞도록 이으세요.

배려 — 남을 먼저 생각하는 따뜻한 마음
비밀 — 특별한 계획이나 활동
프로젝트 — 아무에게도 말하지 않고 숨기는 것
변화 — 달라진 모습이나 상태

활동3 기사를 보고 빈칸에 들어갈 알맞은 낱말을 보기에서 찾아 쓰세요.
1. 남을 먼저 생각하는 마음을 (배려)라고 해요.
2. 몰래 착한 일을 했더니 (행복)해졌어요.
3. '마니또 프로젝트'는 교실에 (변화)를 가져왔어요.

활동4 초성 힌트를 보고 다음 빈칸에 공통으로 들어갈 말을 기사에서 찾아 쓰세요.
1. (마니또)가 남긴 쪽지를 읽고 아침부터 행복해졌어요.
2. (마니또) 프로젝트가 시작된 뒤 교실에 작은 변화가 생겼어요.
3. 오늘은 나의 (마니또) 친구에게 몰래 응원 한마디를 건넬 거예요.

10 내 초콜릿이 사라졌어요

활동1 다음 문장이 맞으면 ○, 틀리면 ×표시하세요.
1. 친구들은 솔직하게 인정한 친구를 혼내기만 했다. (×)
2. 남의 물건을 허락 없이 가져가면 안 된다. (○)
3. 감정에 휘둘려 싸우는 것이 가장 중요하다. (×)

활동2 기사를 보고 다음 낱말과 뜻이 알맞도록 이으세요.

용기 — 서로의 입장을 이해하고 생각하는 것
용서 — 상대의 잘못을 이해하고 받아주는 것
배려 — 두렵거나 창피해도 솔직하게 인정하는 마음
사과 — 자신의 잘못을 진심으로 미안하다고 말하는 것

활동3 기사를 보고 빈칸에 들어갈 알맞은 낱말을 보기에서 찾아 쓰세요.
1. 상대의 잘못을 받아주는 것을 (용서)라고 해요.
2. 두렵지만 말할 수 있는 마음을 (용기)라고 해요.
3. 서로의 입장을 이해하려는 마음을 (배려)라고 해요.

활동4 초성 힌트를 보고 다음 빈칸에 공통으로 들어갈 말을 기사에서 찾아 쓰세요.
1. 친구 사이에 중요한 것은 (믿음)과 배려, 그리고 용서예요.
2. 친구 사이에는 (믿음)이 있어야 해요.
3. (믿음)이 깨지면 속상할 수 있어요.

11 속상한 친구를 웃게 만드는 방법

활동1 다음 문장이 맞으면 ○, 틀리면 × 표시하세요.
1. 친구가 속상해할 때는 조심스럽고 따뜻하게 다가가는 것이 좋다. (○)
2. 친구가 시무룩해 있으면 "왜 그래?"라고 무조건 물어야 한다. (×)
3. 재미있는 이야기를 해 주면 친구의 얼굴에 웃음꽃이 피어날 수 있다. (○)
4. 따뜻한 말 한마디가 친구의 마음을 편안하게 만들어 준다. (○)

활동2 기사를 보고 내용으로 알맞은 것을 고르세요.
① 친구가 속상해할 때는 따뜻한 말과 웃음을 나누는 것이 도움이 된다
② 친구가 속상해할 때는 한숨을 쉰다.
③ 친구가 울적해하면 집에 먼저 간다.
④ 친구가 속상해할 때는 선생님한테 이야기한다.

활동3 기사를 보고 주어진 낱말의 뜻을 참고하여 문장을 완성하세요.
1. 친구를 위로할 때는 (진심) 어린 말을 해 주세요.
뜻 : 마음에서 우러나오는 참된 생각이나 느낌

2. 내 이야기를 들어 주면 (안도감)을 느낄 수 있어요.
뜻 : 마음이 놓여서 편안해지는 느낌

활동4 뜻을 참고하여 알맞은 단어에 동그라미표를 하세요.
1. (안도감/ 걱정) : 친구가 내 마음을 이해해 주었을 때 드는 기분
2. (거짓말/ 진심) : 마음에서 우러나와서 하는 말
3. (이야기/ 잔소리) : 친구에게 재미있게 들려주는 것
4. (한숨/ 웃음) : 친구와 함께 나누면 기분이 좋아지는 것

12 놀이터에서 새 친구 사귀는 꿀팁

활동1 다음 문장이 맞으면 ○, 틀리면 × 표시하세요.
1. 놀이터에서 친구를 사귀는 것이 어려울 수 있다. (○)
2. 처음 만난 친구와는 절대 친해질 수 없다. (×)
3. "안녕!" 하고 인사하는 것은 친구 사귀기의 첫걸음이다. (○)
4. 친구와 대화하면 서로 더 가까워질 수 있다. (○)

활동2 기사를 보고 다음 낱말과 뜻이 알맞도록 이으세요.
인사 — "안녕!" 하고 밝게 말하는 것
관심 — 친구가 무엇을 하고 있는지 바라보는 마음
배려 — 친구에게 "같이 놀자!"라고 다가가는 따뜻한 마음
대화 — 서로 이야기를 나누는 것

활동3 초성 힌트를 보고 다음 빈칸에 공통으로 들어갈 말을 기사에서 찾아 쓰세요.
1. 놀이터에서 친구를 사귀려면 따뜻한 (마음)이 필요해요.
2. 친구와 친해지려면 서로의 (마음)을 알아보는 것이 중요해요.

13 친구랑 싸웠을 때 이 말 한마디면 화해 성공

활동1 다음 문장이 맞으면 ○, 틀리면 × 표시하세요.
1. 친구와 싸운 뒤에는 그다음 행동이 더 중요하다. (○)
2. 화해는 멋진 말보다 진심이 담긴 말에서 시작된다. (○)
3. 친구에게 먼저 다가가는 용기는 우정을 깊게 만든다. (○)
4. 진심 어린 사과는 화해에 도움이 되지 않는다. (×)

활동2 기사를 보고 다음 낱말과 뜻이 알맞도록 이으세요.
배려 — 친구의 기분을 먼저 생각하는 것
용기 — 먼저 다가가거나 사과할 수 있는 마음
진심 — 거짓이 없이 솔직하게 마음을 전하는 것
화해 — 다툰 뒤에 다시 사이좋게 지내는 것

활동3 기사를 보고 빈칸에 들어갈 알맞은 낱말을 보기에서 찾아 쓰세요.
1. 친구와 싸웠을 때는 (배려)하는 마음이 필요해요.
2. 화해는 멋진 말이 아니라 (진심)이 담긴 말에서 시작돼요.
3. 다툰 뒤 먼저 다가가는 (용기)가 우정을 깊게 만들어요.
4. 친구에게 (사과)하면 마음을 열 수 있어요.

14 로봇이 학교에 오면 도덕 시간이 필요할까?

활동1 다음 문장이 맞으면 ○, 틀리면 × 표시하세요.
1. 로봇 선생님이 오면 신기하고 재미있을 수 있다. (○)
2. 로봇은 사람의 마음을 잘 느낄 수 있다. (×)
3. 로봇이 개인정보를 외부로 퍼뜨릴 위험이 있다. (○)
4. 로봇이 학교에 오면 도덕 시간은 필요 없다. (×)

활동2 기사를 보고 내용으로 알맞은 것을 고르세요.
① 로봇이 학교에 오면 도덕적인 생각이 더 중요해진다.
② 로봇은 친구의 마음을 잘 이해한다.
③ 로봇이 하는 일에는 책임이 필요 없다.
④ 로봇이 수업하면 우리의 개인정보는 안전하다.

활동3 기사를 보고 빈칸에 들어갈 알맞은 낱말을 보기에서 찾아 쓰세요.
1. 이름, 얼굴, 주소 같은 것은 (개인정보)예요.
2. 디지털 세상에서도 말과 행동에는 (책임)이 필요해요.
3. 로봇이 학교에 와도 (도덕) 시간은 중요해요.
4. 로봇은 사람의 마음을 느끼거나 (공감)하는 것이 어려워요.

활동4 뜻을 참고하여 알맞은 단어에 동그라미표를 하세요.
1. (도덕/ 수학) : 사람의 마음과 바른 행동을 배우는 시간
2. (반복/ 공감) : 남의 마음을 이해하고 느끼는 것
3. (책임/ 장난) : 디지털 세상에서 자신의 말과 행동에 필요한 태도
4. (개인정보/ 장난감) : 이름, 얼굴, 주소와 같이 개인을 알 수 있는 정보

15 통일, 우리 손으로 만드는 미래 이야기

 다음 문장이 맞으면 ○, 틀리면 × 표시하세요.

1. 남한과 북한이 힘을 합치면 더 강한 나라가 될 수 있다. (○)
2. 북한에는 철광석, 석탄, 흑연 같은 자연자원이 많다. (○)
3. 통일이 되면 전쟁 걱정이 줄어들 수 있다. (○)
4. 남과 북이 만나도 달라서 친구가 될 수 없다. (×)

 기사를 보고 내용으로 알맞은 것을 고르세요.

① 남한과 북한이 힘을 합치면 더 강하고 똑똑한 나라가 될 수 있다.
② 남한에는 자연자원이 많고, 북한에는 스마트폰 기술이 많다.
③ 통일이 되면 아무런 어려움 없이 친하게 지낼 수 있다.
④ 서로의 다름을 인정하지 않는 것이 중요하다.

 기사를 보고 빈칸에 들어갈 알맞은 낱말을 보기에서 찾아 쓰세요.

1. 남한에는 멋진 기술, 북한에는 많은 (자연자원)이 있어요.
2. 통일이 되면 (평화)로운 나라가 될 수 있어요.
3. 서로의 다름을 (존중)하는 것이 중요해요.
4. 남과 북이 하나 되는 것을 (통일)이라고 해요.

 기사를 보고 주어진 낱말의 뜻을 참고하여 문장을 완성하세요.

1. 남한과 북한이 만나려면 서로를 (존중)해야 해요.
뜻 : 서로의 다름을 인정하고 소중히 여기는 것

2. 남한과 북한이 하나가 되는 것을 (통일)이라고 해요.
뜻 : 나누어진 나라가 하나로 합쳐지는 것

5교시 과학

01 내 손 안의 슈퍼파워 : 힘은 어디에 숨어 있을까?

 다음 문장이 맞으면 ○, 틀리면 × 표시하세요.

1. 물건을 움직이려면 힘이 필요하다. (○)
2. 무거운 책은 지우개보다 더 큰 힘이 필요하다. (○)
3. 시소를 탈 때 몸무게가 같으면 시소는 수평이 된다. (○)
4. 한쪽이 더 무거우면 시소는 무거운 쪽으로 올라간다. (×)

활동2 기사를 보고 다음 낱말과 뜻이 알맞도록 이으세요.

균형 ──── 양쪽의 힘이나 무게가 같아서 어느 쪽으로도 움직이지 않는 상태
힘 ──── 물건이 얼마나 무거운지를 나타내는 것
무게 ──── 물건을 움직이거나 멈추게 하는 것
방향 ──── 움직이거나 힘이 가는 쪽

 기사를 보고 빈칸에 들어갈 알맞은 낱말을 보기에서 찾아 쓰세요.

1. 손바닥 위의 지우개를 움직이려면 (힘)이 필요해요.
2. 시소를 탈 때 양쪽 몸무게가 같으면 (균형)을 이루어요.
3. 책을 밀 때는 지우개를 밀 때보다 더 (큰 힘)이 필요해요.
4. 양팔저울이 한쪽으로 기울어지는 것은 (무게)가 달라서예요.

 초성 힌트를 보고 다음 빈칸에 공통으로 들어갈 말을 기사에서 찾아 쓰세요.

1. 무게가 같을 때 (균형)이 잡혀요.
2. 시소를 탈 때 몸무게가 다르면 (균형)이 깨져요.

02 저울과 무게의 비밀 : g와 kg 배우기

 다음 문장이 맞으면 ○, 틀리면 × 표시하세요.

1. 저울은 물건이 얼마나 무거운지 알려 주는 도구이다. (○)
2. 연필이나 과자처럼 가벼운 물건은 작은 저울로 잴 수 있다. (○)
3. 쌀이나 큰 상자는 집에서만 잴 수 있다. (×)
4. 1킬로그램(kg)은 1,000그램(g)과 같다. (○)

 기사를 보고 내용으로 알맞은 것을 고르세요.

① 저울 위에 물건을 올리면 바늘이 움직이거나 숫자가 나타난다.
② 무게를 잴 때는 항상 손으로 들어보면 된다.
③ 저울은 오직 과자 무게만 잴 수 있다.
④ 모든 물건은 킬로그램으로만 잴 수 있다.

 기사를 보고 빈칸에 들어갈 알맞은 낱말을 보기에서 찾아 쓰세요.

1. 물건이 얼마나 무거운지를 (무게)라고 한다.
2. 저울로 잰 무게는 (단위)를 써서 말한다.
3. 연필 한 자루처럼 가벼운 것은 (그램) 단위를 쓴다.
4. 쌀 한 포대처럼 무거운 것은 (킬로그램) 단위를 쓴다.

 뜻을 참고하여 알맞은 단어에 동그라미표를 하세요.

1. (킬로그램 /⦿그램⦾) : 과자 한 봉지처럼 가벼운 물건을 재는 단위
2. (⦿저울⦾/ 바늘) : 무게를 재는 도구
3. (종이 /⦿킬로그램⦾) : 쌀 한 포대처럼 무거운 물건을 재는 단위
4. (⦿단위⦾/ 가격) : 무게, 길이 등을 말할 때 쓰는 특별한 말

03 동물은 어떻게 살아갈까?

활동1 다음 문장이 맞으면 ○, 틀리면 × 표시하세요.

1. 숲에 사는 토끼는 크고 긴 귀로 작은 소리도 금방 알아챈다. (○)
2. 부엉이는 밤에 사냥하기 힘들다. (×)
3. 개구리는 뒷다리에 물갈퀴가 있어 물속에서 잘 헤엄친다. (○)
4. 사막여우는 커다란 귀로 열을 내보내 더운 날씨를 견딜 수 있다. (○)

활동2 기사를 보고 내용으로 알맞은 것을 고르세요.

① 동물들은 각자 환경에 알맞게 생김새나 생활 방식이 달라진다.
② 모든 동물은 같은 모습과 생활 방식을 가지고 있다.
③ 낙타는 강에서만 산다.
④ 개구리는 땅 위에서만 살 수 있다.

활동3 기사를 보고 빈칸에 들어갈 알맞은 낱말을 보기에서 찾아 쓰세요.

1. 토끼는 큰 (귀)로 작은 소리를 듣고 도망간다.
2. 부엉이는 나무와 비슷한 (색) 덕분에 숨을 수 있다.
3. 개구리는 뒷다리에 (물갈퀴)가 있어 헤엄을 잘 친다.
4. 낙타는 등에 (혹)이 있어 사막에서도 버틸 수 있다.

 뜻을 참고하여 알맞은 단어에 동그라미표를 하세요.

1. (⦿물갈퀴⦾/ 뿔) : 개구리가 물에서 헤엄치게 도와주는 것
2. (귀 /⦿혹⦾) : 낙타가 사막에서 버틸 수 있게 도와주는 것
3. (⦿환경⦾/ 모래) : 동물이나 식물이 살아가는 곳
4. (꼬리 /⦿귀⦾) : 토끼가 작은 소리를 잘 듣게 해 주는 것

04 식물도 움직일 수 있다고?

 다음 문장이 맞으면 O, 틀리면 × 표시하세요.
1. 민들레, 소나무, 단풍나무는 모두 땅 위에서 자라는 식물이다. (O)
2. 부레옥잠은 물 위에 떠서 사는 식물이다. (O)
3. 선인장은 사막에서 물 없이도 오래 살 수 있다. (O)
4. 땅속의 뿌리는 식물이 넘어지지 않게 도와준다. (O)

활동2 기사를 보고 내용으로 알맞은 것을 고르세요.
① 부레옥잠은 잎자루에 공기주머니가 있어서 물 위에 떠 있다.
② 단풍나무는 사막에서 자란다.
③ 선인장은 물이 많은 강에서 산다.
④ 소나무는 물속에 떠서 산다.

 기사를 보고 빈칸에 들어갈 알맞은 낱말을 보기에서 찾아 쓰세요.
1. 소나무의 (뿌리)는 땅속 깊숙이 박혀 있다.
2. 부레옥잠은 (공기주머니) 덕분에 물 위에 떠 있다.
3. 선인장은 줄기나 잎에 물을 저장해 두었다가 필요할 때 쓰기 때문에 (사막)에서 살아남을 수 있다.
4. 식물들은 (물)과 햇볕을 받아 자란다.

 기사를 보고 주어진 낱말의 뜻을 참고하여 문장을 완성하세요.
1. 식물들은 자신이 사는 (환경)에 맞게 몸과 생활 방식을 바꿔 왔어요.
뜻: 식물이나 동물이 살아가는 곳이나 조건

2. (뿌리)는 식물이 넘어지지 않게 도와주고, 땅속의 영양분을 끌어올려요.
뜻: 식물이 땅속에서 물과 영양분을 끌어올리고 넘어지지 않게 도와주는 부분

05 배추흰나비는 어떻게 어른이 될까?

 다음 문장이 맞으면 O, 틀리면 × 표시하세요.
1. 배추흰나비는 처음부터 날개를 펴고 날 수 있다. (×)
2. 애벌레는 배춧잎을 많이 먹고 자란다. (O)
3. 번데기 안에서는 몸이 변하는 마법 같은 일이 일어난다. (O)
4. 배추흰나비는 꽃을 찾아 날아다닌다. (O)

활동2 기사를 보고 다음 낱말과 뜻이 알맞도록 이으세요.
알 — 애벌레가 어른벌레로 자라기 위해 껍질 속에 있는 단계
애벌레 — 애벌레가 되기 전 아주 작고 둥근 생명
번데기 — 알에서 깨어난 어린벌레
어른벌레 — 다 자란 벌레

활동3 기사를 보고 빈칸에 들어갈 알맞은 낱말을 보기에서 찾아 쓰세요.
1. 배추흰나비는 배춧잎 아래에 (알)을 낳아요.
2. 알에서 (애벌레)가 태어나요.
3. 애벌레가 자라면 (번데기)가 돼요.
4. 번데기 껍질이 갈라지면 (어른벌레)인 배추흰나비가 나와요.

06 물질마다 성질이 달라요

 다음 문장이 맞으면 O, 틀리면 × 표시하세요.
1. 플라스틱은 원하는 모양과 색으로 만들기 어렵다. (×)
2. 유리는 투명해서 속이 보인다. (O)
3. 고무는 잘 늘어나고 미끄럽지 않다. (O)
4. 나무는 시간이 지나도 분해되지 않고 그대로 남아 있다. (×)

활동2 기사를 보고 내용으로 알맞은 것을 고르세요.
① 유리는 깨지기 쉬워서 조심해야 한다.
② 플라스틱은 쉽게 분해된다.
③ 금속은 부드럽고 가벼운 성질이 있다.
④ 고무는 잘 늘어나지 않는다.

활동3 기사를 보고 빈칸에 들어갈 알맞은 낱말을 보기에서 찾아 쓰세요.
1. 동전, 열쇠, 철봉은 (금속)으로 만들어져요.
2. 책상, 의자, 연필은 (나무)로 만들어져요.
3. 장난감, 물병, 의자는 (플라스틱)으로 만들어져요.
4. 풍선, 타이어, 신발 밑창은 (고무)로 만들어져요.

활동4 뜻을 참고하여 알맞은 단어에 동그라미표를 하세요.
1. (플라스틱/ 나무) : 쉽게 다양한 색과 모양으로 만들 수 있는 물질
2. (금속/ 고무) : 잘 늘어나고 미끄럽지 않아 바퀴에 쓰이는 물질
3. (나무/ 유리) : 시간이 지나면 자연으로 돌아가는 물질
4. (플라스틱/ 유리) : 투명해서 속이 보이는 물질

07 바다가 숨기고 있는 보물

 다음 문장이 맞으면 O, 틀리면 × 표시하세요.
1. 바닷물이 해변 쪽으로 들어오는 것을 밀물이라고 한다. (O)
2. 썰물 때는 바닷가가 더 넓어진다. (O)
3. 밀물과 썰물은 바람 때문에 생긴다. (×)
4. 갯벌에는 조개, 게, 갯지렁이 등이 산다. (O)

활동2 기사를 보고 다음 낱말과 뜻이 알맞도록 이으세요.
밀물 — 바닷물이 해변 쪽으로 들어오는 현상
썰물 — 썰물 때 드러나는 바닷속 넓은 땅
갯벌 — 바닷물이 멀리 빠져나가는 현상
바다갈라짐 — 썰물 때만 볼 수 있는 바닷길이 열리는 현상

활동3 기사를 보고 빈칸에 들어갈 알맞은 낱말을 보기에서 찾아 쓰세요.
1. 바닷물이 빠져나가는 현상은 (썰물)이라고 한다.
2. 썰물 때 드러나는 넓은 땅을 (갯벌)이라고 한다.
3. 바닷물이 움직이는 것은 (달)과 (태양)의 힘 때문이다.
4. (갯벌)에는 조개, 게, 갯지렁이 등이 산다.

활동4 기사를 보고 주어진 낱말의 뜻을 참고하여 문장을 완성하세요.
1. (썰물) 때는 바닷가가 더 넓어지고 갯벌이 드러난다.
뜻: 바닷물이 멀리 빠져나가는 현상

2. (바다갈라짐)은 썰물 때만 볼 수 있는 신기한 현상이다.
뜻: 썰물 때 바다가 물러가며 바닷길이 열리는 현상

244

08 지구는 어떤 옷을 입고 있을까?

 다음 문장이 맞으면 O, 틀리면 X 표시하세요.
1. 지구 표면의 대부분은 바다로 덮여 있다. (O)
2. 숲, 산, 들판, 사막은 모두 육지에 속한다. (O)
3. 바다에는 고래, 물고기, 문어 같은 해양 생물이 산다. (O)
4. 사막에는 비가 자주 내려서 물이 많다. (X)

기사를 보고 내용으로 알맞은 것을 고르세요.
① 지구는 파란색, 초록색, 갈색, 하얀색 등 여러 색으로 보인다.
② 지구는 모두 갈색으로만 이루어져 있다.
③ 바다가 없는 지구에는 숲만 있다.
④ 육지에는 아무 생물도 살지 않는다.

기사를 보고 빈칸에 들어갈 알맞은 낱말을 보기에서 찾아 쓰세요.
1. 지구의 70%는 (바다)로 이루어져 있다.
2. 꼭대기가 높고, 바위와 흙이 많은 곳은 (산)이다.
3. 비가 거의 오지 않고 모래가 많은 곳은 (사막)이다.
4. 나무와 풀이 울창한 곳은 (숲)이다.

뜻을 참고하여 알맞은 단어에 동그라미표를 하세요.
뜻 : 지구 표면의 대부분을 차지하는 곳

  산   사막   숲   (바다)   평야

09 너의 목소리가 들려

 다음 문장이 맞으면 O, 틀리면 X 표시하세요.
1. 소리는 물체가 빠르게 떨릴수록 더 높게 들린다. (O)
2. 두꺼운 기타줄을 퉁기면 높은 소리가 난다. (X)
3. 자동차 경적 소리는 작고 조용하게 들린다. (X)
4. 소리의 세기는 물체가 얼마나 크게 떨리는지에 따라 달라진다. (O)

기사를 보고 다음 낱말과 뜻이 알맞도록 이으세요.
소리의 높낮이 — 소리가 높거나 낮은 정도
소리의 세기 — 소리가 크고 작은 정도
진동 — 물체가 떨리는 것

기사를 보고 빈칸에 들어갈 알맞은 낱말을 보기에서 찾아 쓰세요.
1. 소리는 물체가 (빠르게) 떨릴수록 더 높게 들린다.
2. 손뼉을 (세게) 치면 큰 소리가 난다.
3. 소리의 세기는 쉽게 말해 (볼륨)이라고 한다.
4. 두꺼운 줄을 퉁기면 (낮게) 들린다.

기사를 보고 주어진 낱말의 뜻을 참고하여 문장을 완성하세요.
1. 얇은 기타줄을 치면 (소리의 높낮이)가 높고, 두꺼운 줄을 치면 낮다.
뜻 : 소리가 높거나 낮은 정도

2. 손뼉을 살살 치면 (소리의 세기)가 작고, 힘껏 치면 크다.
뜻 : 소리가 크고 작은 정도

10 비 오는 날에는 진짜 감기에 걸리기 쉬울까?

 다음 문장이 맞으면 O, 틀리면 X 표시하세요.
1. 감기는 비를 맞으면 바로 걸린다. (X)
2. 감기는 감기 바이러스가 몸에 들어오면 걸린다. (O)
3. 비에 젖은 옷을 오래 입으면 체온이 떨어질 수 있다. (O)
4. 감기 바이러스는 기침이나 재채기로 퍼질 수 있다. (O)

기사를 보고 다음 낱말과 뜻이 알맞도록 이으세요.
감기 바이러스 — 우리 몸을 지켜 주는 힘
면역력 — 감기를 일으키는 아주 작은 생물
체온 — 실내에서 바이러스가 옮겨 가는 것
실내 감염 — 몸의 온도

기사를 보고 내용으로 알맞은 것을 고르세요.
① 감기는 감기 바이러스가 우리 몸에 들어오면 걸린다.
② 감기는 비만 맞으면 무조건 걸린다.
③ 비 오는 날에는 감기가 아예 안 걸린다.
④ 실내에 사람이 많으면 감기가 더 빨리 낫는다.

기사를 보고 빈칸에 들어갈 알맞은 낱말을 보기에서 찾아 쓰세요.
1. 감기는 (감기 바이러스)가 몸에 들어오면 걸린다.
2. 비를 맞거나 옷이 젖으면 (체온)이 떨어져 면역력이 약해진다.
3. (감기)를 예방하려면 우산을 꼭 쓰고, 젖은 옷은 바로 갈아입어야 한다.
4. 몸을 지켜 주는 힘을 (면역력)이라고 한다.

11 내가 만들고 싶은 초능력 기계

 다음 문장이 맞으면 O, 틀리면 X 표시하세요.
1. 자석은 철로 된 물건을 끌어당길 수 있다. (O)
2. 자석은 나무나 플라스틱도 끌어당긴다. (X)
3. 자석의 양쪽 끝을 극이라고 부른다. (O)
4. 같은 극끼리는 서로 붙는다. (X)

기사를 보고 내용으로 알맞은 것을 고르세요.
① 자석의 힘을 자기력이라고 한다.   ② 자석은 어떤 물건이든 끌어당긴다.
③ 자석의 극은 S극만 있다.   ④ 자석은 오직 청소기에만 쓰인다.

기사를 보고 빈칸에 들어갈 알맞은 낱말을 보기에서 찾아 쓰세요.
1. 자석이 물건을 끌어당기는 힘을 (자기력)이라고 한다.
2. 자석은 철 같은 (금속)에만 반응한다.
3. 자석의 양쪽 끝을 (극)이라고 한다.
4. 자석에는 (S극)과 N극이 있다.

기사를 보고 주어진 낱말의 뜻을 참고하여 문장을 완성하세요.
1. 자석이 냉장고 문을 붙잡는 것은 (자기력) 덕분이에요.
뜻 : 자석이 물건을 끌어당기거나 밀어내는 힘

2. 자석의 (극)은 S극과 N극이 있어요.
뜻 : 자석에서 힘이 가장 센 부분

12 물의 변신

 다음 문장이 맞으면 ○, 틀리면 × 표시하세요.
1. 얼음은 따뜻한 곳에 두면 물로 변한다. (○)
2. 겨울에 물이 꽁꽁 얼면 얼음이 된다. (○)
3. 수증기는 차가운 곳에서 만들어진다. (×)

 기사를 보고 다음 낱말과 뜻이 알맞도록 이으세요.

녹는다 ────── 얼음이 따뜻해져서 물이 되는 것
언다 ────── 물이 차가워져서 얼음이 되는 것
증발 ────── 물이 뜨거워져서 공기 중으로 퍼지는 현상
수증기 ────── 물이 뜨거워져 기체 상태로 변하는 모습

 기사를 보고 빈칸에 들어갈 알맞은 낱말을 보기에서 찾아 쓰세요.
1. 여름에는 얼음이 녹아서 (물)이 돼요.
2. 겨울에는 밖에 둔 물이 (얼음)으로 변해요.
3. 주전자에 물을 끓이면 (수증기)가 생겨요.
4. 물이 뜨거워지면 공기 중으로 퍼지는 현상을 (증발)이라고 해요.

 초성 힌트를 보고 다음 빈칸에 공통으로 들어갈 말을 기사에서 찾아 쓰세요.
1. (얼음)이 녹으면 물이 된다.
2. 겨울에 물이 얼면 (얼음)이 된다.

13 지구의 뚜껑이 열렸다

 다음 문장이 맞으면 ○, 틀리면 × 표시하세요.
1. 화산은 땅속에서 뜨거운 마그마가 땅 위로 쏟아져 나와서 생기는 산이다. (○)
2. 화산이 분출할 때 용암, 재, 돌멩이 등이 같이 나온다. (○)
3. 화산 활동은 산이 조용할 때 일어나는 것이다. (×)
4. 제주도는 옛날 화산 활동으로 생긴 섬이다. (○)

기사를 보고 다음 낱말과 뜻이 알맞도록 이으세요.

화산 ────── 냉속 마그마가 분출하며 만들어진 산
화산 활동 ────── 마그마, 용암, 재 등이 땅 위로 쏟아져 나오는 현상
화성암 ────── 화산이 폭발하며 밖으로 나온 용암, 재, 돌멩이 등
분출물 ────── 용암이 식어서 단단한 돌이 된 것

 기사를 보고 괄호 안에 들어갈 알맞은 낱말을 보기에서 찾아 쓰세요.
1. 땅속 깊은 곳에 있는 뜨거운 액체를 (마그마)라고 해요.
2. 마그마가 땅 위로 나오면 (용암)이라고 불러요.
3. 용암이 식어서 굳으면 (화성암)이 돼요.
4. 화산이 폭발할 때 나오는 것들을 (분출물)이라고 해요.

 초성 힌트를 보고 다음 빈칸에 공통으로 들어갈 말을 기사에서 찾아 쓰세요.
1. (화산)은 지구 속 깊은 곳에서 뜨거운 마그마가 땅 위로 쏟아져 나오면서 생기는 산이에요.
2. 제주도는 오랜 옛날 (화산) 활동으로 생겼어요.

14 자연이 움직이면 땅 모양이 달라져요

 다음 문장이 맞으면 ○, 틀리면 × 표시하세요.
1. 침식 작용은 비, 강물, 파도 등이 바위나 흙을 깎아 내는 것이다. (○)
2. 운반 작용은 흙과 모래를 여기저기로 옮기는 것이다. (○)
3. 퇴적 작용은 흙과 모래가 어딘가에 쌓이는 것이다. (○)
4. 바람은 흙이나 모래를 절대 옮길 수 없다. (×)

 기사를 보고 내용으로 알맞은 것을 고르세요.
① 침식, 운반, 퇴적 작용 덕분에 해변이나 산이 만들어진다.
② 퇴적 작용은 바람에 의해 바위가 깎이는 것이다.
③ 운반 작용은 흙과 모래가 쌓이는 것이다.
④ 침식 작용은 모래가 바람에 쌓여 언덕이 되는 것이다.

 기사를 보고 빈칸에 들어갈 알맞은 낱말을 보기에서 찾아 쓰세요.
1. 비, 강물, 파도가 바위를 깎는 것은 (침식) 작용이다.
2. 바람과 강물이 흙과 모래를 옮기는 것은 (운반) 작용이다.
3. 모래와 흙이 한곳에 쌓이는 것은 (퇴적) 작용이다.
4. 바람에 모래가 쌓여 만들어진 것은 (모래언덕)이다.

 기사를 보고 주어진 낱말의 뜻을 참고하여 문장을 완성하세요.
1. 산이나 해변의 바위가 깎이는 것은 (침식) 작용 덕분이에요.
뜻 : 바람, 물, 파도 등이 바위나 흙을 깎아 내는 것

2. 해변에 모래가 쌓여서 넓은 땅이 만들어지는 것은 (퇴적) 작용이에요.
뜻 : 흙이나 모래 등이 일정한 곳에 쌓이는 것

15 하늘에서 음식이 내린다면?

다음 문장이 맞으면 ○, 틀리면 × 표시하세요.
1. 하늘에서 음식이 내리면 곰팡이, 세균, 원생생물도 좋아한다. (○)
2. 곰팡이는 음식이 썩는 데 필요하다. (○)
3. 세균은 음식을 깨끗하게 만든다. (×)
4. 음식이 많이 쌓이면 해로운 미생물도 올 수 있다. (○)

기사를 보고 내용으로 알맞은 것을 고르세요.

곰팡이(균류) ────── 빵이나 과일에 푸르고 하얀 털 모양으로 자라는 생물
원생생물 ────── 물이 많은 곳에서 움직이며 살아가는 작은 생물
미생물 ────── 우리 눈에 잘 보이지 않는 작은 생물들

 기사를 보고 빈칸에 들어갈 알맞은 낱말을 보기에서 찾아 쓰세요.
1. 음식이 땅 위에 쌓이면 (곰팡이), (세균), (원생생물)들이 잘 자란다.
2. 우리 눈에 보이지 않는 생물들을 (미생물)이라고 한다.

16 태양계에는 어떤 행성들이 있을까?

활동1 다음 문장이 맞으면 ○, 틀리면 × 표시하세요.
1. 태양계의 중심에는 태양이 있다. (○)
2. 목성은 태양계에서 가장 큰 행성이다. (○)
3. 금성은 평균 온도가 낮아서 차갑다. (×)
4. 토성은 멋진 고리로 유명하다. (○)

활동2 기사를 보고 내용으로 알맞은 것을 고르세요.
태양 — 태양과 가장 가까운 작은 행성
수성 — 태양계의 중심에 있는 밝고 뜨거운 별
화성 — 줄무늬와 대적반이 있는 가장 큰 행성
목성 — '붉은 행성'이라고 불리는 행성

활동3 기사를 보고 빈칸에 들어갈 알맞은 낱말을 보기에서 찾아 쓰세요.
1. 태양계는 (태양)을 중심으로 여러 (행성)이 돈다.
2. 목성은 태양계에서 가장 큰 행성이고, 토성은 멋진 (고리)가 있다.
3. 지구는 우리가 사는 (푸른) 행성이고, 화성은 (붉은) 행성이라고도 불린다.

17 달, 달, 무슨 달?

활동1 다음 문장이 맞으면 ○, 틀리면 × 표시하세요.
1. 달에는 바람과 공기가 없다. (○)
2. 달의 어두운 부분은 진짜 바다이다. (×)
3. 달 표면에는 크레이터가 있다. (○)
4. 달의 모양은 매일 조금씩 바뀐다. (○)

활동2 기사를 보고 내용으로 알맞은 것을 고르세요.
1. 달 표면의 특징으로 알맞은 것은 무엇인가요?
① 다양한 크기의 바위와 크레이터가 있다.   ② 나무와 풀이 자란다.
③ 깊은 바다로 가득하다.   ④ 매끄럽고 아무것도 없다.

2. 달의 어두운 부분을 부르는 이름은 무엇인가요?
① 달의 숲   ② 달의 바다   ③ 달의 산   ④ 달의 들판

활동3 기사를 보고 빈칸에 들어갈 알맞은 낱말을 보기에서 찾아 쓰세요.
1. 달 표면에는 다양한 크기의 (크레이터)가 있다.
2. 크레이터는 운석이 달에 부딪혀 생긴 (상처)이다.
3. 달에는 (바람)과 공기가 없어 자국이 오랫동안 남아 있다.
4. 달의 모양은 어떤 날은 초승달, 어떤 날은 (보름달)이 된다.

활동4 기사를 보고 빈칸에 들어갈 말을 찾아 쓰세요.
약 한 달 동안 달의 모양은 '초승달 - (상현달) - 보름달 - (하현달) - 그믐달' 순서로 바뀌어요.

18 그냥 블랙 아니고 밴타블랙

활동1 다음 문장이 맞으면 ○, 틀리면 × 표시하세요.
1. 초흑색은 빛의 99.995%를 흡수한다. (○)
2. 밴타블랙은 2024년에 개발되었다. (×)
3. 밴타블랙은 탄소 나노튜브 구조로 만들어졌다. (○)
4. 초흑색을 사용하면 물체의 반짝임이 더 잘 보인다. (×)

활동2 기사를 보고 다음 낱말과 뜻이 알맞도록 이으세요.
초흑색 — 빛의 99.995%를 흡수하는 가장 어두운 색
밴타블랙 — 2014년 영국에서 개발된 아주 어두운 색
탄소 나노튜브 — 빛조차 빠져나올 수 없는 우주의 공간
블랙홀 — 아주 작은 관 모양의 구조

활동3 기사를 보고 빈칸에 들어갈 알맞은 낱말을 보기에서 찾아 쓰세요.
1. 다이아몬드에 (초흑색)을 입히면 반짝임이 사라진다.
2. 초흑색을 칠한 물체는 (반짝임)이 완전히 없어진다.
3. 초흑색으로 칠한 물체는 마치 우주의 (블랙홀)처럼 보인다.

활동4 기사를 보고 주어진 낱말의 뜻을 참고하여 문장을 완성하세요.
1. (초흑색)은 물체의 모양과 그림자마저 사라지게 만들 수 있어요.
뜻 : 빛의 99.995%를 흡수하는 가장 어두운 색

2. (밴타블랙)은 한때 "이보다 더 어두울 수 없다."는 말을 들었어요.
뜻 : 2014년 영국에서 개발된 어두운 색

19 누가 누구를 먹을까?

활동1 다음 문장이 맞으면 ○, 틀리면 × 표시하세요.
1. 생태계는 여러 생물이 서로 도우며 살아가는 큰 집이다. (○)
2. 초식동물은 다른 동물을 잡아먹는다. (×)
3. 풀은 햇빛을 받아 먹이를 만든다. (○)
4. 먹이사슬은 동물과 식물이 누가 누구를 먹는지 이어서 보는 것이다. (○)

활동2 기사를 보고 다음 낱말과 뜻이 알맞도록 이으세요.
생태계 — 여러 생물이 함께 어울려 살아가는 세상
초식동물 — 다른 동물을 잡아먹는 동물
육식동물 — 식물을 먹고 살아가는 동물
먹이그물 — 여러 개의 먹이사슬이 서로 엮여 있는 것

활동3 기사를 보고 빈칸에 들어갈 알맞은 낱말을 보기에서 찾아 쓰세요.
1. (초식동물)은 식물을 먹고, (육식동물)은 다른 동물을 잡아먹는다.
2. (먹이사슬)은 누가 누구를 먹는지 이어서 본 것이고, 여러 개가 연결된 것은 (먹이그물)이다.
3. 여우는 토끼를 잡아먹고, 개구리는 (메뚜기)를 잡아먹는다.

활동4 기사를 보고 주어진 낱말의 뜻을 참고하여 문장을 완성하세요.
1. 산, 연못, 숲 등에는 많은 생물이 서로 도우며 살아가는 (생태계)가 있다.
뜻 : 여러 생물이 어울려 살아가는 곳

2. 자연에서는 다양한 동물과 식물이 연결된 (먹이그물)이 만들어진다.
뜻 : 여러 개의 먹이사슬이 서로 엮여 있는 것

3. 토끼와 메뚜기는 풀을 먹는 (초식동물)이다.
뜻 : 식물을 먹고 살아가는 동물

20 기체도 무게가 있다고?

활동1 다음 문장이 맞으면 ○, 틀리면 × 표시하세요.
1. 기체는 눈에 보이지 않지만 실제로 무게가 있어요. (○)
2. 따뜻한 곳에 두면 기체의 부피는 줄어들어요. (×)
3. 바람이 빠진 공보다 바람이 들어간 공이 더 무거운 이유는 기체가 들어 있기 때문이에요. (○)
4. 기체는 모두 냄새가 나고, 눈에 보여서 쉽게 알아볼 수 있어요. (×)

활동2 기사를 보고 다음 낱말과 뜻이 알맞도록 이으세요.

기체 ─── 눈에 보이지 않지만 무게와 부피가 있는 물질
헬륨 ─── 아주 작고 빠르게 움직이는 물질의 알갱이
입자 ─── 풍선을 띄우는 데 쓰이는 가벼운 기체
부피 ─── 물질이 차지하는 공간의 크기

활동3 기사를 보고 내용으로 알맞은 것을 고르세요.
① 기체는 차가울수록 더 빠르게 움직이고 부피가 커져요.
② 공기가 들어간 공이 더 무거운 이유는 고무 때문이에요.
③ **기체는 불에 잘 붙거나 몸에 해로운 성질을 가질 수 있어요.**
④ 기체는 눈으로 볼 수 있고, 냄새도 꼭 나요.

활동4 초성 힌트를 보고 다음 빈칸에 공통으로 들어갈 말을 기사에서 찾아 쓰세요.
1. (기체)는 보이지 않지만 무게가 있는 물질이에요.
2. (기체)는 온도에 따라 부피가 달라지는 물질이에요.

21 지구가 점점 뜨거워져요

활동1 다음 문장이 맞으면 ○, 틀리면 × 표시하세요.
1. 지구 온난화 때문에 겨울이 점점 짧아지고 여름이 길어지고 있다. (○)
2. 해수면이 내려가면 해안가에 사는 사람들이 물에 잠길 위험이 커진다. (×)
3. 이산화탄소 같은 온실가스는 지구를 따뜻하게 만든다. (○)
4. 전기를 아끼는 것도 지구를 지키는 방법 중 하나이다. (○)

활동2 기사를 보고 내용으로 알맞은 것을 고르세요.
1. 지구 온난화로 인해 생기는 계절의 변화로 맞는 것을 고르세요.
① **지구 온난화 때문에 겨울이 짧아지고 여름이 길어진다.**
② 지구 온난화 때문에 겨울이 길어지고 여름이 짧아진다.
③ 지구 온난화와 해수면은 아무 관련이 없다.
④ 해수면이 올라가면 바닷가 근처에 사는 사람들이 더 안전해진다.

2. 북극의 얼음이 녹으면 북극곰에게 어떤 변화가 생기나요?
① **북극의 얼음이 녹으면 북극곰이 살 곳이 줄어든다.**
② 북극의 얼음이 녹으면 북극곰이 더 많이 모인다.
③ 북극의 얼음이 녹아도 북극곰에게는 변화가 없다.
④ 북극의 얼음이 녹으면 북극에 나무가 많이 자란다.

활동3 기사를 보고 빈칸에 들어갈 알맞은 낱말을 보기에서 찾아 쓰세요.
1. 지구 온난화 때문에 (겨울)이 짧아지고 (여름)이 길어졌어요.
2. (이산화탄소) 같은 온실가스가 많아지면 지구가 너 따뜻해져요.
3. 지구 온도가 올라가면 (해수면)도 함께 높아져요.

6교시 음악·미술

01 비 오는 날 최고의 배경음악은?

활동1 다음 문장이 맞으면 ○, 틀리면 × 표시하세요.
1. 빗방울은 모두 똑같은 소리를 낸다. (×)
2. 지붕에 떨어지는 빗방울은 북처럼 들린다. (○)
3. 비 오는 날에는 가족들과 빗소리 오케스트라를 만들어 볼 수 있다. (○)

활동2 기사를 보고 내용으로 알맞은 것을 고르세요.
1. 창문 위에 떨어지는 빗방울 소리는 어떤 악기 소리와 비슷하다고 했나요?
① **실로폰** ② 기타 ③ 피아노 ④ 나팔

2. 세게 내리는 빗소리는 무엇과 비슷하다고 했나요?
① 트라이앵글 ② **북** ③ 플루트 ④ 바이올린

활동3 기사를 보고 빈칸에 들어갈 알맞은 낱말을 보기에서 찾아 쓰세요.
① 빗방울은 (지붕), 창문, 나뭇잎 위에 떨어지며 소리를 낸다.
② 가족들과 함께 (빗소리 오케스트라)를 만들어 볼 수 있다.
③ 창문 위의 빗방울 소리는 (실로폰)을 연주하는 소리와 비슷하다.

활동4 기사를 보고 주어진 낱말의 뜻을 참고하여 문장을 완성하세요.
1. 우리 가족은 비 오는 날 (오케스트라)처럼 빗소리를 함께 연주했다.
뜻 : 여러 악기가 모여서 연주하는 것

2. 가볍게 내리는 비는 빠르고 경쾌한 (리듬)을 만들어 준다.
뜻 : 일정한 규칙에 따라 반복되는 소리의 흐름

02 세계에서 가장 이상한 악기들

활동1 다음 문장이 맞으면 ○, 틀리면 × 표시하세요.
1. 오스트리아에는 당근, 오이 등 채소로 만든 악기로 연주하는 오케스트라가 있다. (○)
2. 테레민은 손으로 악기를 꼭 잡아야 소리가 나는 악기이다. (×)
3. 채소로 만든 악기는 연주가 끝나면 수프를 끓이거나 퇴비로 쓴다. (○)
4. 테레민은 손을 전혀 움직이지 않아야 소리가 나는 악기이다. (×)

활동2 다음 낱말과 뜻이 알맞도록 이으세요.

오케스트라 ─── 손을 대지 않고 연주하는 신기한 악기
테레민 ─── 여러 사람이 함께 연주하는 음악단
퇴비 ─── 식물이나 음식 찌꺼기로 만든 거름
플루트 ─── 길고 가느다란 관악기

활동3 기사를 보고 빈칸에 들어갈 알맞은 낱말을 보기에서 찾아 쓰세요.
1. 오스트리아에는 (채소)로 악기를 만들어 연주하는 오케스트라가 있다.
2. 채소 오케스트라는 (오스트리아)에 있다.
3. 테레민은 (손)을 대지 않고도 연주할 수 있다.
4. 공연이 끝나면 악기로 만든 채소로 (수프)를 끓여 먹는다.

활동4 초성 힌트를 보고 다음 빈칸에 공통으로 들어갈 말을 기사에서 찾아 쓰세요.

테레민은 (손)을 가까이 대기만 해도 소리가 난다.
테레민은 (손)의 움직임에 따라 소리가 달라진다.
테레민은 (손)을 대지 않고도 연주할 수 있다.

03 음악을 들으면 초콜릿이 더 맛있다고?

활동1 다음 문장이 맞으면 ○, 틀리면 × 표시하세요.
1. 음악을 들으면 우리가 먹는 음식의 맛이 달라질 수 있다. (○)
2. 초콜릿을 먹을 때는 아무 음악이나 들어도 항상 똑같이 느껴진다. (×)
3. 높은 음을 들으면 초콜릿이 더 달콤하게 느껴질 수 있다. (○)
4. 오감에는 눈, 귀, 코, 혀, 피부가 포함된다. (○)

활동2 기사를 보고 빈칸에 들어갈 알맞은 낱말을 보기에서 찾아 쓰세요.
1. 우리가 느끼는 맛은 (음악)과 함께하면 달라질 수 있다.
2. (낮은 음)을 들으면 쓴맛이나 짠맛이 더 강하게 느껴진다.
3. 우리 몸에는 (오감)이 있어서 여러 감각을 느낄 수 있다.

활동3 기사의 내용과 다른 것을 찾아 번호를 쓰세요.
① 빠르고 신나는 음악을 들으면 초콜릿이 더 달콤하게 느껴진다.
② 낮은 음을 들으면 쓴맛이 더 강하게 느껴진다.
③ 오감에는 손, 눈, 발, 코, 피부가 포함된다.
④ 음악을 들으면서 간식을 먹으면 더 맛있게 느낄 수 있다.

활동4 초성 힌트를 보고 다음 빈칸에 공통으로 들어갈 말을 기사에서 찾아 쓰세요.
1. (음악)을 들으면 초콜릿 맛이 더 달콤하게 느껴질 수 있어요.
2. (음악)은 우리 뇌에 신호를 보내서 맛을 다르게 느끼게 해요.

04 세상에서 가장 시끄러운 소리는?

활동1 다음 문장이 맞으면 ○, 틀리면 × 표시하세요.
1. 소리의 크기를 '데시벨'이라고 한다. (○)
2. 로켓이 우주로 발사될 때 나는 소리는 약 60데시벨이다. (×)
3. 시끄러운 소리를 오래 들으면 귀가 아플 수 있다. (○)
4. 자연의 소리는 귀를 편안하게 해 줄 수 있다. (○)

활동2 기사를 보고 내용으로 알맞은 것을 고르세요.
1. '데시벨'은 무엇을 나타내는 단위인가요?
① 소리의 모양   ② 소리의 색깔   **③ 소리의 크기**   ④ 소리의 맛

2. 귀를 안전하게 지키는 방법으로 알맞은 것은 무엇인가요?
① 이어폰 소리를 크게 듣기   ② 이어폰을 오래 끼고 있기
③ 소리를 작게 듣고, 오래 듣지 않기   ④ 항상 시끄러운 곳에 있기

활동3 기사를 보고 빈칸에 들어갈 알맞은 낱말을 보기에서 찾아 쓰세요.
1. 세상에서 가장 시끄러운 소리는 (로켓)이 우주로 발사될 때 나는 소리이다.
2. 좋은 음악을 계속 들으려면 (귀)를 잘 보호해야 한다.
3. 소리의 크기를 나타내는 단위는 (데시벨)이다.

활동4 기사를 보고 주어진 낱말의 뜻을 참고하여 문장을 완성하세요.
1. '데시벨'은 소리의 (크기)를 나타내는 단위예요.
뜻 : 사물이나 소리 등이 얼마나 큰지, 작은지 나타내는 정도

2. 숲속이나 공원에서 (자연)의 소리를 들으면 귀가 편안해져요.
뜻 : 사람의 힘이 닿지 않은 원래의 모습. 숲, 바람, 새소리 등

05 쿵쿵! 둥둥! 신기한 타악기 여행

활동1 다음 문장이 맞으면 ○, 틀리면 × 표시하세요.
1. 편종과 편경은 궁궐이나 잔치에서 쓰던 우리나라 타악기이다. (○)
2. 젬베는 아프리카에서 쓰이는 북이다. (○)
3. 봉고는 손으로 두드려서 경쾌한 소리를 내는 남미의 악기이다. (○)
4. 팀파니와 마림바는 모두 우리나라 전통 악기이다. (×)

활동2 기사를 보고 내용으로 알맞은 것을 고르세요.
① 편종, 장구, 꽹과리는 우리나라에서 볼 수 있는 타악기이다.
② 발라폰은 북이 아니라 현악기이다.
③ 봉고는 소리가 크고 무거운 악기이다.
④ 편경은 입으로 불어서 소리를 낸다.

활동3 기사를 보고 빈칸에 들어갈 알맞은 낱말을 보기에서 찾아 쓰세요.
1. 2개의 작은 북을 연결해서 손으로 치는 남미 악기는 (봉고)이다.
2. 손으로 두드리면 빠르고 강한 소리가 나는 아프리카 북은 (젬베)이다.
3. 나무 막대기에 속이 빈 열매를 달아서 치는 아프리카 악기는 (발라폰)이다.
4. 우리나라에서 자주 볼 수 있는 커다란 원형의 금속 타악기는 (징)이다.

활동4 뜻을 참고하여 알맞은 단어에 동그라미표를 하세요.
1. (편경) / 발라폰 : 궁궐이나 잔치에서 돌로 만든 판을 두드리는 우리나라 악기
2. 팀파니 / (젬베) : 아프리카에서 손으로 두드리는 북
3. (봉고) / 징 : 2개의 북이 연결된 남미 타악기
4. (전통) / 발라폰 : 오랫동안 한 나라에서 이어져 온 것

06 내가 감독! 신나는 사물놀이 영상 만들기

활동1 다음 문장이 맞으면 ○, 틀리면 × 표시하세요.
1. 꽹과리는 사물놀이에서 흥을 돋우고 빠르게 연주하는 악기이다. (○)
2. 북은 비를 상징하는 악기이다. (×)
3. 사물놀이에는 꽹과리, 북, 장구, 징이 모두 등장한다. (○)
4. 징은 '바람'을 상징한다. (○)

활동2 기사를 보고 단어가 의미하는 것에 알맞도록 이으세요.

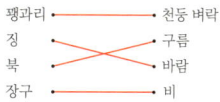

꽹과리 — 천둥 벼락
징 — 구름
북 — 바람
장구 — 비

활동3 기사를 보고 빈칸에 들어갈 알맞은 낱말을 보기에서 찾아 쓰세요.
1. 징은 바람을 (상징)한다.
2. 사물놀이를 (연주)하면 무대가 즐거워진다.
3. 4가지 악기가 힘을 합치면 멋진 (무대)가 완성된다.
4. 사물놀이를 들으면 자연의 (변화)가 떠오른다.

활동4 기사를 보고 내용으로 알맞은 것을 고르세요.
1. 사물놀이 4가지 악기가 모두 함께 모이면 어떤 느낌이 드나요?
① 모두 조용해진다.   **② 자연의 변화가 느껴진다.**
③ 한 악기만 소리가 난다.   ④ 슬픈 음악이 된다.

2. 다음 중 기사에서 설명한 사물놀이 악기가 아닌 것은?
① 꽹과리   **② 피아노**   ③ 북   ④ 장구

07 색의 변신, 세상이 더 알록달록해져요

 활동1 다음 문장이 맞으면 ○, 틀리면 × 표시하세요.
1. 노란색과 빨간색이 만나면 주황색이 만들어진다. (○)
2. 색을 섞어도 절대 새로운 색이 나오지 않는다. (×)
3. 빨간색, 노란색, 파란색은 기본색이라고 불린다. (○)

 활동2 기사를 보고 내용으로 알맞은 것을 고르세요.
① 색깔을 섞으면 새로운 색을 만들 수 있다. ② 빨간색과 초록색을 섞으면 주황색이 나온다.
③ 색연필이나 물감은 절대 섞으면 안 된다. ④ 색을 섞으면 모두 까만색이 된다.

 활동3 기사를 보고 빈칸에 들어갈 알맞은 낱말을 보기에서 찾아 쓰세요.
1. 노란색과 빨간색을 섞으면 (주황색)이 돼요.
2. 노란색과 초록색을 섞으면 (연두색)이 돼요.
3. 빨간색에 흰색을 섞으면 (분홍색)이 돼요.
4. 파란색에 흰색을 섞으면 (하늘색)이 돼요.

 활동4 기사를 보고 주어진 낱말의 뜻을 참고하여 문장을 완성하세요.
1. 빨간색, 노란색, 파란색은 (기본색)이에요.
뜻 : 여러 색을 만들어 내는 가장 처음의 색

2. 색을 섞으면 '무슨 색이 나올까?' (상상)해 보세요.
뜻 : 머릿속으로 어떤 모습을 떠올리는 것

 활동5 뜻을 참고하여 알맞은 단어에 동그라미표를 하세요.
1. (기본색) 색연필) : 빨간색, 노란색, 파란색처럼 다른 색을 만들 수 있는 색
2. (상상) 설명) : '이번엔 무슨 색이 나올까?' 하고 머릿속으로 떠올리는 것
3. (주황색) 파란색) : 노란색과 빨간색이 만나서 만들어진 색

08 메타버스 미술관에서 과거의 예술 작품을 만난다면?

활동1 다음 문장이 맞으면 ○, 틀리면 × 표시하세요.
1 메타버스 미술관에서는 실제 미술관처럼 그림을 만질 수 있다. (×)
2 그림 속 주인공이 말을 거는 상상을 하면 미술관이 더 재미있어진다. (○)
3 메타버스 미술관에서는 그림 속으로 들어가는 상상을 할 수 있다. (○)
4 「절규」 그림 속 아저씨가 "요즘 너무 덥지 않니?" 하고 말한다고 상상할 수 있다. (○)

활동2 기사를 보고 보기의 내용으로 알맞은 것을 고르세요.
① 메타버스 미술관에서 그림 속 주인공과 이야기할 수 있다.
② 메타버스 미술관에서 사과를 직접 먹어 볼 수 있다.
③ 메타버스 미술관에서 바닷가에 진짜로 갈 수 있다.
④ 메타버스 미술관에서 그림을 집에 가져갈 수 있다.

 활동3 기사를 보고 빈칸에 들어갈 알맞은 낱말을 보기에서 찾아 쓰세요.
1. 모나리자가 (윙크)하고, 「절규」 그림 속 아저씨가 "요즘 너무 덥지 않니?" 하고
   (말하는) 장면을 상상할 수 있어요.
2. 정물화 속 사과를 집어 들고 한 입 먹는 (상상)도 할 수 있어요.
3. 추상화 속에서는 알록달록한 (선)과 (점) 사이를 미끄럼틀처럼 타고 내려오는
   것도 재미있어요.

활동4 기사를 보고 주어진 낱말의 뜻을 참고하여 문장을 완성하세요.
1. 메타버스 미술관에서는 명화 속 주인공과 이야기하는 (상상)을 할 수 있어요.
뜻 : 실제로 일어나지 않았지만 머릿속으로 그려 보는 일

2. 웃음과 상상이 넘치는 미술 (여행)을 시작해 보세요.
뜻 : 집을 떠나 다른 곳으로 놀러 가거나 구경하러 가는 것

09 유명 그림 속에 숨은 개그 찾기

 활동1 다음 문장이 맞으면 ○, 틀리면 × 표시하세요.
1. 모나리자에게는 눈썹이 없다. (○)
2. 「별이 빛나는 밤」은 고흐의 작품이다. (○)
3. 피카소의 「우는 여인」은 손수건을 머리에 쓰고 있다. (×)
4. 피카소는 그림을 못 그려서 엉뚱한 그림을 그렸다. (×)

활동2 다음 낱말과 뜻이 알맞도록 이으세요.
신비한 — 보통과 달리 색다르고 특이하다.
소용돌이 ╳ 무엇인가를 마음속으로 그려 보는 힘
엉뚱하다 ╳ 쉽게 알 수 없고 신기하다.
상상력 — 빙글빙글 도는 모양

 활동3 기사를 보고 빈칸에 들어갈 알맞은 낱말을 보기에서 찾아 쓰세요.
1. 모나리자에게는 (눈썹)이 없다.
2. 고흐의 「별이 빛나는 밤」에서 별들은 (소용돌이)처럼 보인다.
3. 피카소의 「우는 여인」은 (손수건)을 입에 물고 있다.

 활동4 초성 힌트를 보고 다음 빈칸에 공통으로 들어갈 말을 기사에서 찾아 쓰세요.
1. 화가들은 그림 속에 다양한 (비밀)을 숨겨 놓기도 한다.
2. 피카소의 그림에는 특별한 (비밀)이 숨어 있다.

10 거리 위의 미술관

활동1 다음 문장이 맞으면 ○, 틀리면 × 표시하세요.
1. 파리에서는 길거리와 전봇대에도 멋진 그림이 있다. (○)
2. 거리미술은 꼭 미술관 안에서만 볼 수 있다. (×)
3. 거리미술에는 예술가의 마음이 담겨 있다. (○)
4. 파리의 사람들은 벽에 그림 그리는 것을 모두 싫어한다. (×)

활동2 다음 낱말과 뜻이 알맞도록 이으세요.
거리미술 —— 동네나 길에서 볼 수 있는 예술
벽화 ╳ 그림이나 음악을 만드는 사람
예술가 ╳ 여러 사람이 벽에 그린 큰 그림
메시지 —— 마음이나 생각을 전하는 글이나 그림

활동3 기사를 보고 빈칸에 들어갈 알맞은 낱말을 보기에서 찾아 쓰세요.
1. 파리의 거리는 마치 커다란 (미술관) 같다.
2. 벽에 그린 큰 그림을 (벽화)라고 한다.
3. (거리미술)은 예술가가 하고 싶은 말을 거리나 건물 벽 등에 그림으로 표현한 것이다.

활동4 초성 힌트를 보고 다음 빈칸에 공통으로 들어갈 말을 기사에서 찾아 쓰세요.
1. 길을 걷다가 알록달록한 (그림)을 만나면 그 안에 담긴 이야기와 마음을 상상해 보세요.
2. 여러분이 상상하는 (그림)도 언젠가 멋진 거리의 작품이 될 수 있어요.

참고 교과서

3학년 1학기 국어 교과서 가, 나(2022 개정 교육과정, 교육부)
3학년 2학기 국어 교과서 가, 나(2022 개정 교육과정, 교육부)
4학년 1학기 국어 교과서 가, 나(2022 개정 교육과정, 교육부)
4학년 2학기 국어 교과서 가, 나(2022 개정 교육과정, 교육부)
3학년 도덕 교과서(2022 개정 교육과정, 교육부)
4학년 도덕 교과서(2022 개정 교육과정, 교육부)
3학년 1학기 수학 교과서(2022 개정 교육과정, 천재교과서)
3학년 2학기 수학 교과서(2022 개정 교육과정, 천재교과서)
4학년 1학기 수학 교과서(2022 개정 교육과정, 천재교과서)
4학년 2학기 수학 교과서(2022 개정 교육과정, 천재교과서)
3학년 1학기 사회 교과서(2022 개정 교육과정, 비상교육)
3학년 2학기 사회 교과서(2022 개정 교육과정, 천재교과서)
4학년 1학기 사회 교과서(2022 개정 교육과정, 비상교육)
4학년 2학기 사회 교과서(2022 개정 교육과정, 천재교과서)
3학년 1학기 과학 교과서(2022 개정 교육과정, 비상교육)
3학년 2학기 과학 교과서(2022 개정 교육과정, 지학사, 천재교과서)
4학년 1학기 과학 교과서(2022 개정 교육과정, 비상교육, 천재교과서)
4학년 2학기 과학 교과서(2022 개정 교육과정, 천재교과서)
3학년 음악(2022 개정 교육과정, 비상교육)
4학년 음악(2022 개정 교육과정, 비상교육)
3학년 미술(2022 개정 교육과정, 천재교과서)
4학년 미술(2022 개정 교육과정, 천재교과서)

참고 자료

MIT 엔지니어들이 지금까지 "가장 검은색" 소재를 개발하다 | MIT 뉴스 | 매사추세츠 공과대학
https://academic.oup.com/chemse/article/41/4/345/2366055?utm_source=chatgpt.com&login=false
The Author 2016. Published by Oxford University Press.